KB059915

해 봐야 알지

일러두기

- 책에 등장하는 단행본은《 》로, 노래 제목과 영화는 〈 〉로 표기했다.
- 민족사관고등학교, 듀크대학교, 하버드대학교, 정신건강의학과는 편의상 민사고, 듀크대, 하버드, 정신과라고 표기했다.

해 봐야 알지

내가 선택한 대로 사는 것도

윤지 지음

세종

차
례

(1장) 시도해봐야 알지
: 일 잘하고 인정받는 비결도

2장 경험해봐야 알지
: 균형 잡힌 인간관계를 유지하는 법도

(3장) 연습해봐야 알지
       : 나를 이해하고 사랑하려는 노력도

Prologue

오늘 죽어도 상관없다고
생각하던 시절이 있었다

2019년 초여름의 어느 날, 꿈에 그리던 첫 책인 《나는 하버드에서도 책을 읽습니다》가 출간되었다. 당시 나는 미국 샌프란시스코에서 인턴 생활을 하고 있던 터라 출판사에서 몇 권을 미국으로 보내주셨다. 동네 언덕 꼭대기에 있는 우체국까지 굽이굽이 걸어 올라가 땀에 흠뻑 젖은 채로 묵직한 택배 상자를 품에 안았다. 책 자체가 무거웠다기보다는 이 책을 향한 나의 복잡한 감정 때문에 유독 묵직하게 느껴졌던 것 같다.

이 책은 학창 시절과 유학 시절 동안 막연한 외로움과 두려움을 느낄 때, 숨 막힐 듯한 경쟁 분위기 속에서 자라면서 고민이 생길 때마다 온갖 장르의 책을 탐독하며 정답과 위로를 찾아 헤맸던, 나의 지난 24년을 꾹꾹 담아낸 에세이다. 돌이켜보면 어떻게 이렇게까지 솔직한 글을 쓸 수 있었는지, 스스로도 놀랄 만큼 나의 모든 것을 보여주었다.

유학 생활이 길어질수록 어린 시절부터 겪어왔던 불안과 우울 증상이 더 심각해져 난생처음 정신과 상담을 받고 항불안제, 항우울제 약을 처방받았다. 남들 눈에는 한 번의 실패도 없이 그 누구보다 빠르게 다방면으로 성공한 것처럼 비쳤을지 모르지만 사실 나는 자주 흔들리고 초조해한다는 고백도, 꾸준히 앞으로 나아가고는 있지만 여전히 정답을 찾지 못해 불안해하고 있다는 속사정도 책에 담담하게 담았다.

어쩌면 오늘 당장 죽어도 상관없다고 생각했던 시절이라서, 소중하게 지키고 싶은 것도 감추고 싶은 것도 없어서, 지나치리만치 진솔한 글을 쓸 수 있었는지도 모른다. 당시 나는 밤마다 침대에 누워 이대로 영원히 잠들었으면 좋겠다고, 다시는 내일을 견디지 않아도 되면 좋겠다고 생각했다. 뭐라도 끄적이지 않으면 답답해 미칠 것 같아 쓴 글들을 다듬고 엮은 책이어서인지, 출간 후 지금까지도 처음부터 끝까지 읽어본 적이 없다. 여전히 그 시절의 고통이 생생해서 굳이 되새기고 싶지 않고, 무엇보다 5년이 흐르는 동안 여러 선택으로 달라진 지금의 나에게 더 집중하며 살고 싶기 때문이다.

그래도 책 출간은 분명 나에게 많은 것을 가져다주었다. 북토크를 통해 독자분들을 직접 만나 이야기를 나누었고 EBS 다큐프라임 〈명문의 조건〉에 출연해 하버드 로스쿨의 존경하는 존 핸슨 교수님과 인터뷰를 진행할 수 있었다. 그 외에도 대면 테라피 모임, 온라인 글쓰기와 독서모임 등을 열 수 있었다. '한번 해보지 뭐, 안 되면 말고' 하는 마음으로 출판사에 원고를 투고할 시도를 하지 않았다면 이런 경험을 할 수 없었을 것이다.

그러던 2020년 2월, 학교에서 학생들에게 집으로 돌아가라는 공지사항을 발표했다. 전 세계인의 향후 몇 년을 뒤바꿀 코로나 19가 하버드 캠퍼스에도 퍼지기 시작했다. 미국에서는 3월 중순경에 일주일가량 봄방학을 보내는데, 많은 학생들이 이때를 전후로 짐을 싸서 귀가했다. 월세 집을 아예 정리해야 하는 건지, 몇 주 정도 지나면 다시 학교로 돌아가야 할지, 졸업식과 남은 수업에는 어떻게 참여할 수 있는지 무엇 하나 확실하지 않은 상태에서 나도 우선 한국으로 귀국했다. 강제 격리 기간 동안 부모님 안방을 차지한 채 새벽에는 온라인으로 수업을 들었고 낮에는 암막 커튼을 치고 잠을 청했다. 졸업식은 온라인으로 진행되었는데, 내 이름 한 번 호명되는 걸 듣기 위해 새벽 내내 깨어 있을 자신이 없어 과감히 불참했다.

2020년 7월 예정이었던 미국 변호사 시험도 10월로 연기되었다. 시험출제위원회도 코로나가 처음이라 온라인 시험 체제로 전환하는 데 생각보다 많은 시간이 소요되어, 불가피하게 시험을 미룬다고 6월에 발표했다. 응시자에게도 출제자에게도 낯설기만 한 온라인 시험을 총 이틀간 치렀는데, 나는 미국 캘리포

니아주 시간을 기준으로 시험을 치르느라 늦은 밤에 시작해 해가 뜬 뒤에야 종료할 수 있었다. 시험이 연기되면서 자연스레 로펌 첫 출근일도 미뤄졌다. 첫 책을 출간할 당시 인턴으로 근무했던 로펌에서 감사하게도 입사 제안을 해주어, 원래 계획대로라면 2021년 1월부터 샌프란시스코에서 일할 예정이었다.

그리고 이때까지만 해도
나는 당연히 미국으로 돌아갈 줄 알았다.

사실 유학 시절 내내 품었던 나의 꿈은 한국으로 돌아와 한국에서 사는 것이었다. 남들보다 외로움을 잘 타는 성격 때문에 대학교 졸업 직후에도, 로스쿨을 마친 뒤에도 한국에서 살고 싶었다. 하지만 그럴 때마다 주변 사람들이 만류했다.

"그래도 장기적으로 보면 미국에서 몇 년 더 커리어를 쌓고 한국에 들어오는 게 너에게 도움이 될 거야."

대다수는 이렇게 조언해주었고 내 선택에 늘 확신이 없었던 나는 대체로 그들의 충고를 따랐다.

그런데 중학생 때부터 변호사 시험을 치를 때까지 쉼 없이 앞만 보고 달려오던 나에게 갑자기 두 달이라는 완전한 자유가 주어지자 내 삶에 깊은 회의감이 들기 시작했다. 두 달 후에 미국으로 돌아가 직장 생활을 시작하면 나는 대체, 언제 다시 한국으로 돌아올 수 있는 걸까? 누구는 적어도 3년, 누구는 그래도 5년은 일하고 오는 게 좋다고 하는데, 내가 이 긴 시간을 또다시 혼자 견딜 수 있을까? 나는 언제까지 이렇게 불안에 떨고 우울해하며 살아야 하지? 아니, 나는 애초에 왜 불안하고 우울한 거야?

툭하면 고민에 잠기며 힘들어하던 무렵, 당시 13년지기 친구가 나를 매일 자신의 자취방으로 초대했다. 친구네 집에서 특별히 한 일은 없었다. 그저 같이 점심을 먹고 친구가 공부를 하는 동안 나는 침대에서 부족한 잠을 보충하거나, 갑자기 누군가에게 털어놓고 싶은 이야깃거리가 생기면 친구에게 말했다. 그러면 친구는 공부를 멈추고 내 이야기를 들어주었다. 그렇게 2주 정도 지난 어느 날, 나는 친구에게 선언하다시피 말했다.

"나, 한국에 남을래."

부모님이, 선배들이, 주변 변호사님들이 또 반대하시더라도 이번만큼은 반드시 한국에 남겠다고 힘주어 덧붙였다. 그들에게 한국에서도 잘 살아갈 수 있다는 것을 보여주기 위해 우선 한국에서 재취업을 해야겠다고도 했다. 살짝 흥분한 상태로 앞으로의 계획을 열심히 설명하는 나를 가만히 바라보던 친구가 갑자기 이렇게 말해주었다.

"너는 그저 네 생각을 들어주고, 네 선택을 응원해줄 사람이 필요했구나."

생각지도 못했던 친구의 말에 나도 모르게 잠시 멍해졌다. 불안하고 우울할 때마다 숱하게 내 삶에 대해 고민하고 내가 힘든 원인이 무엇인지 분석하고, 행복해지기 위해 무엇을 변화시켜야 할지 크고 작은 시도를 하면서 부단히 애쓴 덕에, 내가 어떤 선택을 내려야 행복해질 수 있는지 사실은 이미 알고 있었다. 다만, 주변에서 반대해도 기꺼이 내 마음을 따를 만큼 내 선택에 확신을 갖지 못했다. 주변 사람들의 조언을 따른 결과가 대체로 좋았고, 간혹 실패해도 이건 어차피 내 선택이 아니었다고 생각하면 내 인생에 무책임할지언정 마음은 다치지 않을 수 있었다.

하지만 주변 사람들의 조언에 의존하는 순간이 많아질수록 내 선택을 믿고 자신 있게 한 걸음 내디딜 기회는 점점 줄어들었다. 대차게 실패하더라도 치열한 고민 끝에 스스로 선택하고, 그에 따른 책임을 온전히 감당하는 삶을 살아왔다면 지금쯤 내 삶은 어떤 모습일까. 아마 그랬다면 어떤 두려운 선택 앞에서도 적어도 지금보단 나를 더 믿을 수 있었을 텐데. 문득 비겁하게 살아온 지난 시간들이 아쉬워졌다.

그날 저녁 집으로 가는 전철 안에서 한강을 바라보며 생각했다. 앞으로는 상처를 받더라도 내가 선택한 삶을 살고 싶다고. 성공하든 실패하든 누구도 원망하지 않고 내 인생에 책임을 지며 살아가고 싶다고.

집에 도착하자마자 이력서를 수정하고 입사지원서를 넣을

로펌 리스트를 추려, 다음 날 아침 서류를 제출했다. 대부분의 한국 로펌은 외국 변호사를 상시 모집하기 때문에 지원을 한 지 1~2주 만에 인터뷰를 진행할 수 있었다. 출근을 앞두고 있던 미국 로펌에는 못 갈 것 같다고 연락을 취하고, 비교적 빠르게 입사를 제안한 법무법인 태평양에서 일하기로 했다.

그로부터 3년이 지났다. 직장인으로도 변호사로도 아직 배워야 할 것들이 많지만, 이날 이후로 나는 다양한 선택을 내릴 때마다 주변 사람들의 조언을 참고는 하더라도 가능한 내가 직접 선택하고 그 결과를 책임지려고 노력하고 있다. 물론 다른 선택을 내렸더라면 좋았겠다 싶을 때도 있지만, 그보다는 내 인생을 내 뜻대로 살아간다는 자부심과 자긍심이 훨씬 크다. 가장 큰 소득은 직접 선택하겠다고 다짐했을 뿐인데 어느 순간부터 더 이상 불안하거나 우울하지 않다는 점이다. 그러다 보니 2년 넘게 복용하던 정신건강의학과 약도 자연스레 끊을 수 있었다.

그럼에도 여전히
가끔은 삶에게 지는 날들도 있겠지
또다시 헤매일지라도
돌아오는 길을 알아

아이유의 〈아이와 나의 바다〉에 등장하는 이 가사가, 노래의 핵심이라고 생각한다. 한참을 헤맨 끝에 답을 찾은 것 같지만, 언제든 또 헤맬 수 있다. 그래도 가야 할, 혹은 가고 싶은 길을 찾은 경험이 있고 어떤 노력을 해야 하는지도 알고 있으니, 또 헤맬지라도 다시 답을 찾을 수 있을 것이다. 이렇게 나는 오늘도 내 선택에 대한 믿음을 조금씩 쌓아가고 있다. 가끔은 나 자신이 무척 싫어지기도 하지만, 내 장점을 강화하고 단점을 천천히 고치다 보면 어제의 나보다 오늘의 내가 더 좋아진다. 이렇게 하루하루 더 좋은 내가 되고 싶다. 죽는 날의 내가 '가장 좋은 나'이기를 바란다.

첫 책이 나와 비슷한 고민으로 힘들어하는 사람들에게 전하는 공감과 위로의 메시지였다면, 《해봐야 알지》에는 오늘 당장 죽어도 상관없다고 생각했던 한 청년이 내일을 기대하며 잠들 수 있게 된 사연과, 그것이 가능해지기까지 겪은 무수한 시행착오들을 담았다. 3년 전의 나와 같은 생각을 하는 분이 있다면, 이 책을 통해 조금이라도 편안한 마음으로 내일을 기다리며 잠들 수 있기를 바란다.

부디 당신도 스스로를 더 많이 좋아할 수 있기를.

2024년 1월

윤 지

1장

시 도 해 봐 야 알 지

: 일 잘하고 인정받는 비결도

회사가
학교는 아니지만

사회생활을 시작한 지 얼마 되지 않았을 때의 일이다. 직장 선배가 나에게 계약서를 수정해서 보내달라고 했는데, 처음 보는 종류여서 어디를 어떻게 수정해야 할지 감을 잡지 못했다. 아무것도 모르는 상태에서 계약서에 괜히 손을 댔다가 선배가 일을 두 번 하는 일이 생길까 걱정되어, 선배 방으로 찾아갔다.

단지 좀 더 자세한 설명을 듣고 싶었을 뿐인데, 문제는 하필 그때 선배가 스트레스를 잔뜩 받고 있었다는 점이었다. 선배의 기분을 먼저 살피고 질문을 나중으로 미루었다면 얼마나 좋았을까. 하지만 아직 사회생활을 하는 법도, 우선순위를 파악하는 법도, 선배들의 분위기를 살피는 법도 잘 몰랐던 나는 계약서 수정에만 정신이 팔려 있었다.

"변호사님, 제가 이런 계약서를 처음 봐서……"까지 말했던가? 선배가 다짜고짜 내 말을 자르고 차갑게 대답하셨다.

"회사가 학교도 아니고 그걸 내가 일일이 다 가르쳐줘야 해요? 여긴 돈 주고 윤 변호사님 고용한 곳이에요. 일단 알아서 고쳐보세요. 그때 검토할 테니까."

피곤하다는 듯 문을 닫고 나가라는 손짓에 일단 내 방으로 돌아와 잠시 멍하니 앉아 있었다. 선배가 틀린 말을 한 것은 아니었다. 그런데 학교에서 계약서 작성법, 수정법 같은 실무를 배우고 입사하자마자 바로 업무에 투입될 수 있다면 가장 이상적이겠지만, 사실상 대부분의 로스쿨에서는 변호사 시험에 대비해 학생들에게 최대한 많은 판례나 법조문을 가르칠 뿐, 실무까지 교육시킬 시간은 부족하다. 물론 선택 수업으로 실무 강의를 들으면 도움은 되겠지만 워낙 수업이 많다 보니 실무에는 상대적으로 소홀해지는 경향도 있다.

그래서 아무리 좋은 학교를 높은 점수로 졸업한 학생도 막상 사회생활을 시작하면 햇병아리가 된다. 햇병아리들은 주변 눈치를 살피며 스스로 먹이를 찾고 알아서 성장해야 한다. 선배에게 한소리를 듣고 방으로 돌아온 나는 한껏 의기소침해진 햇병아리였다. 상사에게 민폐를 끼치기 싫어서 질문하려 했으나 도리어 질문하려 했던 내 태도가 상사에게 민폐가 된 것이다.

내가 혼자서 허둥대는 걸 어떻게 아셨는지, 다행히 같은 사건에 배당된 다른 변호사가 도움을 주셨다. 우리 회사가 과거에 담당했던 유사한 사건 계약서들을 보내주시면서 사내 시스템을 통해 내가 참고할 만한 자료를 검색하는 방법도 알려주셨다. 우여곡절 끝에 계약서를 수정하고 검토를 요청하니 선배는 나를 방으로 불러 내가 작업한 부분에 대해 꼼꼼히 피드백을 해주셨다.

이날의 에피소드는 이 정도 선에서 마무리되었지만, 입사 초기에 회사에서 세게 얻어맞는 경험을 몇 번 하고 보니 회사에서는 내가 업무에 필요한 지식과 노하우를 스스로 배우고 터득해야 한다는 것을 알게 되었다. 그 후로는 잘 모르는 부분이 있으면 우선 구글에서 찾아보거나 비서분에게 질문하거나 사내 시스템으로 참고할 자료들을 검색해본다. 혼자 고민해도 방향이 잘 잡히지 않으면 해당 사건을 담당하는 상사의 업무 방식을 고려해 도움을 요청한다. 상사마다 선호하는 업무 방식이 다른 만큼 어떤 분에게는 업무 시작 전에 질문을 하고, 어떤 분에게는 혼자 어느 정도 시도해본 후에 검토를 받는다. 잘 모르겠으면 곧바로 질문해서 나중에 일을 두 번 하게 만들지 않는 피드백 방식을 선호하는 상사들도 많다. 어떤 상사들은 본인이 원하는 샘플을 직접 보내주면서 이 자료를 바탕으로 새로운 계약서를 작성하거나 수정하길 요청한다.

몇 번 같이 일을 하면서 상사별 업무 스타일을 어느 정도 파악하고 나니 그에 맞게 대처하는 요령도 생겼다. 같이 일해본 적이 한 번도 없는 상사라면 그분과 일한 적 있는 다른 변호사에게 그분의 업무 방식을 물어도 되고 본인에게 직접 질문해도 좋다. 저연차 직장인에게는 외부 고객도 고객이지만, 회사 선배와 상사들도 일종의 고객이다. 선배가 일을 효율적으로 할 수 있도록 신경 쓰는 후배가 되면 나를 찾는 선배들이 많아지고, 나와 같이 일하고 싶어 하는 상사들이 많아질수록 회사에서의 내 입지를 다질 수 있다.

어느덧 나도 4년차 변호사가 되었다. 내가 진행한 업무를 검토해줄 상사들만 신경 쓰면 되었던 1~2년차 때와 달리, 이제는 나도 후배들이 수행한 업무를 검토하는 입장이 되었다.

후배들이 생기고 얼마 지나지 않았을 때는 딱히 선호하는 업무 방식이 없었다. 그런데 여러 후배들의 작업물을 검토하다 보니 자연스레 눈에 띄는 후배들이 생기기 시작했다. 대체로 내가 좀 더 편하게 일할 수 있도록 배려해주는 후배들이었다.

국문 보고서를 영문으로 요약 정리하는 업무를 할 때였다. 후배 A가 영문으로 요약한 워드 파일에 본인이 하고자 했던 말을 국문으로도 정리해서 버블 노트로 추가해두었다. 나에게 검토 요청 이메일을 보낸 후에 곧바로 전화를 걸어, 본인이 영어에 자신이 없어서 혹시 내가 영문 검토를 하면서 이해를 못하는 부분이 생길까 봐 국문으로도 정리를 했다며, 살펴보고 궁금한 점이 생기면 언제든지 불러달라고 했다.

전화를 끊으면서 A가 참 다정한 사람이라고 생각했다. 다른 변호사들이 그 후배가 일을 잘한다고 칭찬하는 것을 여러 번 들었는데, 과연 상사들의 사랑을 받을 만했다. 보고서를 영문으로 요약 정리하는 것이 후배의 업무였기 때문에 영문 요약본만 나에게 보냈어도 그는 맡은 업무를 다 한 셈이었다. 그런데 A는 자신이 맡은 업무가 해당 사건의 전체 흐름에 어떤 영향을 줄지 고려해 선배들이 좀 더 수월하게 일할 수 있는 방법을 고민하고, 바쁜 와중에도 시간을 더 할애해 국문 정리본까지 보낸 것이다. 이런 행동은 엄청난 일머리를 가져야 가능한 일이라고 생각한다. 국문 보고서와 영문 요약본 파일을 번갈아가면서 검토하는 것보다 한 파일로 확인할 수 있으면 선배들의 시간이 절약되고, 표현하고자 했던 바를 국문으로도 정리해주니 영어로 무슨 말을 하고 싶었던 것인지 이해되지 않을 때마다 후배에게 확인해야 하는 번거로움이 줄어든다. A와 처음 일을 해보았는데, 이 소소한 배려 하나로 앞으로도 그와 더 자주 일을 하고 싶어졌다.

보통 로펌 변호사는 일한 시간만큼 고객에게 비용을 청구하기 때문에 고객들은 딱 필요한 인원으로만 효율적으로 일해주기를 바란다. 그래서 고객과 미팅이 잡히면 주로 해당 사건의 메인 변호사들만 참석하고 회의가 끝난 후 전체 팀에게 회의록을 전달하는 것이 일반적이다. 그런데 간혹 정신없이 바쁘다 보면 회의가 잡혀도 누가 그 자리에 참석할지는 논의하지 않는 경우가 있다.

1~2년 차 변호사들은 이럴 때 난감해진다. 어떤 상사들은 장기적으로 보면 저연차들의 빠른 업무 파악이 비용 절감으로 이어질 수 있으니 1~2년 차들도 모든 회의에 참석해서 미팅 진행 방식이나 사건에 대해 배워야 한다고 생각한다. 어떤 상사들은 자문료의 상한선이 계약상 합의되어 있으니 비용 절약 측면에서 저연차들은 불참하기를 바란다. 상사들이 미리 교통정리를 해주면 좋겠지만 각자 업무량이 많아서 매번 신경 쓰기는 힘들다. 하루는 후배 B가 저녁 여덟 시에 잡힌 회의를 앞두고 나에게 전화를 했다.

"변호사님, 정말 바보 같은 질문이지만 오늘 저녁 회의에 제가 참석해야 할까요?"

순간 B의 귀여움에 웃음이 터졌다. 전혀 바보 같은 질문이 아니라고, 나도 예전에 그런 질문을 자주 했다며 오늘 회의에는 참석하지 않아도 될 것 같고 중요한 일이 있으면 내가 다음 날 따로 전달해줄 테니 편히 퇴근하라고 말해주었다.

질문을 많이 하는 것이 저연차의 특권이라고 생각한다. 물론 회사가 학교는 아니어서 저연차들을 가르쳐줄 의무는 없지만, 저연차일 때 질문을 많이 해서 업무를 더 빠르게 습득하는 것이 모두에게 더 낫다. 경력이 짧을수록 모르는 것투성이인 게 당연한데, 질문하기가 두려워 혼자서 문제를 해결하려다가 오히려 사고를 쳐서 선배들에게 더 미움을 받는 경우도 많다. 그럴 바에는 "이것도 몰라?" 하는 핀잔을 듣더라도 "잘 몰라서 죄송합니다만, 이번에 알려주시면 앞으로는 혼자서 잘 하겠습니다" 하고 자신 있게 말하는 것이 주변 사람들에게 피해를 덜 주는 방법이자 큰 사고를 방지하는 가장 좋은 해결책이다. 게다가 연차가 높아질수록 회사에서 요구하고 기대하는 바가 많아지기 때문에 누군가에게 질문하기가 더 어려워진다.

그러니 당신이 주니어라면 저연차의 특권을 적극 활용해보기를. 생각보다 많은 상사들이 열심히 배우고자 하는 후배들을 아낀다는 사실을 알아주면 좋겠다.

우선순위가 있는
하루

        중학생 때, 시험이 끝나면 집으로 돌아오는 길에 엄마에게 전화를 걸어 시험 난이도는 어땠는지, 가채점 결과는 몇 점이나 나왔는지 설명하곤 했다. 만점을 받기 위해 아무리 열심히 공부해도 가끔 실수를 하거나 전혀 예상치 못한 문제가 출제되거나 낯선 유형이 나와 점수가 깎이면 속이 상했다.

        하루는 어떻게 지금보다 더 공부를 하라는 거지 싶은 마음과 조금만 더 집중해서 문제를 끝까지 읽을걸 하는 자책이 뒤섞여 스트레스를 받고 있는데, 그런 나를 보고 엄마가 이런 말을 하셨다.

        "100점을 목표로 공부하면 90점을 받고, 추가 점수를 주고 싶을 정도로 공부를 해야 100점을 받는 거야."

        처음에는 이해가 되지 않았다. 추가 점수를 줄 리가 없는데 추가 점수를 받을 정도로 공부하라는 것이 무슨 말이지? 게다가

군이 그렇게까지 하면서 공부를 해야 하는 이유가 뭐지?

그런데 엄마 말씀을 곰곰이 생각해보니 공부는 단거리 달리기와 비슷하다는 생각이 들었다. 사람들마다 달리기를 할 때의 습관이 다르겠지만 나는 처음에는 전속력으로 달리지만 결승선에 가까워질수록 자신도 모르게 속도를 조금 줄이게 된다. 어차피 내 앞에 아무도 없으니 당연히 1등을 할 것 같고, 몇 초만 더 달리면 도착한다는 생각에 안심이 되어 처음처럼 온힘을 다해 달리지 않는다. 그러다 가끔 전속력으로 쫓아온 친구에게 추월을 당하고는 했다.

그러니 규정에 없는 추가 점수까지 받겠다는 마음으로 공부를 해야 100점을 받을 수 있을 것이라던 엄마의 말씀은 나의 특성에 꼭 필요한 조언이었다. 어느 정도 공부를 하다 보면 다음 장에 어떤 설명이 나오는지까지 기억이 나는데, 그 단계에 이르면 나도 모르게 '이 정도로 공부했으니 충분히 100점을 맞을 수 있을 거야. 이제 이 과목은 그만 공부해도 되지 않을까?' 하는 마음이 스멀스멀 올라온다. 하지만 이 순간을 잘 참고 딱 한 번만이라도 교과서를 더 읽거나 문제를 더 풀었을 때 100점을 맞는 경우가 많았다.

엄마의 조언을 되새긴 이후로 어떤 목표를 설정하고 나아갈 때는 목표보다 조금 더 멀리 바라보려는 연습을 했다. 목표보다 너무 멀리 바라보면 오히려 달성하겠다는 의지가 꺾일 수 있으니 조금만 더 멀리 보면 된다. 로스쿨 입학을 준비할 때 하버드 로스쿨 합격생의 LSAT[*] 평균 점수 자료를 찾아 그보다 몇 점 더 받겠다는 목표로 시험공부를 했고, 그 결과 목표 점수와 합격생 평균 점수의 중간 정도에 해당하는 점수를 받았다.

로펌에서 일하면서 계약서를 검토할 때는 컴퓨터 화면으로 몇 번을 살폈어도 반드시 출력해서 더 수정할 부분이 없는지 확인한다. 일이 너무 많아서 가족들이나 친구들과 따로 시간을 보내지 못하는 날들이 이어지면 점심시간에 짬을 내서 전화라도 하거나 야근을 하는 한이 있어도 같이 저녁을 먹는다. 소중한 사람에게 특별한 기념일이 있으면 그날만큼은 함께하기 위해 마감 기한이 아직 남은 일도 미리 끝내두는 식으로 일찌감치 대비한다.

물론 모든 일에 110퍼센트의 에너지를 쏟을 수는 없다. 나에게 주어진 시간은 한정되어 있고 체력을 끌어다 쓸수록 건강만 나빠진다. 그래서 우선순위를 정하는 것이 중요하다. 나는 보통 1~3순위 정도를 정해두고 주기적으로 점검한다. 시시각각 변화하는 나의 주변 환경에 맞춰 순위를 재구성하지 않으면 내 마음이 원하는 바와 머리가 하려는 선택 사이에 불협화음이 생길

● 미국 로스쿨 입학시험

수 있다. 우선순위에 포함되는 대상은 추상적인 개념이거나 구체적인 업무일 수 있으며 특정 인물일 때도 있다.

예를 들면 몇 년 전의 나는 한국에 정착하기, 안정적인 직장에 들어가기, 타인에게 도움이 되는 삶을 살기를 중시했다. 그런데 이 글을 쓰고 있는 지금 나의 우선순위에는 주체적인 삶, 강아지를 포함해 내가 사랑하는 존재들이 행복한 것, 내 몸과 마음의 건강 등이 있다. 물론 하루에도 몇 번씩 상황이 급변하거나 별의별 일이 생겨 하루아침에 우선순위가 뒤집히는 경우도 있지만, 대략 한두 달에 한 번씩은 시간을 내어 나의 우선순위를 점검하는 편이다. 사람마다 가치관이 달라지는 방식이 다를 테니 어떤 주기가 최선이라고 확언할 수는 없다. 그러니 처음 우선순위를 정하는 습관을 만들고 싶다면 본인의 라이프 스타일과 인생의 단기 목표, 장기 목표에 맞게 기간을 정해두는 방법을 추천한다.

그러면 애초에 어떤 기준으로 우선순위를 정해야 할까? 세상에는 중요한 일이 너무 많고 우리 각자는 살면서 이루고 싶은 목표도 넘쳐난다. 내 마음이 원하는 간절한 무언가가 있는데 이것이 지금 나의 상황과 여건을 고려했을 때 과연 우선순위에 넣을 만한 목표일까? 이러한 질문에 답할 수 있으려면 스스로를 돌아보면서 구체적인 단계를 밟아야 한다.

저마다 선호하는 방법이 있겠지만, 나는 최근에 내렸던 중요한 선택들을 떠올려본다. 내가 의식적으로 우선순위를 정하고 행동하더라도, 정말 중요한 선택을 내리는 순간에는 나도 모르게 평소의 가치관을 지키기 위한 선택을 한다고 생각한다. 따라서 내가 최근에 무슨 고민들을 했었는지, 예상 가능한 경우의 수 중에서 어떤 결과를 가장 바라는지, 어떤 가치를 포기한다면 대신 무엇을 얻고자 하는지 등을 되새겨본다.

그즈음에 썼던 일기나 SNS에 올렸던 글을 찾아보아도 좋고 주변 사람들과 어떤 대화를 나누었는지 되짚어보는 것도 추천한다. 또한, 최소한 두세 가지 선택 정도는 점검해보면 좋다. 하나의 기준과 예시만으로 나의 몇 달을 좌우할 수도 있는 우선순위를 정하기란 다소 성급할 수 있다. 작년, 재작년에 같은 주제로 의사결정을 내렸어도 그 당시 상황과 지금 나의 상황이 다를 수 있고, 그 당시와 지금의 가치관이 맞지 않을 수도 있으니 내가 했던 여러 가지 선택과 이후 나의 상황을 비교해보는 것이 안전하다.

최근에 내가 했던 중요한 결정은 무엇일까? 편집자님으로부터 두 번째 책을 써보자는 제안을 받았을 때, 일단 써보고 싶다는 마음이 컸다. 하지만 책 한 권을 만드는 데 얼마나 많은 시간과 노력이 들어가는지를 이미 알고 있었고, 책 출간 이후 받을 독자들의 반응이 제각각이라는 점도 지난 경험으로 깨달았기에 신중하게 고민했다.

이때 내가 스스로에게 수차례 던졌던 질문은 이러한 것들이었다. 첫 책을 출간한 지 5년밖에 되지 않았는데, 내가 새롭게 할 수 있는 이야기가 있을까? 이번 책을 쓴다면 어떤 메시지를 전달하고 싶지? 첫 책을 쓸 당시에는 내 인생에서 더는 잃을 게 없다고 생각해 모든 걸 보여주었는데 지키고 싶은 것들이 많아진 지금도 내가 스스로에게 만족할 수 있을 정도로 투명하고 솔직한 책을 쓸 수 있을까? 지금 하는 일만으로도 충분히 바쁜데, 굳이 작가로 활동해야 하는 이유는 무엇이지? 아니, 애당초 나는 왜 작가로 활동하고 싶지? 책을 쓸 시간을 현실적으로 확보할 수 있을까? 이번에도 악플이 달릴 수 있는데, 악플을 보면서 받을 상처보다 책을 쓰고 싶은 마음이 더 큰가? 두 번째 책이 나온다면 독자들은 이번 책에서 무엇을 얻고 싶을까?

일단, 두 번째 책을 만들고 싶은 이유는 꽤 다양했다. 편집자님께서 제안해주신 주제가 마음에 와 닿았고, 이런 주제를 다룬다면 내가 써도 괜찮겠다 싶었다. 일을 하면서 타인을 돕고 있지만, 법적인 도움과 별개로 사람들에게 심리적으로 위안이 되는 도움을 주고 싶었다. 아직은 정식 심리상담사가 아니어서 내 상담실을 열고 사람들을 도울 수 없지만, 위로와 힘을 주는 글은 쓸 수 있고, 쓰고 싶었다. 누가 봐도 잘 쓴 글보다는 누군가에게 다시 일어날 용기를 주거나 자신의 선택에 믿음을 갖게 하는 글을 쓰고 싶었다. 책이 출간되면 혹평도 받겠지만 상처받을 것이 두려워서 하고 싶은 일을 포기하고 싶지는 않았다.

다행히 나는 나를 잘 알아서 회사가 아무리 바빠도 시간을 효율적으로 쪼개어 내가 하고 싶은 일은 꼭 해낼 수 있을 것이라고 믿었다. 한 가지 일에 지나치게 몰입한 나머지 다른 중요한 것들을 놓치지 않도록 틈틈이 스스로를 돌아보며 일정 관리를 하는 것도 자신 있었다.

무엇보다도 오랜만에 다시 긴 호흡의 글을 쓰며 내 삶을 재정비하고 싶었다. 내가 지금 잘 살아가고 있는 건지, 주체적인 선택을 내리고 있는 건지, 나의 하루에 만족하고 있는지에 관해 글을 쓰면서 내 삶을 돌아보고, 돌아보면서 깨달은 점들을 공유하고 싶었다. 나의 숱한 시행착오와 그로 인한 배움이 누군가에게는 실질적인 도움이 되길 바랐다.

스스로에게 던진 이 많은 질문에 내가 어떻게 답했는지를 자세히 들여다보면, 이번 책을 집필하기로 결심했던 순간 나는 어떤 것들을 중요하게 고려했는지 알 수 있다. 당시 나의 우선순위에는 타인에게 도움이 되는 삶, 주체적인 삶, 나의 마음 건강 등이 우선순위에 있었다. 이런 연습을 숱하게 했기 때문에 이제는 제법 수월하게 생각을 정리할 수 있다. 무엇이든 처음이 어렵지, 일단 습관으로 만들고 나면 다음부터는 숨 쉬듯 자연스럽게 내 안에 체계화할 수 있다.

　이렇게 우선순위를 정했다면, 이제부터는 어떻게 거기에 맞게 살아갈 수 있을까? 생각보다 간단하다. 이전과 똑같이 스스로에게 질문을 건네고, 그 질문에 대한 답을 찾기 전에 자신이 정해둔 우선순위를 떠올린다. 이것이 지금 내 삶의 중심이 되려면 지금 어떤 선택을 내려야 할지 고민한다.

　이 책을 출간하기로 결심한 순간으로 돌아가보자. 왜 두 번째 책을 써야 하는지 다양한 질문이 떠올랐을 때, 우선 그 당시 내 삶의 우선순위를 떠올렸다. 나는 타인에게 심리적, 정서적으로 도움을 주고 싶고 어떤 선택을 하든 그 선택이 온전히 나의 의지로 내린 선택이길 바란다. 주체적으로 선택하고 그 결과에 책임지며 사는 과정에서 나 또한 심리적으로 건강해지길 바란다. 악플을 보면 내가 상처를 받고 마음이 힘들어진다는 사실은 나의 우선순위에 없으니, 악플 때문에 받을 상처보다 누군가에게 도움이 될 만한 책을 쓰는 것이 나에게 얼마나 의미 있는 일인지 고민해야 한다. 그렇다면 설령 주변에서 반대하더라도 책을 내는 것이 맞다. 그리고 다음 단계로 넘어가, 책 출간 후 독자들과 소통하는 과정이 정말 나를 정서적으로 더 안정되고 성숙하게 만드는지 여부를 고민해야 한다.

우선순위를 정한다고 해서 숱한 질문들에 곧바로 답변할 수 있는 것은 아니다. 그래도 질문의 개수와 범위는 점차 줄어들 수 있다. 답을 찾아가는 과정에서 딱 세 걸음 앞을 밝혀줄 등불이 되어줄 수는 있다. 만약 우선순위를 바탕으로 답을 찾고자 할 때, 이 선택이 내가 원하는 것이 아닌 것 같다는 느낌이 든다면, 나의 가치관이나 나를 둘러싼 상황이 달라져서 우선순위를 변경할 때가 된 것일 수 있다. 이럴 때면 다시 최근에 내렸던 중요한 선택들을 돌아보고 우선순위를 다시 정리하면 된다.

당연한 이야기이지만, 모든 선택을 내릴 때마다 이러한 과정을 일일이 거칠 수는 없으며 그럴 필요도 없다. 더불어, 항상 나의 우선순위만 고려해서 선택을 내릴 수도 없다.

그래도 나는 우선순위를 정해둔 상태에서 또 다른 선택의 순간을 마주하는 것이 그냥 무언가를 결정하는 것보다 훨씬 도움이 된다고 생각한다. 이러한 검토 과정이 내가 더 효율적으로 결정할 수 있도록 도움이 될 뿐 아니라, 별다른 고민 없이 다른 사람의 의견을 따라 수동적으로 선택할 때보다 후회도 덜하다고 생각하기 때문이다. 혹시 당신도 내 인생의 우선순위를 스스로의 판단으로 결정해보고 싶다면, 우선순위 정하는 시간을 만들어보았으면 한다.

모든 것의 시작인
일정 관리

매일 수신하는 이메일이 적게는 수십 통에서 많게는 수백 통에 달한다. 모든 이메일을 꼼꼼하게 읽고 내가 맡은 각 사건의 세세한 현황까지 파악하고 있다면 가장 이상적이겠지만, 그럴 만한 시간과 체력이 부족하다. 또한 내가 수신하는 모든 이메일이 나에게 직접적인 업무를 요청하는 내용은 아니다. 언제, 누구에게 업무를 요청하는 상황이 생길지 모르기 때문에 특정인에게 보내는 이메일에 팀 전체를 참조해서, 모두가 사건의 진행 과정을 인지할 수 있도록 하는 이메일도 상당하다. 그래서 내 아웃룩을 차지하는 이메일 대다수는 지금 당장 처리해야 하는 급한 업무는 아니다.

대부분의 로펌 변호사들은 이메일을 보낼 때 해당 내용을 반드시 알아야 하는 팀원들의 이름을 본문에서 밝히고 노란색으로 하이라이트 표시를 하는 등, 당사자들이 자신의 이름을 놓치지 않도록 각별히 신경을 쓴다. 덕분에 여러 이메일을 빠르게 훑

다가 내 이름이 보이면 그 내용은 더 꼼꼼하게 읽는다. 내 이름이 없어도 내가 주로 담당했던 사건이라면 좀 더 세심하게 챙긴다.

매일 받는 수백 통의 이메일 중 내가 답장을 보내거나 관련 업무를 진행해야 하는 이메일은 '투 두To Do' 폴더로 옮기고 나머지는 각 사건별 폴더로 옮긴다. 엄청나게 복잡하고 빠르게 돌아가는 사건이라면 사건별 폴더 안에 세부 폴더를 만들어서 이메일을 관리한다. 로스쿨 재학 시절 로펌에서 인턴을 하면서 제일 먼저 배운 업무 스킬이 바로 '이메일 폴더 정리'였다. 인턴 때는 이메일을 지금처럼 많이 받지 않아서 딱히 필요성을 느끼지 못했는데, 상사들이 그때처럼 한가할 때 습관을 들여놓지 않으면 나중에 필요한 이메일을 찾느라 정말 많은 시간을 허비하게 되고, 내가 해야 하는 업무를 놓쳐 다른 사람들에게 큰 피해를 끼친다고 다소 겁을 주었다.

겁쟁이였던 나는 그때부터 폴더 정리를 하기 시작했고 덕분에 지금까지 이메일을 제대로 찾지 못해 곤혹스러운 일이 발생한 적은 없다. 지금도 매일 아침 출근하면 가장 먼저 이메일을 정리한다. 근무를 하는 중에도 이메일은 계속 쌓이기 때문에 업무를 하는 틈틈이 분류한다.

'투 두' 폴더에는 내 업무와 관련된 이메일을 보관한다. 해야 하는 일이 서너 가지 이상이고 마감 기한이 제각각이면 아무리 '투 두' 폴더에 있어도 어떤 업무가 더 급한지 매번 체크하긴 번거롭다. 이럴 때는 큰 포스트잇에 '투 두' 폴더에 있는 업무를 급한 순서대로 마감 기한과 함께 적어서 모니터 하단에 붙여둔다. 그래야 새로운 업무 요청이 들어와도 내가 기한 안에 새로운 업무까지 소화할 수 있을지 빠르게 파악할 수 있다.

그런 다음 작은 포스트잇에 오늘 해야 할 일을 급한 순서대로 적어서 큰 포스트잇 옆에 붙인다. 큰 포스트잇에 적은 업무들의 마감 기한은 당장 오늘부터 다음 주까지 다양해서, 당장 오늘 해결해야 하는 업무라면 따로 순서를 정리해두는 것이 편하다. 업무를 하나씩 끝낼 때마다 두 개의 포스트잇에서 해당 리스트를 붉은색 펜으로 지운다.

실제로 내가 중학생 때부터 로스쿨 재학 때까지 썼던 다이어리를 보면 먼슬리 페이지에 매일 해야 할 일을 검은색으로 적어두고 끝낸 일은 붉은색으로 지운 흔적이 가득하다. 미관상 좋지는 않지만 가끔 옛날 다이어리들을 꺼내보면 매일 치열하게 살았구나 싶어 스스로 대견해진다. 다이어리를 꾸준히 쓰고 있다면 이렇게 포스트잇 대신 다이어리에 스케줄 정리를 해도 좋다. 나는 일정을 확인하려고 매번 다이어리를 꺼내는 것보다 모니터 하단에 붙여둔 포스트잇을 바로 확인하는 게 더 편리해서, 직장 생활을 시작하고 나서부터는 다이어리는 쓰지 않는다. 그래도 그때나 지금이나 붉은색으로 지운 일정들을 보고 있으면 게임에서 스테이지를 하나씩 깬 것처럼 묘한 쾌감을 느낀다.

종종 일정표를 작성하고 싶은데 그날 목표를 달성하지 못하면 스트레스를 받아 고민이라고 말씀하시는 분들을 만난다. 건강한 생활 습관을 만들려고 시작한 일정 관리가 도리어 나를 구속하는 사슬이 되고, 자신과의 약속조차 지키지 못하는 스스로에게 자꾸만 실망하는 불편한 마음을 나도 잘 알고 있다. 그렇다면 스케줄 관리를 잘하는 사람과 못하는 사람의 차이는 과연 무엇일까?

올해부터 매일 일정표를 작성하기로 결심한 A와 B가 있다고 가정해보자. A는 목표를 세운 바로 그날부터 하루 일정을 빼곡하게 적는다. 언뜻 보기엔 조금 막막한 것 같지만 목표를 높게 세울수록 더 빠르게 발전할 수 있을 것이라고 믿는다. A는 끼니도 거르고 화장실도 참아가며 오늘의 목표를 달성하려고 몰두한다. 정신을 차려보니 벌써 밤 열한 시다. 일정표에는 여전히 끝내지 못한 실천사항이 세 개나 남았다. 배도 고프고 온몸이 뻐근하다. 어디서부터 잘못되었을까, 왜 나는 이렇게 간단한 일정조차 지키지 못하는 걸까 싶어 슬슬 짜증이 난다. 남들은 다 열심히 사는데 내 인생만 자꾸 어긋나는 것 같아서 자존감이 뚝 떨어진다. 내일 할 일도 계획해야 하는데 벌써 지친다. 어차피 지키지도 못할 계획을 또 세워야 할까 고민한다.

이번에는 B를 살펴보자. B는 일정표를 정리하면서 잠시 고민한다. 생각보다 일정을 널널하게 잡은 것 같아 하나를 더 추가할까 싶다. 그래도 중간에 무슨 일이 생길지 모르니 일단 업무량을 더 늘리지 않고 지금 수준으로 실천해보기로 한다.

오후 세 시, 옆자리 동료가 잠시 커피를 마시러 같이 가겠냐고 묻는다. 일정표를 보니 남은 업무는 하나고 급한 일정은 없다. 잠깐 커피 한잔 정도를 마시고 와도 퇴근 전까지 남은 업무는 끝낼 수 있을 것 같다. 화창한 날씨에 기분 좋게 커피를 마시며 퇴근 전에 내일 일정까지 짜야겠다고 생각한다. 당분간은 오늘처럼만 계획을 지키고, 상황을 봐서 점차 늘리기로 한다.

A와 B의 차이는 무엇일까? 누구나 A가 바보 같다고 말하겠지만, 생각보다 많은 사람들이 A처럼 계획을 세운다. A는 처음부터 완벽하게 일정을 관리하고 싶어 했고 B는 처음에는 조금 부족하더라도 점차 자신에게 딱 맞는 일정 관리법을 습관화하고 싶어 했다.

우리는 특히 새해 계획을 세울 때 빠른 시일 내에 목표를 달성하고 싶어 하는 경향이 있다. 새해 계획인 만큼 한 해에 걸쳐 천천히 목표를 달성해도 괜찮은데, 지금보다 더 열심히 살고 싶은 마음에 A처럼 초반부터 무리를 한다.

B처럼 천천히 좋은 습관을 들이는 사람들은 간단한 계획이라도 달성하고 나면 자신감을 얻는다. 내 삶의 주도권을 가진 것 같아서 발걸음도 가벼워진다. 이처럼 똑같은 새해 목표를 세워도 어떤 방식으로 접근하느냐에 따라 작심삼일이 될 수도 있고 하나의 생활습관으로 자리 잡을 수도 있다. 내 경험상 새로운 일을 시작할 때 가장 중요한 것은 지속하고 싶은 마음을 유지하는 것이다. 요즘은 이러한 마음을 중꺾마(중요한 건 꺾이지 않는 마음)라고 한다.

중꺾마를 오래 유지하는 방법은 간단하다. 사람은 본인에게 긍정적인 영향을 주는 일을 계속하고 싶어 한다. 즉, 어떤 행동을 함으로써 내 자신감이나 만족감이 올라가거나, 나를 더 건강하게 만들어주거나, 인간관계를 원활하게 해주거나, 업무를 더 효율적으로 수행할 수 있게 해주는 일은 별다른 노력을 하지 않아도 꾸준히 해보고 싶은 마음이 생긴다. A와 B는 같은 시기에 새해 목표를 세웠는데 단 하루 만에 목표를 대하는 감정이 엇갈렸다. 목표를 빨리 달성하고 싶었던 A에게는 일정표를 짜는 일이 스트레스가 되었고 시간이 걸리더라도 생활습관을 오래 유지하고 싶었던 B는 설레는 마음으로 내일을 계획한다.

스케줄 관리의 시작은 자기 기량을 파악하는 것이다. 첫 일주일 동안은 내가 열심히 노력했을 때 하루에 얼마큼의 업무를 끝낼 수 있는지 기록해보자. 업무마다 난이도와 소요되는 시간이 다를 테니, 업무를 끝낸 다음 시간이 얼마나 걸렸는지 적어둔다. 딱 일주일만 집중해도 내가 맡고 있는 전체 업무 중 어떤 일을 할 때 어느 정도의 시간이 걸리는 편인지 알 수 있다.

이제 각 업무별 소요 시간을 기반으로 하루치 목표를 세운다. 스스로를 너무 과대평가해서 원래 자신이 소화할 수 있는 업무량에 비해 지나치게 많은 목표를 세우는 사람들이 많은데, 기량을 쌓고 목표를 달성하는 것은 나중 문제다. 이 단계에서는 하루 동안 무리 없이 일정을 소화하고 마감 기한을 준수하는 것을 가장 중요하게 고려해야 한다.

매일 아침 반복하는 첫 일과로 오늘의 계획을 세워보자. 중간에 갑자기 급한 업무가 생길 수도 있으니 일정을 너무 촘촘하게 세우지는 말자. 어느 정도 여유를 두어야 돌발 상황이 발생해도 유연하게 대처할 수 있다. 그렇게 딱 일주일만 매일 비슷한 업무량을 소화해보자.

일주일 동안 계획한 대로 생활했다면 이제는 스스로에게 피드백을 할 시간이다. 내가 세운 하루치 목표가 실현 가능한 수준이었는지, 실제로 목표를 달성한 날은 며칠인지, 목표는 달성했지만 너무 피곤하진 않았는지, 목표를 달성하고도 시간과 에너지가 충분히 남았는지 점검해보자. 일주일 동안 너무 무리했다면 다음 주 스케줄은 좀 더 느슨하게 잡으면 된다. 반대로 지난 주 계획은 잘 지켰는데 예상보다 일정이 널널했다면 다음 주 스케줄에는 업무를 추가하면 된다. 솔직한 피드백을 바탕으로 일주일치 일정을 다시 정리했다면, 또 일주일을 살아보자.

이런 과정을 짧게는 몇 주, 길게는 몇 달 반복하다 보면 어느새 일정 관리에 자신감이 생긴다. 개인적인 사정으로 한 주 정도 실패해도 다음 주에 다시 도전하면 된다. 일주일은 짧지만 앞으로 내가 살아갈 일주일은 숱하게 많다. 생활습관을 단기간에 바꿀 것이 아니라 업무량만 조금씩 조절하면 되기 때문에 큰 부담도 없다. 처음에는 계획을 세우는 시간이 생각보다 제법 걸릴 수 있지만, 몇 주만 지나도 밥을 먹고 잠을 자는 것처럼 일상적인 활동이 될 수 있다.

우리는 모두 바쁘고 시간은 늘 부족하다. 일정 관리를 제대로 못하면 생각보다 많은 시간이 낭비된다. 분명 하루하루 최선을 다하고 있는데 급한 업무가 무엇인지, 마감 기한이 언제인지, 언제 어떤 회의가 잡혀 있었고 그 회의 자료를 언제까지 준비해야 하는지 기억하지 못한다. 산더미처럼 쌓인 이메일을 하나씩 뒤져가며 관련 내용을 찾아보다가 끝내 주변에 도움을 청할 수밖에 없다. 주변 사람들 눈에는 예전에 질문했던 내용을 또 물어보는 내가 책임감 없고 계획적이지 못한 사람으로 비치는 것이 당연하다.

　앞으로도 몇 십 년은 더 일해야 하는 우리. 매번 일정 관리를 제대로 하지 못해 주변 사람들에게 핀잔을 듣고 있다면, 오늘부터 일정 관리를 제대로 해보는 것은 어떨까. 새로운 습관을 형성하는 데 1년이 걸린다 해도 앞으로 평생 고생할 날보다는 훨씬 짧다.

자신의 업무를 제대로 이해한다는 것

나는 학창 시절, 발표 수업을 가급적 피하는 학생이었다. 사람들과 대화를 하거나 여러 사람이 지켜보는 앞에서 말을 하는 일이 힘든 것은 아니었다. 일대일 대화는 상대가 교수님이어도 별로 긴장하지 않았고 나름 북토크도 두 번이나 진행한 경험이 있어서 타인과 얼굴을 마주하며 소통하는 것 자체에는 아무 불편함이 없었다.

그 무렵 나는 발표 준비의 핵심은 대본을 완벽하게 암기하는 것이라고 생각했다. 하지만 대본을 아무리 달달 외워도 늘 누군가 나에게 질문을 할까 봐 노심초사했다. 아마 무의식 중에 내가 발표 내용을 외우기만 할 뿐 완전히 이해하지 못했기 때문에 암기하지 않은 부분에서 질문을 받으면 답을 못할 것이라는 두려움이 있었던 것 같다. 하지만 당시에는 내가 왜 그렇게까지 발표를 싫어하는지 이해할 수 없었고, 아쉽게도 해결책을 찾지 못한 채 졸업을 했다.

지금 생각해보면 그때 나는 온전한 나의 언어로 무언가를 설명할 때보다 타인의 언어를 인용해서 설명하는 일에 자신이 없었던 것 같다. 에세이 작가로서 나는 나에 대해 이야기한다. 나의 경험, 고민, 감정, 생각은 나의 것이기 때문에 나의 언어로 온전히 내 생각을 표현할 수 있다. 하지만 수업 시간에는 내가 조사하고 수집한 지식에 대해 발표한다. 내가 전달하고자 하는 지식을 완벽히 소화하지 못하면 온전한 나의 언어로 그 내용을 전달할 수 없고 타인의 언어를 빌려야 한다. 사실 발표 내용을 잘 소화한다는 것은 완벽히 외운다는 뜻이 아니라 잘 이해한다는 뜻이다. 하지만 학창 시절 나는 암기를 잘하는 것과 이해를 잘하는 것의 차이를 정확히 인지하지 못했다.

회사에서 고객이나 상사에게 사실 관계나 법률 지식을 설명해야 하는 업무는 늘 생긴다. 연차가 쌓일수록 수십 장짜리 계약서를 고객이 쉽게 이해할 수 있도록 한두 장으로 요약 정리하거나, 프로젝트 진행 상황을 상사에게 보고하거나, 외국 고객을 위해 동시통역을 할 때 내가 전달하려는 내용을 제대로 이해하고 있어야 의사소통을 더 명확하면서도 효율적으로 할 수 있다는 것을 절감한다.

법률 실사 보고서, 대출 계약서, 주주 간 계약서 등 분량이 상당한 문서는 요약본을 요청하는 고객들이 많다. 주로 고객사

임원들이나 이사회에서는 요약본을 회의 자료로 사용하기 때문에 가장 중요한 사항만 간단명료하게 정리해야 한다. 대체로 문서 하나당 적게는 수십 장에서 많게는 수백 장에 달하기 때문에 여러 저연차 변호사들이 요약본을 나눠 작성하지만, 업무를 분담해도 내용을 전반적으로 이해하지 못하면 내가 맡은 부분에서 어떤 조항이 중요한지 파악하기 어렵다. 또한, 선배 변호사들은 시간을 보다 효율적으로 쓰기 위해 요약본에서 이해가 되지 않는 부분이 있으면 그 내용을 담당했던 저연차 변호사에게 확인을 구한다.

이때 내가 담당한 부분을 제대로 이해하지 못하면 왜 그 부분이 중요하다고 혹은 중요하지 않다고 판단했는지 설명할 수 없다. 그러니 자신이 맡은 부분에 대해 그 내용이 맞든 틀리든 논리적으로 설명하지 못하면 선배 입장에서는 후배가 진행한 부분 전부를 의심할 수밖에 없다. 이런 일이 반복되면 애초에 후배에게 요청하지 않고 본인이 처음부터 일하는 것이 훨씬 수월했겠다는 생각을 하게 되는데, 내 주변에도 특정 후배들에게 일을 시키면 본인이 일을 두 번 하게 되어 아무리 바빠도 그 후배는 찾지 않는다는 사람들이 있다.

업무의 결은 조금 다르지만, 통역도 관련 내용을 분명하게 이해해야 의미를 더 명확하게 전달할 수 있다. 종종 통역을 부탁

받는데, 일을 처음 시작했을 무렵과 지금을 비교해보면, 내가 신경 쓰는 부분이 굉장히 많이 달라졌다.

영어와 한국어를 둘 다 잘하면 통역도 당연히 잘할 것이라는 인식이 있는데, 여러 언어를 사용할 줄 아는 것과 하나의 언어로 표현된 문장을 곧바로 다른 언어로 바꿔서 설명하는 것은 확연히 다른 능력이다. 예를 들어, 한국 사람들은 대체로 결론을 마지막에 말하는 경향이 있는데 영어권 사람들은 결론부터 말하는 것을 선호한다. 예전에는 우리 팀의 의견을 토씨 하나 놓치지 않고 외국 고객에게 전달해야겠다는 일념으로 우리 팀 변호사가 말한 문장을 순서대로 번역해서 고객에게 전달했다. 한마디로 통역이 아니라 번역을 했던 셈이다. 모든 단어를 빠짐없이 전달해야 한다는 강박 때문에 해당 내용의 전체 흐름이 어떤지, 듣는 사람이 이해하기 쉽게 설명하고 있는지 고려할 겨를이 없었다.

이렇게 미숙한 통역을 몇 차례 하다 보니 어느 순간 고객이 내가 통역을 한 후에 "그래서 결론은 이거란 뜻이지요?"라고 되묻는다는 걸 알아차렸다. 그제야 나무를 보느라 숲을 보지 못했던 좁은 시야를 반성하고, 결론부터 먼저 언급하고 왜 이 결론이 도출되었는지 설명하는 식으로 통역 방향을 바꾸려고 노력했다.

요즘은 우리 팀 담당자가 말을 시작하면 모든 내용을 다 받아 적지 않고 일단 경청하면서 키워드 위주로 적으며 어떤 순서로 통역할지 구상한다. 한국어를 영어로 전환하려면 머리를 예열하는 시간이 필요한데, 모든 말을 다 적다 보면 정작 우리 팀 변호사가 하고 싶은 말을 다 끝냈을 때 곧바로 통역하지 못할 수도 있다. 대신 키워드 위주로 적어두면 우리 팀에서 설명을 하는 동안 영어로 어떻게 표현할지 미리 준비할 수 있어서, 내 차례가 되었을 때 헤매지 않는다. 설령 내가 전달하지 않은 부분 중 추가로 전달되었으면 하는 부분이 있으면 나에게 따로 부탁을 하기 때문에 예전보다 걱정이 많이 줄어들었다. 직역을 하려고 애쓰기보다 전반적인 흐름을 이해하며 중요한 단어를 먼저 적어두고, 이 단어들을 조합해 내가 영어로 새롭게 문장을 구성하면 통역이 훨씬 더 자연스러워진다는 것을, 이후 진행한 몇 차례의 업무에서 확인할 수 있었다.

몇 년간 일을 하면서 우리 업계에서 주로 쓰는 단어나 표현, 고객이 자주 하는 질문과 그에 대한 회사의 답변이 무엇인지 더 잘 알게 된 것도 업무 수준을 높이는 데 한몫했을 것이다. 분명 예전에는 내가 법적 내용을 제대로 이해하지 못한 채 선배들이 하는 이야기를 전달만 했다는 것을 고객들도 눈치 채지 않았을까. 하지만 나는 연차가 낮아도 '법률 전문가'이기 때문에 전달만 하는 사람으로 남으면 안 된다. 경험이 쌓이고 더 나은 방법을 고민하면 할수록 실전에서 느끼는 부담감은 줄어든다는 것이 4년 차 직장인이 된 나의 결론이다.

어떤 일이든 여러 번 해봐야 익숙해질 수 있다. 모든 직장인이 그렇겠지만 연차가 올라갈수록 회사가 나에게 요구하는 기대치가 높아지는 것은 당연하고, 실수도 점점 줄어들어야 하는 것이 디폴트가 된다. 그러니 이왕 겪을 시행착오라면 한 살이라도 어릴 때 겪는 게 좋다.

내가 정말 멋있다고 생각하는 선배들은 셀 수 없이 많은 프로젝트를 진행하느라 정신없이 바쁜 와중에도 각 프로젝트의 진행 상황을 정확하게 파악하고 있다. A 업무를 하다가도 B 업무를 의뢰한 고객에게 연락이 오면 곧바로 능숙하게 대응한다.

나의 짧은 경험에 비추어보면, 실력파일수록 특정 상황에서 고객이 어떤 질문을 할지 미리 예상하고 있기 때문에 고객이 불안한 상태로 연락을 하면 '나 역시 이런 점에서 걱정하실 거라고 짐작하고 있었다. 그 부분은 이런저런 방식으로 해결할 수 있다'라고 고객을 안심시킨다. 몇 년째 비슷한 업무를 하다 보면 이정도 대응 능력은 당연히 생긴다고 생각할 수도 있지만 그렇지 않다. 진행하는 업무도 몇 개 없으면서 각 프로젝트별 진행 상황을 전혀 업데이트하지 않고 별 생각 없이 지내다가 A 고객에게 B 프로젝트를 설명해 후배들을 부끄럽게 만드는 선배들도 있다. 어떤 분야에서 일하든 마찬가지겠지만, 단순히 시간이 흐르고 연차가 쌓인다고 전문가가 되는 것이 아니다. 연차와 상관없이 내가 맡은 일을 온전히, 이왕이면 고퀄리티로 소화할 수 있어야 진정한 프로라 할 수 있다.

비록 나의 학창 시절은 발표 두려움을 이겨내지 못한 채 막을 내렸지만, 변호사로 일하는 동안은 더 준비된 발표자가 되고 싶다. 누가 어떤 질문을 하든 긴장하거나 두려워하지 않고 오히려 상대를 안심시킬 수 있는 법률 전문가가 되고 싶다. 그렇게 되기 위해 오늘도 공부를 멈추지 않는다.

피드백에
상처받지 않는 법

나는 피드백에 취약한 편이었다. 정확히 말하자면 쓴소리에 쉽게 상처받고 방어적인 태도를 보일 때가 있었다. 심지어 내가 틀렸거나 부족하다는 점을 스스로 알고 있을 때조차 누군가 그런 모습들을 지적하면 이를 받아들이기까지 상당한 시간과 노력이 필요했다. 머리로는 타당한 비판이니 인정하고 더 나은 사람이 되기 위해 피드백을 수용하는 것이 진정 나를 위한 일이라는 것을 알았지만 이미 상처받은 마음을 달래기 바빴던 것도 사실이다.

피드백에 좀 더 유연하게 대처하고 싶어 지금까지 받은 다양한 피드백을 유형화해보니 내가 어떤 유형의 피드백을 유독 힘들어하는지 알 수 있었다. 또한 나름대로 여러 가지 대처 방법을 시도해본 결과, 어떤 마음가짐으로 피드백을 대해야 내 마음이 더 편해지면서도 유연한 태도로 나를 발전시킬 수 있는지 알게 되었다.

내 행동이 아닌 나라는 개인에 대한 평가로 느껴질 때

종종 나의 특정 행동이 아닌 나 개인에 대한 피드백을 받을 때가 있다. 본인에 대한 부정적인 평가를 아무렇지 않게 듣는 사람은 드물 것이다. 나 역시 나의 인생이나 존재를 부정당하는 느낌이 들면 더욱 방어적으로 대응하는 경우가 종종 있었다. 특히 이러한 피드백은 전혀 예상하지 못했던 상황 혹은 스스로에게 확신이 없을 때 받으면 더욱 치명적이다.

첫 책을 출간하던 때였다. 내가 열심히 쓴 글들을 편집자님이 과감히 수정하거나 특정 에피소드는 필요 없을 것 같다고 코멘트를 남겨서 보내시면 속이 상해 입술이 삐죽 튀어나온 채로 이메일 답장을 보내곤 했다. 객관적으로 생각해보면 나는 책을 처음 쓰는 입장이었고 편집자님은 이미 숱한 출판 경험을 통해 어떤 에피소드를 어떻게 풀어내야 독자에게 더 쉽고 친숙하게 다가갈지 알고 있었다. 그렇다면 편집자님의 피드백은 더 좋은 책을 만들고자 하는 공동의 목표에 큰 도움이 되는 건설적인 의견에 가까웠고, 초보 작가인 나는 그 의견에 귀 기울이면 되는 셈이었다.

하지만 내 책은 실험 결과나 논문 분석이 아닌 내 경험과 생각이 주를 이루는 에세이였고, 당시에는 편집자님의 의도와 상관없이 내 글에 달린 코멘트가 나라는 사람과 내 삶에 대한 평가로 느껴질 때가 있었다. 당시 나는 편집자님이 내 지난 시간들을 책에 실어도 좋을 만한 경험과 그렇지 않은 경험으로 구분한다는 기분을 느꼈다. 이 에피소드는 나에게 정말 중요하니까 꼭 넣고 싶다고 주장할 정도의 확신이 없었기 때문에 책을 만드는 과정이 더 힘들었다.

다행히 함께 작업하는 시간이 길어질수록 편집자님이 일부러 나에게 상처를 주려고 이런 의견을 남기는 사람이 아니라, 작가의 가능성을 최대한 뽑아내어 좋은 책을 만들고 싶어 하는 직업의식을 가진 사람이라는 사실을 알게 되었다. 그 후로는 더 열린 마음으로 편집자님의 코멘트를 받아들일 수 있었고 덕분에 순조롭게 책을 출간할 수 있었다.

감사하게도 편집자님이 이번 책도 함께 만들어보자고 제안해주셨고, 이제는 서로의 말투와 성격을 알고 있기에 지난번처럼 불필요한 감정 소모 없이 피드백을 주고받을 수 있었다.

상대방의 의도를 파악하는 일이 결코 쉽지는 않아서 우리는 자주 서로를 오해하고 상처를 받는다. 이런 경우에는 무죄 추정의 원칙[•]처럼 상대방의 입장과 의도를 충분히 알기 전까지는 저

●   형사소송의 피고인은 사법부에서 유죄 판결을 확정하기 전까지는 무고한 사람으로 추정한다는 대원칙

사람이 나를 괴롭히려 한다고 생각하지 않는다. 사람은 공격받는다고 느끼면 본능적으로 방어기제를 드러내기 마련인데, 이런 충동을 의식적으로 억누르는 대신 상대방과 더 많은 시간을 보내면서 저 사람이 일부러 나를 해칠 만한 사람인지 아닌지 파악한다.

다행히 대다수는 나와 말투가 다르거나 예민함의 정도가 달라서 발생한 오해임을 알 수 있다. 간혹 정말로 나를 싫어해서 괴롭힐 목적으로 피드백을 주는 사람이 있다면 그 사람의 말에는 아예 신경을 끄면 된다. 대신 그 시간에 나에게 도움이 될 만한 피드백에 집중한다.

내 편을 들어주기를 바라는데
상황을 객관적으로 평가할 때

학창 시절, 친구와 싸우고 속상한 마음에 다른 친구에게 고민 상담을 했던 적이 있다. 왜 싸웠는지 설명하면서 내가 얼마나 상처받았을지 이해가 되지 않느냐고 물었는데, 곰곰이 듣던 친구가 "근데 그건 네가 잘못했네"라고 덤덤하게 말하는 것을 보고 상처를 두 배로 받았던 적이 있다.

사람들은 대체로 본인이 무엇을 잘못했는지 이미 다 알면서도 주변 사람들이 자신의 속상한 마음을 먼저 헤아려주기를 바란다. 그때 내 고민을 들어준 친구는 내가 상황을 객관적으로 바라보고 잘못을 인정해 다툰 친구와 화해하기를 바라는 마음으로 그런 조언을 했겠지만, 나는 친구의 진심을 알면서도 한동안 꽁해 있었다.

나에게 심리적으로 가까운 사람일수록 그가 내 편이 되어주지 않을 때 서운함을 느낄 확률이 높다. 만약 내가 그날 친한 친구가 아닌 별로 대화를 해본 적이 없는 동기에게 고민을 털어놓았고 그 동기가 같은 답변을 해주었다면 '그래, 뭐…… 그렇게 생각할 수도 있지' 하는 마음으로 듣고 잊어버렸을지도 모른다.

그로부터 10년이 지난 지금, 나는 나의 속상한 마음은 결국 스스로 다스려야 한다고 생각하는 사람이 되었다. 숱한 경험을 통해 누군가에게 나의 섭섭함과 서운함을 털어놓는다고 해서 내 마음이 풀리지 않는다는 사실을 깨달았다. 오히려 무조건적인 공감과 위로를 받을수록 내 속상함이 정당하다는 생각에 감정이 더 격해지는 경우를 여러 번 목격했고 나 역시 경험했다. 그러니 부정적인 마음에서 벗어나려면 나의 슬픈 감정은 내가 알아서 조절하고, 지나치게 감정이 올라와서 상황을 객관적으로 바라보기 어렵다면 잠시 그 자리에서 멀어져서 상황을 정확하게 인지하려고 한다.

나는 충분하다고 생각하는데
상대방은 더 많은 것을 바랄 때

　　미국에서 자취를 할 때는 욕실 수건을 각 맞추어 개지 않아도, 설거지하기가 귀찮아서 큰 접시 하나에 반찬을 다 담아 식사를 해도 생활하는 데 전혀 지장이 없었다. 그런데 한국으로 돌아와 부모님과 같이 살게 되니 부모님이 내 생활 방식에 대해 피드백하시는 말들이 잔소리로 느껴질 때가 많았다. 부모님은 내가 갠 빨래나 설거지한 접시를 보고선 좀 더 꼼꼼하게 했으면 좋겠다고 종종 얘기하시는데, 자꾸 듣다 보니 '굳이 그렇게까지 해야 한다고? 차라리 안 하고 말지' 싶은 생각이 자연스럽게 들었다.

　　그래도 행동을 개선하기로 한 데는 이유가 있다. 대충 살아도 되는 나 때문에 부모님이 빨래를 다시 개거나 설거지를 다시 하는 것은 비효율적이다. 그리고 나는 지금 부모님 집에 얹혀살고 있으니 최대한 부모님이 원하는 대로 맞추려고 노력하는 것이 서로에게 낫다고 생각한다. 내가 아무리 이대로도 괜찮다고 생각하더라도 그로 인해 누군가가 피해를 입는 상황은 가능한 피하고 싶다. 그 사람이 나와 가장 가까운 가족이라면 더더욱.

　　이렇듯 피드백에 취약하다 보니 처음에는 날카로운 평가가 난무하는 조직에서 어떻게 살아남아야 할지 걱정이 많았다. 그런데 우려했던 것과 달리, 신기하게도 직장에서 받는 피드백이 상처로 다가온 적은 거의 없었다. 직장에서 받는 평가 대부분은 내가 유독 힘들어하는 피드백 유형에 속하지 않아서일 수도 있다.

먼저, 법률 의견서나 계약서는 선례를 바탕으로 법적 지식이나 논리를 정리한 문서이기 때문에 내 초안이 아무리 수정되어도 나 개인에 대한 평가로 느껴지지 않는다. 또한 업무 피드백은 궁극적으로 더 나은 결과물을 완성하기 위한 과정이라고 생각한다. 회사에서 수행하는 업무로 네 편, 내 편을 가를 이유도 없고 내가 잘했다고 무조건 칭찬만 해주는 선배보다는 어떤 부분을 고쳐야 퀄리티를 더 높일 수 있을지 알려주는 선배에게 고마움을 느낀다. 지금 내 실력에서 안주하지 않고 변호사로서 나날이 더 성장하고 싶기 때문에 선배가 시간을 내어 자세하게 남겨준 코멘트를 숙지하고, 다음에는 더 나은 결과물을 내야겠다고 다짐한다.

이러다 보니 때로는 선배에게 먼저 의견을 요청할 때도 있는데, 직장에서 피드백 받는 것을 힘들어하는 사람들에게 추천하고 싶은 방법이다. 예상하지 못한 순간에 상사로부터 피드백을 받는 것보다 나 스스로 나의 결과물을 한 차례 분석해보고 어떤 점들이 미흡했는지 인지한 후에 상사에게 검토를 요청하면, 대부분의 부정적인 평가는 내가 예상한 범주 안에 있기 때문에 훨씬 유연하게 받아들일 수 있다. 게다가 이미 부정적인 코멘트를 들으리라는 것을 어느 정도 예상한 만큼, 피드백 내용을 기반으로 어떻게 하면 다음에는 더 잘할지 고민할 수 있다.

아직 4년차밖에 되지 않았지만, 나도 선배가 되어보니 직장에서는 피드백을 받는 것보다 주는 일이 더 어렵고 조심스럽다. 나는 대체로 후배가 작성한 초안과 내가 작성한 수정본의 비교본을 만들어서 후배가 포함되어 있는 이메일 체인에 회람한다. 비교본을 확인하라고 직접 얘기하지 않아도 본인의 성장을 위해 알아서 검토하는 후배라면 스트레스 받을 일이 없을 것이다. 하지만 아무리 비교본을 만들어주어도 확인하지 않는 후배들이 있기 마련이고, 이들은 같은 실수를 계속 반복할 확률이 높다.

싫은 소리 하는 것을 좋아하지 않아서 자료를 전달하는 것 외에 별다른 피드백을 따로 주지 않는 편인데, 결과적으로는 같은 실수를 반복하는 후배들과 일을 할 때마다 내 입장에서는 일이 몇 배로 많아진다. 이런 경우가 수차례 반복되면 확실하게 피드백을 줄지 아니면 나보다 더 연차가 높은 선배에게 피드백을 할 기회를 넘길지 고민한다. 나는 비교적 빨리 일을 시작한 경우여서 나보다 연차가 낮은 후배와 동년배인 경우가 많은데, 괜히 피드백을 주었다가 젊은 꼰대라는 소리를 듣고 싶지는 않다. 나에게 하는 실수라면 다른 선배들에게도 할 테니 괜히 나서지 말고 '내가 당분간 일을 좀 더 하지, 뭐' 싶기도 하다.

이 모든 경우의 수를 뒤로하고 일단 내가 선택하는 방법은 밥 사주기이다. 맛있는 음식을 함께 먹으며 서서히 친해진 다음, 솔직한 피드백을 주어도 괜찮은 사람인지 알아본다. 그렇다는 판단이 서면 어느 정도 서로에게 마음을 연 상태에서 군더더기 없이 핵심 사안만 언급한다. 연차가 쌓일수록 후배 한 명, 한 명에게 이렇게 많은 시간을 쏟으며 피드백을 주기는 어렵겠지만, 그때는 또 다른 방법을 찾으리라고 믿는다. 현명하게 피드백을 주고받는 법을 배우려면 직접 부딪혀보는 수밖에 없으니까.

결국
일만 잘하면 된다

　　법률 자문 업무는 일종의 수건돌리기 같다. 수건이 내 뒤에 놓이면 최대한 신속하고 정확하게 다음 사람에게 건네야 한다. 내가 하염없이 수건을 가지고 있으면 게임이 진행되지 않는 것처럼, 나 때문에 일의 흐름이 끊기지 않도록 노력해야 한다. 법률 자문업 특성상 고객이 언제 업무를 의뢰할지 알 수 없기 때문에 업무량이나 마감 기한을 예측하기 어렵다. 새벽에 고객의 전화를 받고 졸린 눈을 비비며 노트북을 열었던 적도 있고 최대한 빨리 검토해달라는 요청을 받아 퇴근길 비좁은 지하철 안에서 계약서를 수정하기도 했다. 퇴근길에 운전을 하다가 해외 고객의 연락을 받고 차를 잠시 세워둔 채 통화를 하거나, 모처럼 만난 친구와 밥을 먹을 때도 친구에게 양해를 구하고 고객에게 발송할 자문 내용을 정리했던 적은 한두 번이 아니다. 갑작스레 연락을 받고, 혹은 막판에 급한 변동 사항이 생겨 오래 전부터 잡아둔 약속을 당일에 취소하는 일은 워낙 많아서 이제

놀랍지도 않다. 심지어 휴가를 내고 떠난 해발 3,463미터의 스위스 융프라우요흐에서도 고객에게 이메일을 보내느라 정신이 없었으니, 혹시 당신이 나와 같은 경험을 하고 싶지 않다면 휴가를 떠날 땐 아예 와이파이가 터지지 않는 오지로 가서 업무 자체가 불가능한 상황을 만들기를 추천한다.

로펌에서 일한 지 3년쯤 지나자 이제 내 주변에는 이러한 예측 불가능한 삶을 이해해주거나 나와 유사한 직종에 종사하는 지인들만 남았다. 약속을 급하게 취소해도 서로의 상황을 안쓰럽게 여기고 (때로는 먼저 취소해줘서 고마워하고) 놀러 가서도 수시로 고객과 통화를 하거나 이메일을 작성해도 곁에서 묵묵히 자리를 지켜주는 내 사람들에게 늘 고맙고 미안하다.

요즘은 아무리 급한 사정이 생겨도 퇴근길이나 휴가지에서는 업무 연락을 받지 않는 것이 '나를 지키며 일하는 법'이라고 생각하는 사람들이 많은 듯하다. 물론 그렇게까지 촌각을 다투며 일하지 않아도 큰 문제는 거의 발생하지 않고, 어쩌면 내 성격이 급해서 굳이 사서 고생하는 것일 수도 있다.

하지만 고객이 시급한 사안이라고 명시한 이상, 담당 변호사는 주어진 기한 내에 일을 마무리하기 위해 최선을 다하는 것이 기본이라고 생각한다. 내가 편하자고 맡은 일을 느긋하게 한다면 다음 주자들이 다가오는 마감 기한에 스트레스를 받으며 내 업무를 넘겨받을 때까지 무한정 기다려야 한다. 나도 나에게 업무가 넘어올 때까지 노트북 앞에 앉아 새벽까지 기다리면서 꾸벅꾸벅 졸았던 적이 꽤 있다. 그러니 조금만 신경 쓰면 일을 빨리 넘겨줄 수 있는 상황에서는 나 하나 편하자고 동료들을 힘들게 할 수가 없다.

로펌 변호사만 이런 방식으로 일하는 것은 아니다. 아마 많은 직장인에게 퇴근은 있어도 온전한 오프OFF는 없지 않을까. 연예인들의 온앤오프 모습을 담은 예능 프로그램을 보면서 오프가 있는 삶은 어떨까 진지하게 궁금해하기도 했다. 실제로 많은 변호사들이 이러한 업무 환경에 지쳐 몇 년 만에 근무 시간이 확실한 직장으로 옮긴다. 나도 언젠가 다른 곳으로 이직할 수 있겠지만 당분간 로펌에서 일하겠다고 계획한 이상, 불규칙한 생활을 최대한 지속 가능하게 만드는 것이 중요한 목표가 되었다.

그러기 위해서 반드시 갖추어야 하는 태도 중 하나가 필요 이상으로 남의 눈치를 살피지 않고 쉴 수 있을 때 제대로 쉬는 것이다. 직장 생활 초반에는 한창 바쁘다가 어느 순간 일이 확 줄어들면 내가 밥값을 못하는 것 같고 나만 쉬는 것 같아서 불안했다. 할 일이 없어서 제시간에 퇴근을 하면서도 동료 변호사들의 집무실에 불이 켜져 있으면 혹시 나만 정시 퇴근을 한다고 안 좋게 보는 건 아닐까 걱정했다. 그때 많은 도움이 된 것이 '어디서 일하든 자기 할 일만 잘하면 된다'라는 철칙을 갖고 계셨던 선배 변호사님의 조언이었다. 말로는 '일만 잘하면 된다'고 하면서 실제로는 그렇게 생각하지 않는 상사들을 제법 만났던 터라, 처음에는 그분의 업무 스타일을 알고도 자리에 앉아 다음 일이 들어올 때까지 기다렸다. 그러자 그분이 언제 또 바빠질지 모르니 여유가 있을 때 얼른 퇴근해서 쉬라며 내 등을 떠미셨다.

어색함도 잠시, 그분의 영향으로 다른 변호사들도 유연하게 근무하는 것을 보면서 나도 서서히 대세에 합류했다. 이후로는 맡은 일을 다 끝내면 주변 분들에게 혹시 내가 도울 일이 없는지 확인한 다음, 일이 없으면 더 이상 눈치를 보지 않고 가방을 챙겨 집으로 향했다.

자문업은 대체로 경기 상황을 따라간다. 경기가 좋을수록 인수합병, 투자, 상장, 대출 등을 시도하는 기업이 많아지고 경기가 나빠질수록 자문 의뢰가 줄어든다. 2022년 말, 여러 대형 로펌이 불황의 영향을 받기 시작했고 나 또한 업무량이 많이 줄어들면서 갑자기 시간이 남기 시작했다. 몇몇 로펌에서 인력을 대폭 줄였다는 소문이 돌았고 우리도 정리해고를 당하는 게 아니냐며 동기들과 불안에 떨었다. 각자 그 주에 몇 시간을 근무했는지 물으며 자신이 상대적으로 얼마나 일을 하고 있나 확인했고 만약 해고당하면 앞으로 어떻게 할 건지 서로의 계획을 공유하도 했다.

하지만 우리의 바람과 달리 시간이 지나도 경기는 금방 회복할 기미를 보이지 않았다. 그러던 어느 날, 내가 어떻게 할 수 없는 경기 상황 때문에 하루하루 불안해하면서 보낸 시간이 아깝게 느껴졌다. 그때부터 나에게 주어진 일에 최선을 다하되, 일이 없을 때는 자기계발을 하기 시작했다. 물론 마음을 먹는다고 불안감이 하루아침에 사라지지는 않는다. 그래도 늘 책을 한 권씩 들고 출근해 여유가 생기면 책을 읽고 글을 썼으며 미국 법 관련 강의를 수강했다. 퇴근 후에는 언제 다음 업무가 주어지려나 핸드폰을 붙잡고 기다리는 대신 가족이나 친구들과 더 많은 시간을 보냈고 운동을 하고 일찍 잠자리에 들었다.

시간은 흐른다. 지금은 2년 전 이맘때만큼 바쁘진 않아도 재작년 말에 비하면 업무량이 많이 늘었다. 3년간 로펌에서 일을 해보니 선배들 말대로 회사는 내가 마냥 놀고먹도록 내버려두지 않는다. 잠시라도 일이 적은 시기에 감사한 마음으로 그 시간을 알차게 보내려고 노력했던 게 어찌나 다행인지. 만약 내가 제시간에 퇴근하는 모습을 남들이 부정적으로 바라볼까 봐 마음 놓고 휴식을 취하지 않았다면 그 기나긴 시간 동안 이미 지쳐버렸을지도 모른다. 쉴 수 있을 때 제대로 쉬지 못하면 정신없이 바쁠 때 쌓이는 스트레스와 피로를 감당하지 못한다. 가뜩이나 업무 강도가 높고 마감 기한도 짧은 일이 대다수라, 체력을 회복할 시간을 제대로 활용하지 못하면 언젠가 '살기 위해' 퇴사를 고민하는 순간이 올지도 모른다.

커리어는 장기전이다. 남들 눈치를 보느라 에너지를 쓸 바에는 더 오래 일할 수 있도록 재충전을 하자. 나 때문에 회사가 굴러가는 데 지장이 생길 만한 상황을 초래하지만 않는다면 여유 시간에 자기계발을 하거나 휴식하는 나를 비난할 사람은 없다. 그러니 나를 갉아먹는 지나친 눈치 보기는 이제 그만. 그때 선배 변호사님이 해주신 말씀처럼 결국, 일만 잘하면 된다.

매번
증명할 필요는 없어

하버드 로스쿨 입학 당시, 과연 내가 이 학교를 다닐 만한 능력을 갖고 있을까 수시로 자문했다. 합격의 기쁨은 잠시뿐이었고, '내가 정말 합격한 것이 아니라 혹시 학교 전산 시스템에 오류가 난 건 아니었을까' 하는 불안을 느끼기도 했다. 입학하고 얼마 지나지 않았을 때 동기들 중 유명 정치인이나 세계적 학자들의 자녀가 있다는 소식을 들었고, 수업 중 교수님의 돌발 질문에도 확신에 찬 목소리로 유창하게 자기 생각을 이야기하는 친구들을 보면서 더욱 의기소침해졌다.

다행히 나만 이런 감정을 느끼는 것은 아니었다. 꼭 입사하고 싶었던 회사에 들어간 친구들도 회사의 명성에 비해 본인들의 실력이 부족한 것 같고, 입사 동기들은 자신과 달리 뛰어난 능력자들처럼 보인다며 불안해했다. 언젠가 직장에서 자신의 밑천이 드러날까 봐 걱정이 되어 아주 작은 실수도 하지 않으려고 바짝 긴장하고 있다고도 했다. 위축되고 긴장할수록 회사 생활이 스트레스로 다가왔고 점점 출근길이 두려워진다고도 했다.

그 후로 시간이 제법 지났다. 그동안의 경험을 통해 마음이 더욱 단단해진 덕분에 지금은 회사에서 큰 프로젝트를 맡아도 '이렇게 중요한 사건을 왜 나에게 맡기지?' 하며 걱정하기보다는 좋은 기회가 왔음에 감사하며 최고의 결과를 만들기 위해 집중한다. 내 능력을 과소평가하고 내 성과의 정당성을 의심하는 것이 겸손한 태도라고 생각할 수도 있지만, 겸손도 지나치면 나의 성장 가능성을 가로막을 수 있기 때문이다.

학교는 지원자의 성적과 활동을 토대로 우리의 교과 과정을 따라올 수 있고 배움을 통해 더 많이 성장할 수 있을 것이라고 예상하는 학생을 선발한다. 마찬가지로 회사도 동료들과 어울려 회사의 발전에 이바지할 수 있을 것이라 판단되는 지원자를 합격시키고, 어려운 프로젝트를 감당할 수 있을 것 같은 직원에게 기회를 준다. 학교의 입학 면접관과 직장 상사들이 나를 완벽하게 파악할 수는 없겠지만, 지금까지 쌓아온 안목과 데이터와 근거를 기반으로 나에게서 적합성과 성장 가능성을 발견했기 때문에 그에 상응하는 기회를 주는 것이다. 그러니 내가 나를 믿기 어렵다면 그들의 오랜 전문성과 안목을 믿고, 주어진 기회를 적극 활용해야 한다.

지금도 하버드, 민사고, 미국 변호사 같은 수식어 때문에 나를 좋게 평가하는 사람들의 시선이 부담스러울 때가 있다. 외국 고객과의 대면 회의를 앞두고 내부 회의를 하면 가끔 선배들이 "하버드생 영어 실력 한번 보자"라고 가볍게 농담을 하는 경우가 있다. 그러면 다른 분들도 덩달아 "하버드생의 영어는 들어본 적이 없는데, 얼마나 잘하는지 궁금하다"고 추임새를 넣는다. 외국 고객과 콜을 하면 "윤 변호사가 하버드 출신이라 그냥 믿고 맡겨 주시면 된다"라며 나를 소개한다. 어떤 고객은 "하버드생 앞에서 제가 괜히 아는 척을 했네요" 하며 웃기도 한다.

처음에는 이러한 말과 시선이 상당히 부담스러웠다. 나도 선배들과 똑같은 토종 한국인이고 변호사로서는 선배들의 실력과 경험에 한참 못 미치는 후배인데, 하버드라는 타이틀 때문에 나에 대한 기대치가 너무 높으면 어쩌나 불안했다. 막상 내 실력을 보시면 '에이, 하버드라고 딱히 다를 것도 없네' 하실 것 같아 두렵기도 했다.

그러나 내 걱정과 달리 한 번도 '하버드생치고는 실력이 별로'라는 평가를 직접 들어본 적은 없다. 하버드생의 평균은 어느 정도인지 명확한 기준이 없을뿐더러 그런 평균을 낼 수 있을 만큼 하버드생을 많이 만나본 사람도 거의 없다. 또한 나를 부담스럽게 했던 말들 대다수는 선배들이 그 순간의 어색함이나 긴장을 풀기 위해 별다른 의미 없이 건네는 스몰 토크일 뿐이다.

이 사실을 알고 나서는 선배들이 뭔가를 기대하는 눈빛으로 나를 바라보면 능청스럽게 받아친다. "에이, 하버드생이라고 뭐 다르겠어요? 아무 차이도 없어요. 오히려 아까 선배가 정말 멋있게 요점만 딱 정리해서 설명하시는 모습을 보고 저도 배우고 싶다고 생각했어요." 그러면 선배들도 금세 다른 주제로 넘어가느라 더 이상 나에게 관심을 두지 않는다. 그러면 나는 '하버드생'이라는 수식어가 주는 부담감을 내려놓고 내가 맡은 업무에만 충실한다.

종종 친한 후배들이 과거의 나처럼 주변의 기대 때문에 긴장하느라 정작 해야 할 업무에 집중하지 못하고, 겉으로 드러나는 모습에 더 신경 쓰게 된다고 고민을 털어놓는다. 평소에 하지 않던 소소한 실수가 많아지고, 그럴수록 자신에게 실망하는 선배들을 보며 점점 자신감이 떨어진다고도 덧붙인다. 그럴 때마다 나는 후배들에게 자의식이 너무 커지면 안 된다고 말해준다. 주변 사람들은 그저 별생각 없이 자신들이 알고 있는 몇 가지 정보만 가지고 대화를 이어가기 위해 무심히 던지는 말일 수도 있다. 대다수 사람들은 생각보다 타인에게 관심이 없고 내가 자신들의 모든 말에 반응하기를 바라지도 않는다. 심지어 대다수는 본인이 상대방에게 부담 주는 말을 했다는 사실조차 기억하지 못한다. 그러니 한 귀로 듣고 한 귀로 흘려도 되는 말에 매번 내 실력이 어느 정도인지, 내 능력을 어떻게 증명해야 할지 머리 아프게 고민할 필요가 없다.

설령 내가 남들의 기대에 못 미치면 어떤가. 남들의 기준이
절대적이지도 않고 현실적으로 내가 모든 사람을 만족시킬 수
도 없는데. 한두 사람의 기대에 부응하려고 애쓰다 보면 나도 모
르는 사이에 내 삶의 중심이 타인에게 넘어간다. 항상 남의 눈치
를 보고 다른 사람들이 세운 기준에 나를 맞추다 보면 정작 내가
무엇을 좋아하고 잘하는지 알지 못한다. 그래서 좋은 기회가 생
겨도 내가 이 기회를 통해 얼마나 성장할 수 있을지 보지 못하고
소중한 가능성을 놓치고 만다.

내가 어떤 집단의 일원이 되었든, 어떤 성과를 내고 업적을
이루었든 나라는 사람의 본질은 같다. 시간이 지나고 경험이 쌓
이면서 조금씩 발전할 뿐이다. 그러니 내 앞에 붙은 수식어나 과
거의 성취 때문에 타인의 시선을 의식할 필요는 없다. 나를 증명
해야 한다는 생각에 스스로를 몰아붙이다가 도리어 자신감과 주
체성을 잃지 말고, 그 시간에 나에게 주어진 기회를 최대한 활용
해 더 많이 성장하길 바란다. 오히려 내 속도에 맞게, 내가 원하
는 방향으로 나아가는 데 집중할수록 내가 가진 타이틀에 더 떳
떳해질 것이다.

독서는 직장 생활에
도움이 된다

첫 책의 부제는 '독서 인생 12년 차'라고 나를 소개하고 있다. 첫 책을 출간한 지 5년이 지났으니 이제는 독서 인생 17년 차가 되었다.

독서 인생 17년 차라고 하니 뭔가 거창해 보이지만, 사실 독서를 취미 생활로 즐긴 지 17년이 되었을 뿐이다. 어린 시절부터 책을 읽을 때는 소설, 에세이, 시, 역사, 철학 등 분야를 가리지 않았는데 때로는 심심해서, 때로는 호기심에 읽고 싶은 책이 생기면 곧바로 도서관에서 빌리거나 서점에 가서 구입했다. 기대했던 것보다 재미가 없어서 읽다가 덮은 책도 있고, 어떤 책은 너무 감동적이어서 두세 번씩 읽었다.

나에게 독서는 자기계발 수단이 아니다. 오로지 책으로만 얻을 수 있는 심리적 안정감, 새로운 세상으로의 탐험, 타인에 대한 이해, 지적 호기심 충족이 좋다. 그런데 신기하게도 사회에 나오니 지난 17년의 독서가 직장 생활을 잘하는 데도 상당히 도움을 준다는 사실을 알게 되었다.

속독은 나의 힘

내가 초등학교 고학년이었을 무렵, 갑자기 속독 붐이 일더니 속독 학원이 늘어났다. 학원을 꽤나 다양하게 다닌 편이지만, 속독 학원은 다닌 적이 없다. 내 주변에도 속독 학원을 다닌 친구가 없어서 그곳에서 정확히 무엇을 가르쳐주는지 알지 못했고 당시에는 속독이 왜 필요한지조차 이해하지 못했다.

어떤 방법이든 처음 익힐 때는 시간이 걸리지만 익숙해지면 자연스레 속도가 빨라진다. 나는 어려서부터 읽고 싶은 책이 너무 많았다. 이 책을 읽으면서도 저 책을 읽고 싶어서 지금 손에 든 책을 조금이라도 빨리 읽으려고 했다. 도서관에서 한 번에 열 권씩 빌려도 하루 만에 다 읽고 또다시 도서관에 갈 날을 손꼽아 기다렸다.

그러다 보니 자연스레 독서 속도가 점차 빨라졌다. 속독을 하면서도 모든 문장을 꼼꼼히 읽는 사람들이 있겠지만, 나는 속독을 하면 중요하거나 재미있는 부분 위주로 읽는다. 책 한 권한 권을 꼼꼼하게 읽으며 내용을 천천히 음미하는 방식을 선호하는 사람이 있고 놓치는 부분이 있더라도 되도록 많이 읽는 쪽을 좋아하는 사람이 있다. 나는 좋아하는 작가의 책은 꼼꼼히 여러 번 읽는 편이지만, 기본적으로는 최대한 많은 책을 읽어보고 싶다는 쪽에 가깝다. 독서 방식에는 옳고 그름이 없고 책을 좋아하는 사람으로서 많은 사람들이 독서를 즐겼으면 좋겠다고 생각할 뿐, 어떤 독서법이 바람직하거나 더 낫다고 생각하지 않는다.

사무직 종사자라면 이메일로 진행하는 업무가 많을 것이다. 로펌 변호사들은 매일 수백 통의 이메일을 주고받는데, 모든 이메일을 꼼꼼하게 확인하다간 정작 업무를 할 시간이 부족해진다. 그래서 수백 통의 이메일 중 내 업무와 직접 연관이 있는 메일은 무엇인지, 급한 사안이 무엇인지 속독으로 찾아낼 수 있어야 효율적으로 일할 수 있다.

솔직히 말하면 나는 로펌 1년 차까지는 남들에 비해 글을 빨리 읽는지 몰랐고 다독으로 다져진 속독 능력이 직장에서의 업무 처리에 얼마나 도움이 되는지도 인지하지 못했다.

그런데 내가 이메일이나 문서를 읽고 내용을 이해하는 데 걸리는 시간이 다른 동료들에 비해 짧다고 이야기하는 분들이 많아지면서 이 능력이 변호사로서 큰 장점이라는 것을 알게 되었다. 로펌에서 문서를 빠르게 읽고 상대방의 요구사항을 제대로 이해할 수 있는 능력은 더 다양한 업무를 맡을 수 있는 기회로 이어진다. 나의 업무 처리 속도와 퀄리티에 만족하는 선배들은 새로운 사건이 생기면 나에게 이번에도 함께할 수 있겠느냐고 물으신다. 변호사들이 업무를 처리하는 데 쓴 비용을 시간당으로 지불해야 하는 고객들은 급한 문제가 생기면 신속히 대응할 수 있는 나에게 전화를 한다. 아직은 연차가 낮아서 고객이 나 하나만 보고 우리 회사에 일을 의뢰하진 않겠지만, 연차가 높아질수록 나를 찾는 고객들이 많아져야 회사에 수익을 가져다줄 수 있고 내 자리도 지킬 수 있다.

의사소통 능력이 저절로 향상된다

사회생활의 핵심은 건강하고 효율적인 의사소통 능력이다. 상대방이 하는 말을 잘 이해하고 내 생각을 조리 있게 표현할 수 있어야 불필요한 오해를 피하고 시간 낭비를 하지 않는다. 특히 회사 내에서의 의사소통이 원활하지 못하면 업무 속도가 지연되고 자칫 금전적 손해로 이어질 수 있기 때문에 특별히 더 주의를 기울여야 한다.

직장에서의 소통은 이메일로 하는 경우가 일반적이다. 따라서 문해력과 표현력이 무엇보다 중요하다. 상대방이 보낸 이메일을 읽고 내가 해야 할 일이 무엇인지, 업무의 우선순위가 무엇인지, 상대방이 궁금해하는 사항이 무엇인지, 상대방의 요청에 이메일로 답변할지 자료를 따로 만들지, 기한은 언제까지인지, 업무 시작 전에 미리 확인해야 할 사항이 있는지 등을 신속하고도 정확하게 파악하려면 문해력이 필요하다. 또한, 상대방이 보낸 이메일에서 모호한 부분이 있으면 상대방의 의도를 지레짐작하고 섣불리 업무를 시작할 것이 아니라 확실히 질문해야 한다. 내가 어떤 부분을 이해하지 못했는지, 내가 이렇게 추측한 내용이 상대방의 의도와 일치하는지 정확하게 질문하려면 당연히 표현력도 중요하다.

나보다 늦게 취업한 친구들이 종종 어떻게 하면 회사 내에서 원활하게 소통할 수 있는지 물어온다. 그러면 나는 업무와 관련된 책을 읽으라고 적극적으로 권한다. 뻔한 조언이지만 의사소통 실력을 쌓으려면 자주 읽고, 쓰고, 듣고, 말하면서 언어 실력을 기르는 수밖에 없다.

예를 들어보자. 기업의 상장 업무를 담당하는 부서에서 일하는 신입 변호사라면 한국의 자본시장에 관한 입문서를 읽으면서 업계에서 자주 쓰는 용어를 이해하고, 한국의 상장 기업 설립자들이 쓴 자서전을 통해 기업의 시작부터 상장 당시의 전후 상황과 사회적 분위기 등을 알아두면 업무를 할 때 전반적인 그림을 빠르게 파악할 수 있다.

업무 관련 용어를 익히는 것 외에 좀 더 직장인답게(?) 어투와 문체를 바꾸고 싶은 사람에게도 독서는 도움이 된다. 나는 책을 읽다가 닮고 싶은 문체가 있으면 따로 기록해두고 나중에 회사에서 이메일을 작성할 때 그대로 써본다. 어떤 심리서를 읽고는 깍듯하면서도 친절한 문체를 따라 써보고, 자수성가한 사람의 자서전을 읽으면 확신에 차 있으면서도 설득력 있는 문체를 활용해본다. 일을 잘하고 싶지만 굳이 책까지 읽고 싶지는 않다면 자신이 생각하기에 멋지고 본받고 싶은 문체를 가진 주변 사람의 이메일이나 SNS를 참고해도 좋다. 나는 핵심을 깔끔하게 정리하거나 부드러우면서도 강단 있게 고객과 소통하는 선배를 만나면 그의 말투와 글투를 자주 참고한다.

덤으로 생기는 긍정적인 이미지

일을 하면서 알게 된 사실인데, 생각보다 독서를 취미로 삼는 변호사들이 많지 않은 것 같다. 나도 모르는 사이에 공부를 많이 한 사람들은 평소에도 책을 좋아할 것이라는 편견을 가졌던 것 같다. 알고 보니 평소에도 읽어야 하는 계약서나 소장이 수두룩한데, 쉬면서까지 글을 읽고 싶지는 않다는 변호사들이 대부분이었다.

그런데 독서를 그리 좋아하지 않는다는 사람들도 책을 좋아하는 사람을 좋게 평가하는 경우를 자주 보았다. 독서가 취미라고 하면 많은 변호사들이 어떻게 그럴 수가 있냐며 놀라면서도 좋은 책이 있으면 추천해달라고 한다. 자녀가 있는 분들은 아이들이 읽으면 도움이 될 책이나 흥미를 붙일 만한 책을 소개해달라고 한다. 책이 좋아서 독서를 할 뿐인데, 감사하게도 회사에서의 내 이미지가 좋아지고 업무가 아니어도 책에 관한 이야기를 나눌 수 있어서 관계가 더 친밀해진다.

회사 하나 다니는 것만으로도 바쁜데, 지금도 취업 준비로 힘든데 독서까지 해야 하나 고민하는 사람들, 책을 읽는 것이 좋긴 한데 당장의 자기계발이나 회사 생활에 별 도움이 되지 않는 것 같아 다른 취미를 찾을까 고민하는 분들에게 이 글이 조금이나마 도움이 되었으면 좋겠다. 어떤 방면으로든, 독서는 분명 우리 생활에 도움이 된다.

잘 모르지만
일단 해보겠습니다

"네, 해보겠습니다."

사실 이 앞에는 숨겨진 말이 있다.

"처음 해보는 업무지만 그래도 해보겠습니다."

"잘 모르지만 일단은 해보겠습니다."

직장 생활 4년 차가 된 지금까지도 자주 하는 말이다. 갓 입사했을 때는 나도 연차가 올라가면 자연스레 모르는 업무가 줄어들 테니 "해보겠습니다"보다는 "알겠습니다" 또는 "하겠습니다"를 자주 말할 것이라 짐작했다. 그런데 정작 연차가 쌓여도 이제 조금 익숙해진 업무는 생각보다 많지 않고 오히려 더 복잡하고 난해한 업무를 맡게 되니 여전히 모르는 일들에 둘러싸여 갈팡질팡한다.

당연한 이야기이지만 어떤 업무든지 처음이 가장 고통스럽다. 선배들이 상세한 가이드라인을 주었는데도 어떤 유형의 계약서를 처음 접하면 가이드라인을 여러 차례 읽어도 헷갈린다.

계약서를 검토하고 필요한 경우 수정을 해서 관련 당사자(사내, 고객, 계약 상대방의 변호사 등)에게 메모를 남기라는 지시가 주어졌는데 어디서부터 손을 대야 할지도 모르겠다. 딱히 고쳐야 할 부분도 없어 보이고 통상적으로 어떤 조항이 들어가야 하는지조차 모르겠으니 한마디로 머리를 쥐어뜯기 딱 좋은 상황이다.

우리 집에는 내 책상이 따로 없어서 집에서 일을 할 땐 식탁을 이용한다. 그런데 일을 하면서 "와, 하나도 모르겠네", "대체 뭘 하라는 거야", "이게 맞는 건가"라고 자주 혼잣말을 하다 보면 엄마가 "나는 변호사를 못 믿겠어. 다들 너처럼 아무것도 모르면서도 일할 거 아냐"라고 한마디씩 보태신다. 어쩌면 엄마 입장에서는 딸이 매번 뭘 하라는 건지 하나도 모르겠다고 계속 중얼거리면서 몇 시간 동안 폭풍 타이핑을 하다가, 갑자기 만족스러운 얼굴로 업무를 끝냈다고 할 때마다 쟤는 도대체 일을 제대로 하긴 하는 건가 의아해하실 수도 있다.

여기까지만 들으면 '변호사도 너무 믿으면 안 되겠구나', '변호사도 잘 모르면서 그냥 일하는 거구나' 내지는 '이 저자는 그리 믿을 만한 변호사는 아니구나' 할 수도 있다. 하지만 걱정하지 않아도 된다. 감사하게도 내가 진행하는 업무의 대부분은 우리 회사의 누군가가 과거 유사한 계약서를 검토했던 선례를 기반으로 수행한다. 물론 과거 선례에서 몇 가지 사항만 변경해도 충분한 계약서라면 처음 보는 유형이라도 일하기가 훨씬 간단하다. 하지만 많은 경우, 동일한 유형의 계약서라도 계약 당사자 및 계약 조건이 다르면 두뇌를 풀가동해야 한다. 대출 계약서라고 다 같은 대출이 아니고 주주 간 계약서라고 해서 모든 주주의 입장과 이익 관계가 동일하지 않기 때문이다.

만약 A 대출 계약서를 토대로 B 대출 계약서를 검토한다면, 우선 B 계약서상의 임대인이나 임차인 중 누가 우리 고객인지 확인해야 한다. 만약 우리 고객이 임차인이라면 A 계약서 조항 중 임차인에게 유리한 내용들이 무엇인지, 임대인에게 유리한 조항은 어디까지 받아들였는지 파악해야 한다. 또한 A 계약서에서 임차인과 임대인에게 각각 유리한 조항들이 무엇인지 파악했다고 해서 B 계약서에 그대로 옮겨서는 안 된다. B 계약서의 계약 당사자 유형, 거래 구조, 계약 당사자들이 합의한 기본 조건들에 어긋나지 않는 선에서 이러한 조항은 추가해도 좋을 것 같고 이러한 조항은 제외하는 것이 유리하겠다는 검토 의견을 남겨야 한다. 어차피 계약서를 수정하는 최종 결정권자는 고객이기 때문에 변호사는 최대한 고객이 이해하기 쉬운 방식으로 수정했으면 하는 사항들을 제안해야 한다.

연차가 높아질수록 유사한 계약서를 많이 검토했던 데이터와 경험이 쌓이기 때문에 '시장에서 통상적으로' 포함되는 조항이 무엇인지 알게 된다. 그래서 보통 저연차 변호사가 1차로 계약서를 검토, 수정하고 코멘트를 남기면 고연차 변호사가 자신의 경험과 선례들을 기반으로 추가 검토를 한다.

내가 업무의 마지막 검토자가 아니라는 사실은 정말 큰 위안이 된다. 고객에게 전달될 최종본에는 내가 제출한 초안에 비하면 훨씬 숙련된 자문 내용이 담겨 있을 테니까. 하지만 내가 검토한 계약서를 선배가 다시 살펴본다고 해서 내 마음이 마냥 편할 수만은 없다. 저연차에게는 선배도 일종의 고객이다. 나에게 업무를 맡긴 선배가 적어도 후회하진 않을 정도로 내 선에서 최대한 일을 깔끔하게 처리해야 앞으로도 나와 일하고 싶어 하는 선배들이 많아진다. 그리고 나에게 협업을 제안하는 고연차 변호사들이 많아져야 내가 이 회사에 계속 남아 있을 수 있다.

로펌만 이런 것이 아니다. 대다수 직장 업무는 협업이 기본인 만큼, 상사든 동료든 거래처든 나를 필요로 하고 나와 일하고 싶어 하는 사람들이 많아져야 나의 입지와 자리를 보전할 수 있다.

또한, 다양한 업무에 도전해볼수록 나의 역량은 커지게 마련이다. 지금 당장은 내 업무에 별 쓸모가 없어 보이는 일이어도 회사에서 필요로 하는 스킬이나 역량을 평소에 잘 익혀두면 언젠가는 반드시 유용하게 쓰는 날이 온다. 회사의 일이란 그렇게 단순하지가 않고 모두 유기적으로 연결되어 있기 때문이다. 어렵고 귀찮다고, 당장 필요 없다고, 어차피 내 일이 아니라고, 연봉을 더 받는 것도 아니라고 기존에 해오던 업무만 반복하면 오늘은 스트레스를 덜 받을지 몰라도 더 이상 성장할 수가 없다.

연차는 높아지는데 소화할 수 있는 업무 난이도는 여전히 저연차 수준에 머물러 있는 변호사에게, 로펌은 그리 관대하지 않다. 한두 번만 같이 일해보면 상대방이 더 배우고 성장할 의지가 있는 사람인지 단박에 알 수 있다. 매일이 치열한 경쟁인 로펌에서는 더 능력 있는 변호사가 되고 싶어 하고, 그러기 위해 꾸준히 노력하는 사람을 선호한다. 그런 사람들의 연봉을 인상해주고 두둑한 성과급으로 보상을 하고 중요한 사건을 수임했을 때도 그 사람들부터 찾는다. 규모가 큰 사건, 난이도가 높은 사건을 주니어 때부터 욕심내고 경험해본 사람일수록 많이 배우고 빠르게 성장한다. 당연히 시간이 지날수록 제자리에 머무는 사람들과의 격차가 벌어질 수밖에 없다.

지금 회사에서 내 자리를 지키는 것만 중요하게 생각한다면 나 역시 지금보단 덜 적극적으로 일할 것 같다. 어차피 회사에서 내가 하는 모든 노력을 알아줄 수는 없다. 그러니 당장 눈에 띄는 일만 적극적으로 하고 오랜 시간을 들여 고민해봤자 티가 나지 않는 일은 대충 하거나 아예 관심을 끄는 것이 몸도 마음도 편할지 모른다.

나는 집중력이 오래가는 편이 아니다. 대신 한번 집중하면 비슷한 퀄리티의 결과물을 다른 사람들보다 빨리 만들어낼 수 있다. 주어진 기한보다 빨리 업무를 끝내면 새로운 업무를 할 수 있는 시간이 생기니 남들보다 하루에 처리할 수 있는 업무량이 많아진다. 물론 이러한 방식에는 대가가 따른다. 남들이 보통 세 시간 걸려 완성하는 업무를 내가 엄청나게 집중해서 한 시간 안에 완성한다고 나머지 두 시간만큼의 체력과 에너지를 아끼는 것이 아니다. 오히려 한 시간 만에 남들이 세 시간 동안 소진할 체력을 몰아서 써버린다. 그러니 일을 빨리 끝냈다고 추가 업무를 하면 결과적으로 하루에 일한 시간은 다른 사람들과 비슷한데 체력은 훨씬 더 쓰는 셈이다. 만약 남들이 알아주는 만큼만 일을 했다면 정해진 마감 기한만 지키면서 지금보다 더 느긋하고 여유 있게 일할 수도 있다. 그럼에도 내가 최대한 효율적으로 일하면서 가급적 다양한 경험을 해보려고 노력하는 이유는 그 과정에서 느끼는 희열이 있기 때문이다.

한번은 계약서를 검토하던 중, 몇 주 전에 다른 계약서에서 본 조항과 똑같은 문구를 발견했다. 이전 계약서를 검토하던 당시 선배 변호사가 최근 개정된 국내법을 기반으로 해당 문구를 수정하셨던 기억이 나서, 그 계약서를 다시 찾아보고 이번 계약서에도 동일하게 수정을 했다. 그러고 나서 그 선배가 몇 주 전 다른 계약서에서 동일한 조항을 수정한 바가 있으므로 본 계약서에도 똑같이 수정을 했다고 내부 코멘트를 남겼다. 여러 선배들의 검토 끝에 고객에게 전달된 최종본을 살펴보니 내가 남긴 이 코멘트가 그대로 반영되어 있었다. 그 내용을 확인하는 순간 얼마나 가슴이 뛰던지.

몇 주 전의 내가 내 업무만 진행하고 다른 변호사들은 어떻게 일했는지 굳이 확인하지 않았더라면, 이번 계약서를 검토하면서도 최근 달라진 국내법을 제대로 인지하지 못하고 넘어갔을 것이다. 일부러 시간을 들여서 최종본을 꼼꼼히 살핀 사소한 노력 덕분에 선배들에게 더 많은 도움이 될 수 있었다. 어찌 보면 별것 아니지만, 이 작은 성취가 나를 설레게 했다.

이런 일도 있었다. 여러 기업과 기밀 유지 서약을 하는 것에 동의하고 협상을 체결한 고객이 있었는데, 첫 대여섯 개의 서약서를 검토하고 상대방과 협상을 할 때는 선배가 일일이 확인을 해주었다. 그런데 어느 날부터 선배가 "윤 변호사가 알아서 적절히 수정하고 고객에게 바로 보내주세요" 하고 나머지 서약서들을 나에게 맡기셨다. 그 순간 나는 비슷한 서약서를 계속 협상해야 하는 데서 오는 피로감보다, 내가 선배의 검토 없이도 고객에게 바로 내 의견을 전달할 수 있게 되었다는 사실에 뿌듯함과 보람을 느꼈다.

처음은 누구나, 당연히 어렵다. 그래도 괜찮다. 처음에는 전혀 갈피를 잡을 수 없었던 업무도 두 번, 세 번 하다 보면 어느 순간 전구에 불이 켜지듯 전반적인 흐름이 보이고 감이 잡히는 날이 반드시 온다. 그러면 마음도 한결 편안해지고 이후에 주어지는 업무도 자신감 있게 수행할 수 있다.

처음만큼 긴장하지 않는 나를 보면 이러한 변화 또한 내가 지난날 고생하며 노력해서 얻어낸 결과구나 싶다. 그래서 나는 오늘도 용기 있게 "해보겠습니다"라고 말한다. 지금 나를 힘들게 하는 이 업무도 나중에는 한결 수월해질 것이라는 사실을 알기에.

해보기 전에는
알 수 없으니까

　　로펌에 처음 입사하면 어느 부서에 소속되든 다양한 분야를 경험한다. 나는 지난 3년간 인수합병, 인수금융, 해외투자, 국내외 상장, 채권 발행, 금융규제, 내부조사, 펀드 등록 및 취소 등에 관한 실무 경험을 쌓았다.

　　보통 4~8년 차 즈음에 자신의 전문 분야를 찾아 업무 범위를 서서히 좁혀나가는 것이 일반적이다. 또한 이 시기에는 특정 분야의 전문성을 쌓기 위한 업무를 집중적으로 수행하기 때문에 4~5년 차만 되어도 다양한 업무를 맡을 기회가 줄어들고 이것저것 담당하다 보면 효율도 떨어진다. 따라서 여러 분야를 경험하면서 그중 어떤 분야가 나와 맞는지, 재미있는지, 장기적으로 봤을 때 성장 가능성이 있는지, 그 분야를 담당하는 고연차 변호사들의 분위기는 어떠하고 나와의 합은 어떤지 등을 파악할 수 있는 시간은 사실상 저연차 시절 몇 년밖에 없다.

　　물론 연차가 높아진 후에도 개인 사정에 따라 다른 분야로 전환하는 경우가 있다. 로펌에서는 연차가 높은 변호사가 다른 분야로 전환하고 싶다고 하면 연차를 깎자고 제안하기도 한다. 로펌 입장에서는 이 변호사가 기존의 분야에서 아무리 일을 잘했어도 새로운 분야에서도 같은 성과를 낼지 확신할 수 없고 새로운 업무에 적응하려면 시간이 꽤 걸릴 테니 당연히 비용을 줄여야 한다고 생각할 수 있다. 다른 분야로 완전히 전환하는 것이 아니라 기존의 분야에 다른 분야를 더 경험해보고자 하는 경우라도, 이 역시 쉽지 않다. 같은 업무를 저연차가 수행하면 훨씬 비용을 절감할 수 있기 때문이다. 그러니 결국 1~3년 차일 때 최대한 다양한 분야에 도전해보는 것이 좋다.

해보지 않은 일을 처음 시작할 때는 당연히 추측밖에 할 수 없다. 특정 분야에서 최소 서너 개의 사건은 담당해보아야 나와 맞는 분야인지, 흥미가 생기는지 가닥이 잡힌다. 사건 하나만 맡아보고 이 분야는 다시는 하고 싶지 않다는 생각을 할 때도 있지만, 나는 적어도 몇 개의 유사한 사건을 더 수행해보는 편이다. 고작 한두 번의 경험으로는 해당 분야를 제대로 평가할 수 없다. 이미 그 분야를 담당하는 변호사들이 많다면, 그들 중 나와 업무 방식이나 성향이 맞지 않은 변호사와 협업을 했을 수도 있고 유독 까다로운 고객을 만났을 수도 있다. 한두 번의 부정적인 경험으로 특정 분야를 단정 지으면 내가 즐겁게 일할 수 있고 장차

빛날 수도 있는 기회를 아깝게 놓쳐버릴지도 모른다.

나는 1년 차일 때는 기업법무팀, 2년 차에는 기업법무/금융팀, 3년 차에는 금융팀 소속이었다. 중간에 업무 분야를 바꿀 의도는 없었는데, 이직을 하면서 자연스레 다양한 분야에 노출되었다. 기업법무팀에서는 외국인직접투자, 해외투자, 사모투자, 기업 지배구조, 경영권 분쟁, 신생 벤처기업 자문 등 정말 다양한 업무 경험을 할 수 있었다.

많은 변호사들은 기업법무팀의 꽃이 인수합병이라고 생각한다. 거래 규모 자체가 워낙 커서 일단 거래가 성사되기만 하면 로펌이 받는 수임료가 상당하고, 성사된 후 언론 보도로 알려질 확률이 높아 주변 사람들에게 내가 무슨 일을 하는지 자랑할 수도 있다. 또한, 아무리 시장 관행에서 크게 벗어나지 않는 선에서 거래 계약이 체결된다 해도 담당 변호사의 협상력이 거래 성사에 중요한 기여를 하기 때문에 많은 신입 변호사들이 인수합병에 참여하는 것을 로망으로 꼽는다.

나는 로스쿨 학생이었을 때는 자문 변호사보다 송무 변호사가 되고 싶었기 때문에 기업법무팀보다는 송무팀에 들어가고 싶었다. 하지만 한국에서 일하기로 결정하고 나서 방향을 바꾸었다. 미국 변호사는 한국 법원에서 변호를 하지 못하기 때문에 한국에서 미국 송무 변호사로 활동하기에는 제약이 있어 보였다.

그래서 기업법무팀에서 커리어를 시작했는데 사실 1년 차 신입은 어느 부서에 소속되든 가장 기본적인 업무를 수행하기 때문에 부서별로 큰 차이는 없다. 그래도 같이 일하는 선배 변호사들의 일상을 보며 내 미래를 예측할 수 있고 팀 분위기도 파악할 수 있다.

기업법무팀 소속이라고 해서 모두가 인수합병 업무를 하는 것은 아니다. 인수합병은 대체로 빠른 속도로 진행되고 수임료가 비싼 만큼 로펌에 대한 고객사의 기대치도 높기 때문에 인수합병 경험이 있고 해당 사건에 고객사만큼이나 몰입할 수 있는 변호사들 위주로 팀이 꾸려진다. 그래서 3~4년 차만 되어도 인수합병 업무를 주로 담당하는 변호사와 그렇지 않은 변호사로 나뉜다.

여느 회사가 그렇듯 고연차 변호사들은 같이 일하기 편한 저연차 변호사들을 자신의 사건에 배당하기 때문에 소위 말하는 '라인'도 생긴다. 그래서 입사 후 몇 년만 지나면 내가 인수합병을 메인 업무로 하게 될지, 그중에서도 거래 규모가 크거나 관련 당사자들의 명성이 뛰어난 사건들을 맡게 될지 판가름이 난다.

나의 경우, 인수합병 업무를 여러 차례 경험한 결과 인수합병을 나의 주 업무로 삼고 싶다는 생각이 들지 않았다. 거래가 성사되었을 때의 짜릿함과 뿌듯함은 말로 다 표현할 수 없지만,

실제로 성사되는 건수 자체가 많지 않고 일을 성사시키기까지의 과정이 무척 고통스럽다. 많은 인수합병 담당 변호사들은 본인의 사건이 회사 내에서 가장 중요하다고 생각한다. 물론 수임료가 비싸기 때문에 로펌 입장에서 중요한 사건인 것은 틀림없지만, 인수합병에 배당되는 모든 변호사가 당연히 이 사건을 가장 우선시해야 한다고 믿는다. 그래서 동료나 후배 변호사가 다른 업무 때문에 이 업무를 잠시 미룬다거나 평일 늦은 밤이나 주말에도 일하지 않으면 능력이나 의지가 부족하다고 평가하는 경우도 있다.

다른 분야 변호사들도 급한 사건이 있으면 퇴근 후나 공휴일에도 일을 부탁하는 경우가 있고 본인 사건에 집중해주었으면 하는 마음이 있다. 하지만 쉬는 날에도 일을 하고 몇 주 동안 야근을 하는 것은 똑같더라도 나에게 업무를 요청하는 변호사의 태도에 따라 내 마음가짐이 달라지는 것도 사실이다. 내가 본인 사건뿐만 아니라 다른 중요한 사건도 여럿 수행하고 있다는 점을 인지해 미리 양해를 구하고, 내 일정을 물어본 뒤 일을 주는 변호사와 본인 사건이 가장 중요하니까 본인 사건부터 당연히 도와야 한다는 식으로 일을 시키는 변호사는 하늘과 땅 차이다. 전자는 피곤하더라도 같은 팀원으로서 하나라도 더 돕고 싶은 마음이 생기고 후자는 다시는 이 사람이랑 일하고 싶지 않다는 생각이 든다. 모든 인수합병 변호사가 이렇다는 건 절대 아니지만, 지난 3년간 같이 일했던 인수합병 변호사들의 태도는 대체로 비슷했다.

지금은 금융팀에서 일한다. 업무량은 기업법무팀에 있을 때와 비슷해서 몸은 여전히 힘들지만 마음은 더 가볍다. 모두가 고생하는 것이 훤히 보이고 다른 동료나 후배에게 업무를 부탁해야 할 경우 본인이 먼저 일정 부분을 담당한 후 업무를 분담하는 모습을 보면서 나도 최선을 다해 도움이 되려고 노력한다.

만약 내가 인수합병 업무를 경험하지 않았다면 로펌의 꽃이라는 인수합병에 마냥 환상을 가지고 있었을지도 모른다. 또한 내가 금융팀으로 옮기지 않았다면 기업법무팀과 다른 분위기나 업무 방식이 존재한다는 사실을 알지 못했을 것이다. 감사하게도 1~3년 차 시절 여러 업무를 적절히 해볼 수 있었기에 나에게 더 잘 맞는 분야를 찾을 수 있었다. 또한 다른 분야를 두루 경험해보았기 때문에 섣부른 기대도, 뒤늦은 후회도 하지 않는다.

그러니 회사에서 내 업무는 아니지만 궁금하거나 한번쯤 도전해보고 싶은 분야가 있으면 저연차일 때 최대한 많이 시도해보길 추천한다. 새로운 일이 내 예상과 달랐거나 나와 맞지 않는다고 해서 시간 낭비를 한 것이 아니다. 어차피 어떤 회사, 어떤 업종이든 주니어는 기본적인 업무를 맡기 때문에 그때 고군분투하며 터득한 업무 스킬은 나중에 어떤 분야로 가든 쓸모가 있다.

나는 기업법무팀에 있으면서 계약서 작성 및 수정법, 법률 실사법, 실사 보고서 작성법, 협상 스킬, 일정 관리법 등을 배웠는데 금융팀에서도 이러한 능력은 반드시 필요로 하기 때문에 도움을 톡톡히 받고 있다. 그러니 저연차일 때는 이게 괜한 시간 낭비가 아닐까 하는 걱정은 할 필요가 없다.

더불어, 분야가 다르다고 해서 이전의 업무와 새로운 업무 사이에 연관성이 전혀 없는 것도 아니다. 기업법무팀에서 인수합병을 할 때 금융팀 업무인 인수 금융 관련 지식이 필요한 경우가 많고, 금융회사가 국내외 투자를 하는 경우도 있어서 금융팀에 소속되어 있어도 인수합병 및 투자 관련 업무를 진행한다. 그러니 고연차 변호사 입장에서는 당연히 금융 업무와 기업법무 업무를 모두 아는 후배들과 일하고 싶어 한다. 몇 번이라도 경험을 해본 후배에게는 모든 것을 일일이 설명하지 않아도 되기 때문에 일정이 촉박한 업무일수록 다양한 경험을 해본 후배를 선호하는 것이 당연하다. 나 역시 기업법무 업무와 금융 업무를 골고루 시도한 덕분에 나를 찾는 선배들이 많아졌고, 보다 빠르게 성장할 수 있었다.

우리가 소화할 수 있는 업무 역량과 범위를 피라미드에 비유한다면, 삼각형의 밑면은 저연차일 때 시도할 수 있는 경험일 것이다. 주니어 시절 다양한 업무를 경험할수록 밑면이 길어진다. 연차가 쌓이면서 삼각형이 서서히 높아지면 피라미드는 자연스레 커진다.

자기 분야의 전문가로서 우리가 가진 업무 역량은 이런 식으로 확장되지 않을까. 삼각형의 크기가 커질수록 내가 수행할 수 있는 업무가 많아지고 나를 찾는 사람들도 자연스레 늘어난다. 당신은 살짝만 건드리면 쓰러질 것처럼 좁고 높기만 한 삼각형을 쌓고 싶은가, 아래와 중간층이 넓고 탄탄해서 안정감 있는 삼각형을 높이 쌓고 싶은가?

이직을 통해
배운 것

       법무법인 태평양은 나에겐 변호사로서 첫 근무지다. 로스쿨 재학 시절 미국 캘리포니아주에 있는 로펌과 Massachusettes Department of Children and Families(매사추세츠주 아동 및 가족 부서) 등에서 몇 달간 인턴을 한 경험은 있지만, 변호사 자격증을 취득한 후 정식 변호사로서 일을 시작한 회사는 태평양이 처음이었다. 한국에서 살고 싶은 열망이 가득한 것에 비해 미국 변호사로서 한국에서 일하게 되면 정확하게 어떤 업무를 맡을 수 있는지, 하루 일과는 어떤지 아는 것도 별로 없는 상태에서 태평양에 입사 지원을 했다.

    미국 변호사는 의뢰인을 대리해 한국 법원에 출석할 수 없기 때문에 나는 송무가 아닌 자문을 담당하는 기업법무팀 소속으로 입사했다. 또한, 미국 변호사는 한국 법에 대해 자문할 수 없는데 한국 로펌에 일을 의뢰하는 기업들은 한국 법에 대한 자문을 필요로 하기 때문에 초반에는 한국 변호사들이 분석한 관련 법을 외국 고객들이 이해하기 쉽게 설명하는 업무를 주로 맡았다.

그러다 보니 자연스레 번역을 하거나 번역 자료를 검토하는 업무가 많아졌다. 미국에서 인턴을 할 때는 내가 직접 번역을 할 일이 없어서 처음에는 이 업무가 낯설었다. 미국에서 8년 넘게 살았지만 한국 변호사들의 영어 실력에 비해 내 영어 실력이 월등하게 뛰어나다고 생각하지 않았고, 외국 고객들의 문화적 특성에 맞게 글을 수정해달라는 요청을 받으면 내가 이 많은 외국 고객들의 문화권을 어떻게 다 파악하고 문서를 수정하나 싶어 막막했다.

내가 아직 저연차여서 번역 업무가 많았다면 한국에서 일하는 미국 변호사로서 성장해가는 과정이라고 생각했을 것이다. 그런데 한국 로펌에서 일하는 외국 변호사들이 수적으로 많지 않고, 고연차 외국 변호사들 역시 넘쳐나는 번역 업무로 힘들어하는 모습을 보고 있으면 변호사 자격증을 왜 땄을까 하는 회의감이 밀려오기도 했다. 내가 온종일 번역만 하면서 살 줄 미리 알았다면 그냥 통번역대학원에 가는 게 낫지 않았을까 싶기도 했다.

다행히 이런 고민은 나만 하는 것이 아니었다. 동료들도 나와 비슷한 고민을 하셨고, 몇 분은 고민 끝에 해외 로펌이나 국내 기업의 법무팀, 또는 전혀 다른 분야로 이직을 하셨다. 나 역시 이직을 하는 분들과 비슷한 생각, 그러니까 이대로라면 변호사로서 앞날이 막막하다는 생각을 종종 했다. 하지만 이곳이 나에게는 첫 직장이었고 다른 분들과 달리 비교할 만한 경력도 없었다. 그래서 이직을 하고 싶어질 정도로 삶이 괴롭진 않았다.

그런데 나는 태평양에서 일한 지 7개월 만에 미국 로펌의 한국 지사로 이직했다. 자세한 사정을 모르는 지인들은 7개월 만에 옮길 정도로 회사가 별로였느냐, 아무리 힘들어도 7개월 만에 이직하는 것은 너무 이른 게 아니냐며 우려를 표했다.

사실 회사에 불만이 있어서 이직을 한 것은 아니었다. 미국 로펌의 한국 지사들은 보통 1년 차 변호사를 거의 채용하지 않는데, 감사하게도 당시 1년 차였던 나에게 이직 제안이 들어왔다. 나로서는 미국 로펌의 한국 지사는 어떤 방식으로 운영되는지, 한국 로펌과 일하는 방식이 얼마나 다른지 직접 경험해보고 싶었다. 다행히 태평양에서도 아쉽지만 고민 끝에 내린 나의 결정을 이해한다고, 다시 오고 싶으면 언제든지 연락하라고 말해주었다.

두 번째 회사인 미국 로펌의 한국 지사에서는 1년 8개월가량 근무했다. 감사하게도 이곳에서 계약서 초안 작성 및 코멘트 취합, 상대측 로펌과의 계약서 협상, 대상 회사에 대한 법률 실사, 고객과의 미팅 참석, 제안서 발표 등을 경험할 수 있었다. 어떤 로펌이든 경기 상황이 좋으면 일이 많고 불황일수록 줄어들기 때문에 이전 회사와 업무량 수준은 비슷했다. 미국 로펌의 한국 지사에서 일하는 변호사들의 업무 범위는 대체로 유사할 텐데, 고객군에 한국 기업과 외국 기업이 모두 있는 만큼 국어와 영문 모두 유창해야 일하기가 수월한 편이다.

미국 법에 대한 자문을 할 때는 미국 지사에 있는 변호사들과 협업했고 미국 외의 외국법에 대한 질의는 미국 외 각 지사에서 근무하는 변호사들께 자문을 구했다. 간혹 한국 법에 대한 질문이 들어오면 한국 로펌을 연결시켜주거나 한국 로펌에게 우리가 따로 자문을 구한 뒤 한국 로펌이 분석한 내용을 고객께 전달했다. 이곳은 아무래도 한국 지사인 만큼 한국 기업 고객들이 많았다. 고객들이 국문으로 질문하면 우리가 그 질문을 영문으로 번역해 다른 외국인 변호사들과 함께 사안을 검토했다. 해당 질문에 대한 법적 의견이 내부에서 정리되면 그 의견을 다시 국문으로 번역해 한국 기업 고객에게 전달했다.

첫 회사에서 대부분의 근무 시간에 번역을 했던 것과 비교하면 두 번째 회사에서는 더 다양한 업무를 수행할 수 있어서 만족스러웠지만, 나는 1년 8개월 만에 첫 회사로 돌아와 지금까지 태평양에서 일하고 있다. 어느 직장이든 장단점이 있고 사람마다 버티기 힘든 단점도 다르다. 두 번째 회사에서 마음이 잘 맞는 분들을 많이 만났고 근무 환경도 상대적으로 유연했다. 기술 지원 또한 훌륭해서 일하는 데 불편함이 적었지만, 한국 지사의 규모가 워낙 작다 보니 고연차 변호사가 부족했다.

자연스레 보통 내 연차에서 소화하는 업무는 기본이고, 훨씬 난이도가 있는 업무까지 도맡아야 할 때가 많았다. 과거 사례를 찾아보고 홍콩에서 일하는 고연차 변호사들에게 수시로 질문하면서 어떻게든 계약서 초안을 작성하고 고객 질의에 응대하면서 위기를 모면해 나갔지만, 이렇게 주먹구구식으로 일해도 괜찮을까, 저연차 시절을 이렇게 보내다가는 제대로 된 실력을 갖춘 변호사가 아니라 순간순간 위기만 모면하는 변호사가 되진 않을까 하는 걱정이 문득문득 밀려왔다. 내가 무엇을 모르는지조차 모르는 상태에서 질문할 선배까지 부족한 상황이 반복되자 스트레스가 쌓이더니 결국 병이 났다.

하지만 나는 병을 치료하고도 1년 넘게 두 번째 회사에서 근무를 했다. 일이 너무 많아서 이직 준비를 할 여유도 없었지만, 그때까지만 해도 나의 스트레스 요인들을 내 손으로 해결해보고 싶었다. 그래서 되는 데까지 해보자는 심정으로 이를 악물고 버텼다. 하지만 내가 아무리 노력해도 시스템은 달라지지 않았고 상대방 또한 바뀔 의지가 없다는 것을 확인하고 나니, 이제는 정말 나를 위해서라도 스트레스를 덜 받는 곳으로 옮겨야겠다고 결심했다. 다행히 퇴사한 뒤에도 꾸준히 친분을 유지했던 첫 회사의 선배들이 내가 이직 준비를 한다는 사실을 전해 듣고는 다시 면접을 보자고 흔쾌히 제안해주셨다.

몸도 마음도 더 건강해지고 싶어서 태평양으로 돌아왔지만 두 번째 회사에서 배운 점들도 많았다. 원래대로라면 더 높은 연차가 진행할 법한 업무를 내가 직접 부딪혀가며 소화한 덕분에 업무 범위가 넓어졌다. 한국에서 일할 거라면 어느 회사에 가든 국문과 영문은 모두 쓸 줄 알아야 하고 번역 업무는 늘 있을 수밖에 없다는 사실을 받아들이자, 지금 회사에 처음 입사했을 때 고민했던 걱정거리가 사라졌다. 법적 지식도 중요하지만 변호사는 고객의 니즈를 정확하고 신속하게 파악해서 고객이 필요로 하는 답변만 간결하게 제공하는 직업이라는 점을 깨달은 덕에 국문과 영문 실력을 더 갈고닦아 전반적인 소통 능력을 기르기로 했다.

이후로는 계약서에 대한 코멘트나 이메일을 국문으로 작성하는 상황에서도 다른 변호사들의 문체를 참조했다. 내 영어 실력이 다른 변호사들에 비해 크게 뛰어나지 않다는 고민을 해결하기 위해 잠깐의 여유가 생길 때마다 원서를 읽고 넷플릭스를 볼 때는 영어 자막을 추가했다.

직장인이라면 누구나 공감하겠지만 지금 회사보다 더 나은 곳이 있을 것이라는 생각에 사로잡히는 순간, 아무리 장점이 많은 회사에 다니더라도 단점이 더 크게 느껴지는 것 같다. 그러면 당연히 삶의 만족도가 떨어질 수밖에 없다. 나 역시 이직을 통해 어느 회사를 가도 불만은 생기기 마련이며, 장점이 많은 회사보다 나에게 치명적인 단점이 없는 회사를 다니는 게 훨씬 스트레스를 덜 받는 방법이라는 사실을 깨달았다.

태평양에 재입사한 후 달라진 점도 제법 있다. 우선 두 번째 회사에서 했던 업무를 버리기에는 그동안 들인 노력과 시간이 아까워 다른 팀 소속으로 재입사를 했다. 팀별로 분위기가 많이 다른데, 다행히 현 소속인 금융팀 분위기가 나와 더 잘 맞는다. 재입사는 3년 차로 하게 되어 1년 차 때와 달리 번역 업무가 압도적으로 많지 않고, 두 번째 회사에서 쌓았던 경험을 토대로 계약서 검토와 법률 의견서 작성도 하게 되었다. 중간에 이직하지 않고 이곳에서 3년간 일했어도 업무 범위가 다양해졌을 수 있지만, 다른 회사를 경험해보지 않았다면 이러한 성장 가능성에 감사하기보다 단점에 대한 불만이 더 컸을지도 모른다.

언제 또 이직하게 될지는 아무도 알 수 없지만, 이제는 어떤 마음가짐으로 일과 회사를 대해야 행복하게 성장할 수 있는지 조금은 알겠다.

2장

경험해봐야 알지

: 균형 잡힌 인간관계를 유지하는 법도

진심은
반드시 전달된다

어린 시절 썼던 다이어리를 살펴보면 늘 등장하는 일관된 고민이 있다. 나와 처음 대화를 나누는 사람들 대부분은 내가 자신과 비슷하다며 나와 더 친해지고 싶어 했다. 처음에는 그 말을 곧이곧대로 믿어 마냥 신기해했다. 그런데 점점 다양한 사람들을 만나고 내가 자신과 통하는 부분이 많다고 말하는 사람들이 늘어날수록 혼란스러워졌다. 나와 유사한 점이 많아서 신기하다는 사람들만 놓고 보면, 그 사람들끼리는 비슷한 점이 거의 없어 보였기 때문이다.

그러다 보니 혹시 내가 의식하지 못하는 사이에 다른 사람들의 호감을 얻기 위해 상대방과 비슷한 척 연기를 하고 있는 건가 싶어 걱정이 되었다. 그러면서도 한편으로는 사람들이 말해주는 자신과의 공통점 중 어떤 모습이 진짜 나인지 확신이 서지 않았다. 고민 끝에 나는 만나는 사람에 따라 스스로를 다채롭게 물들이는 흰 도화지 같은 존재라고 생각하기로 했다.

20대 중반이 되면서 사람은 대체로 비슷한 경험을 하고 비슷한 감정을 느낀다는 사실을 알게 되었다. 그러니 어떤 사람을 만나도 한두 가지 정도는 서로 비슷한 점이 있기 마련이다. 그동안 여러 사람들이 내가 자신과 통하는 점이 많다고 느낀 건, 내가 연기를 해서가 아니라 상대방을 향한 깊은 관심을 토대로 서로 비슷한 부분을 찾아내고 공감대를 형성하는 대화를 나누었기 때문이었다.

나는 처음 만나는 사람과 대화를 할 때 우선 취미가 무엇인지, 쉴 때는 주로 무엇을 하는지, 요즘 특별하게 하는 일은 무엇인지와 같은 평범한 질문을 주고받으며 상대방의 관심사와 취향 등을 파악한다. 그러면 어떤 주제로 소통할 때 상대방이 더 흥미를 보이는지, 편안하게 느끼는지를 알 수 있다.

대다수 사람들은 누군가를 처음 만나면 본능적으로 경계하면서도 상대방이 진심으로 나 자신에 대해 궁금해하면 마음을 열고 그동안 누군가에게 털어놓고 싶었던 속마음을 내보이는 경향이 있다. 물론 경계심이 강해서 속마음을 털어놓는 것을 불편해하는 사람들도 있는데, 이런 사람들은 자신의 감정이나 생각을 말해야 하는 상황이 오면 갑자기 시선을 피하거나 주제를 바꾸거나 웃어넘기려 하는 경향이 있다. 이들과 관계를 맺을 때는 빨리 친해지겠다고 무리하기보다는 천천히 다가가야 한다.

적절한 질문을 하는 것 못지않게 중요한 일은 바로 경청하는 태도다. 한 가지 질문을 하고 나서 다음 질문을 생각하느라 정작 상대방의 답변에 집중하지 않으면 상대방도 이 질문이 단지 대화를 이어나가기 위한 행동일 뿐 진짜 자신에게 관심이 있어서 건네는 질문이 아니라는 걸 금세 느낄 수 있다.

다음 질문에 대한 아이디어는 보통 상대방의 답변에서 얻을 수 있다. 만약 내가 갑자기 테니스를 치게 된 이유가 따로 있냐고 물었는데 상대가 요즘 일 때문에 스트레스를 받아서 운동을 해야겠다는 생각이 들었다고 답변한다면, 테니스를 치면서 스트레스가 많이 풀린다니 다행이다, 요즘 회사가 많이 바쁜가보다 하며 다음 질문을 이어갈 수 있다. 그러니 질문을 했으면 딴생각을 하지 말고 우선 집중해서 들어야 한다.

나는 누군가와 대화를 할 때 그 사람의 눈을 바라보며 상대의 대화 내용에 어울리는 표정을 짓는다. 상대가 슬픈 이야기를 하면 울상이 되고 화가 났다고 하면 나도 화가 난 것처럼 얼굴을 찌푸린다. 상대가 이러저러한 이유로 어쩔 수 없이 내린 결정에 대해서 이야기하면 고개를 좀 더 강하게 끄덕이며 이해한다는 표정을 짓는다. 좋은 일이 있었다고 상기된 표정으로 입을 열면 박수를 치며 내 일처럼 기뻐한다. 상대방에게 호감을 얻기 위해 일부러 연기를 한다는 것이 아니라, 상대방의 말을 집중해서 듣고 있으면 그 순간만큼은 그 사람의 입장이 되기 때문에 저절로 대화 주제에 맞는 표정이 나온다.

웃으면 행복해진다는 말을 한번쯤은 들어보았을 것이다. 행복하지 않아도 억지로라도 활짝 웃는 표정을 지으면 뇌는 내가 행복해서 웃고 있다고 착각한다. 그 결과 행복 호르몬이라고 불리는 세로토닌이 분비되고, 세로토닌 덕분에 우리는 실제로 행복을 느낄 수 있다. 내가 상대방의 감정에 백 퍼센트 공감할 수는 없어도 상대방의 상황에 맞는 표정을 지을 때 분비되는 신경전달물질 덕분에 조금이나마 상대방과 비슷한 정서를 느낄 수 있다. 상대방과 비슷한 감정을 느껴야 자연스레 그 사람의 이야기에 더욱 집중할 수 있고 그의 입장이 궁금해진다. 특정한 감정을 비슷하게 느끼다 보면 과거에 내가 그와 비슷한 상황에 놓였던 순간이 떠오르기 때문에 자신의 경험담도 편하게 나눌 수 있다.

우리는 머리로는 자신이 남들과 별다를 바 없는 고민을 하면서 산다는 걸 알면서도 예전에 자신도 비슷한 상황을 겪었기 때문에 지금 내가 어떤 마음인지 이해한다고 말하는 사람을 보면 아주 특별한 인연을 만난 것처럼 쉽게 마음을 연다. 또한 타인으로부터 공감과 인정을 받으면 내 생각과 감정이 정당하다는 기분이 들어 정당성을 부여해준 상대에게 내적 친밀감을 느낀다.

누군가의 마음을 여는 데 정말 효과적인 또 다른 방법 중 하나는 내가 취약하고 부족했던 시기를 이야기하는 것이다. 내가 슬프고, 절망하고, 아프고, 창피하고, 자책했던 순간을 털어놓으면 상대는 내가 자신을 그만큼 믿기 때문에 감추고 싶은 일들을 기꺼이 공유한다고 생각한다. 사람은 대체로 호의를 받으면 자신 또한 호의를 베풀고 싶어 하기 때문에 둘 사이의 신뢰가 더욱 돈독해진다.

물론 주의할 점도 있다. 세상에는 나의 단점이나 상처를 역으로 이용해 이득을 취하는 나쁜 사람들이 있다. 만난 지 얼마 되지 않은 사람이 믿을 만한지 아닌지 판단하기는 쉽지 않다. 그래서 누군가와 친해지고 싶을 때는 만약 상대가 내 진심을 악용할 경우 내가 받을 타격은 어느 정도일까를 고려해야 한다. 나는 나를 무너뜨릴 정도의 약점이 무엇인지 잘 알고 있기 때문에 별로 고민하지 않고 적절한 타이밍에 나의 못난 모습을 털어놓으면서 상대방에게 다가가는 편이다.

이렇게 상대방과 서서히 내적 친밀감을 형성하면 자연스레 호감을 얻을 수 있다. 하나 더, 앞에서 소개한 대화 방식과 더불어 나는 누군가의 마음을 얻고 싶을 때 계산적으로 행동하지 않는다. 내가 이만큼 해주면 상대도 이만큼은 해주겠지 하는 마음으로 다가가지 않고, 설령 이 사람이 나에게 아무것도 해주지 않더라도 나는 최대치를 베풀겠다는 마음으로 대한다. 후배들을 대할 때가 대표적이다.

많은 사람들이 그러겠지만, 후배들에게 늘 내리사랑을 강조한다. 후배들이 밥을 사겠다고 하면 너희의 후배들에게 맛있는 것을 사주라고 말한다. 나도 선배들에게 밥을 자주 얻어먹었고 선배들이 조언하신 대로 내가 받은 만큼 나눠주고 있으니 너희도 후배들의 배를 든든하게 채워주라고 한다. 친한 동생들은 번번이 나에게 밥을 사는 데 실패한다고 아쉬워하지만, 내가 자신들에게 뭔가를 바라고 챙겨주는 것이 아니라는 사실 정도는 알고 있다.

조건 없는 호의는 마음 깊숙이 새겨져 오래도록 기억된다. 고맙게도 내가 학창 시절에 하나라도 더 챙겨주려 했던 후배들은 지금도 1년에 한두 번씩 나에게 안부를 묻고 만나서 밥을 먹자고 한다. 각자 바쁘게 살면서도 자주 만나지 못하는 사람을 떠올려주고 마음을 써서 연락하는 일이 쉽지 않다는 것을 잘 알기에, 나를 기억해주는 후배들의 진심에 늘 감동한다.

좋아하는 사람들에게 아낌없이 퍼주다 보니 간혹 오해를 사기도 한다. 내가 경제적으로 넉넉한 집안에서 자라고 좋은 직장에 다니기 때문에 돈이 많아서 베풀 수 있는 거라고, 자신도 돈만 많으면 주변 사람들에게 잘해줄 수 있다고 말하는 사람들이 있다. 내가 부족함을 느끼지 않고 자란 것은 맞지만 부는 늘 상대적인 것이어서, 나보다 돈이 없어도 더 많이 베풀면서 사는 사람들이 있고 나보다 돈이 많아도 남에게 쓰는 돈은 100원도 아까워하는 이들도 많다. 나는 돈이 많았을 때도 부족했을 때도 사랑하는 사람들을 위해 쓰는 비용은 아까워하지 않았다.

조건 없는 호의를 베푸는 것도 습관이다. 통장에 돈이 쌓인다고 하루아침에 가능해지지 않는다. 어떤 환경에서든 내가 가진 걸 나눌 수 있어야 여유가 생겼을 때 베풀 수 있다. 그러니 마음을 얻고 싶은 사람이 있다면 너무 계산하지 말고 그 마음을 표현하자. 우리는 다 알고 있다. 누가 나에게 진심인지, 누가 나를 이용하려고 하는지.

분노가 터지기 전에
조절하는 법

　　연일 칼부림 사건 소식이 들리던 지난여름에는 평소보다 신경을 곤두세우고 출퇴근을 했다. 내가 아무리 호신술을 배운다 한들, 지나가는 사람을 아무나 칼로 찌르는 범죄자로부터 나를 제대로 방어할 수 있을까? 운이 나빠 잘못 걸리면 그냥 다치거나 죽는 수밖에 없다고 생각하면 무서우면서도 마음이 착잡하다.

　　예전에는 경찰이 피의자를 추적하기 위해 피해자나 유족들에게 혹시 원한 관계가 있었는지를 물었다는데, 요즘은 피의자와 일면식도 없는 피해자들이 많아져서 수사 범위를 국한할 수 없다고 한다. 사랑하는 사람들에게 몸조심하라는 당부를 건네면서도 솔직히 누군지도 모르는 사람이 이유 없이 공격하면 어디로, 어떻게 피해야 할지 의문이다. 어쩌면 사람들에게 알아서 잘 피하라고 조언하기보다 잠재적 가해자들을 위한 심리상담 및 치료, 그리고 셀프 멘탈 관리법을 가르치는 것이 범죄 예방에는 더 효과적일 수 있겠다는 생각이 든다.

　나는 잠재적인 피해자와 가해자가 딱히 구분되어 있다고 생각하지 않는다. 누구나 피해자가 될 수도 있고 가해자가 될 수도 있다. 자신이 잠재적 가해자라는 말을 들었을 때 기분이 좋을 사람은 없겠지만, 나는 범죄자와 준법 시민 사이에는 법이라는 아주 얇은 선 하나만 그어져 있을 뿐이라고 생각한다.

　범죄 유형에 따라 차이는 있겠으나 폭력을 수반한 대부분의 범죄는 분노, 억울함 같은 부정적인 감정에 기인한다. 믿었던 친구에게 배신을 당해 억울함을 참지 못하고 친구를 살해하고, 나를 무시하는 이웃에게 분노해 그를 무자비하게 폭행한다면 대다수 사람들은 "아무리 화가 나도 그렇지, 사람이 어떻게 저런 짓을 해!" 하며 비난을 쏟아낸다. 맞다. 화가 난다고 모든 사람이 살인이나 폭행을 저지르지는 않는다. 이 미세한 차이가 범죄자와 준법 시민을 구분하는 선이다. 하지만 폭력을 행사하게 만드는 분노와 억울함, 자기연민은 누구나 느끼는 보편 감정이다. 그러니 감정을 느끼는 사람이라면 누구나 잠재적 가해자일 수밖에 없다.

　나는 감정적으로 많이 예민한 편이다. 친한 친구들 사이에서는 '개복치'라 불리기도 한다. 작은 일에도 쉽게 속상해하고 화가 난다. 스트레스를 받으면 금방 감기에 걸리거나 위경련이 일어난다. 힘들어하면서도 스트레스를 준 상대방에게는 티를 내지 않고, 집에서나 친구들에게 엉망진창이 된 내 마음을 털어놓는다.

지금까지 만난 사람들 중 나에게 가장 큰 스트레스를 준 사람은 예전에 같이 일했던 상사다. 치매가 있는 건지 심각하게 고민했을 정도로 그는 자신이 처리해야 하는 업무를 기억하지 못했다. 카카오톡, 이메일, 대면으로 수차례 업무 요청을 하면 며칠이 지나서야 내 자리로 찾아와 "이제 제가 뭘 해야 하죠?"라고 물었다. 내가 자신의 개인 비서도 아니고 내 업무량도 이미 넘치는데 그가 매일 해야 하는 업무까지 관리하는 게 여간 힘들지 않았다.

하루 이틀만 그랬어도, 아니 가끔만 그랬어도 괜찮았을 텐데 그는 나와 일하는 내내 자신의 업무를 까먹었고 내 업무의 대부분은 그가 담당하는 사건과 관련되어 있었다. 그의 일 처리가 늦어지면 고객들은 나에게 재촉했는데, 내가 한참 선배인 그를 자리에 앉혀두고 일을 제대로 하는지 감시할 수도 없는 노릇이니, 이러다간 내가 미쳐버릴 수도 있겠다 싶었다.

회사 화장실이나 집에서 우는 날이 많아졌다. 늦은 밤에 집에서 밀린 업무를 하다가 갑자기 소리를 지르거나 욕을 했다. 고객에게 독촉을 받거나, 그에게 전화를 걸어 제발 이메일을 좀 확인해달라고 부탁하는 나를 실시간으로 지켜보시던 부모님도 그를 무척이나 싫어했다.

그러다 어느 날부터 그가 그냥 사라져버렸으면 좋겠다고 생각했다. 길을 걷다가 벼락을 맞거나 갑자기 땅이 꺼져서 이 세상에서 없어져버리게 해달라고 빌었다.

매일 회사에서 그를 마주하는 일이 나에게는 생지옥이었다. 그가 사라지길 바랄 때마다 그런 생각을 하는 나 자신이 무서워졌다. 생각은 할지언정 내가 실제로 그에게 해를 가하지는 않을 것이라는 믿음은 있었지만, 오랜 시간 참아왔던 스트레스가 폭발해 범죄자가 된 사람들의 심정만큼은 이해할 수 있었다. 누군가를 향한 강렬한 분노를 제대로 느껴본 덕분에, 범죄자와 나 사이에는 정말 얇은 선 하나 정도의 차이만 있을 뿐이라는 사실을 깨달았다.

내가 잠재적 가해자라고 해서 현실이 달라지지는 않는다. 다만, 부정적인 감정이 격해지면 나 또한 누군가에게 폭력을 행사할 수 있으니 그러한 상황이 생기지 않도록 사전에 조심하게 된다. 가장 좋은 방법은 스트레스를 주는 상황이나 사람을 최대한 피하는 것이다.

나는 결국 그 상사에게서 벗어나기 위해 이직을 했다. 한창 견디고 있을 때는 내가 이 회사를 오래 다닌 것도 아닌데 상사가 힘들게 한다는 이유만으로 회사를 옮겨도 되는 걸까 싶어 이직을 하나의 옵션으로 고려하지 않았다.

그런데 나날이 초췌해지는 나를 본 친구가 그렇게 힘들면 이직을 하라며 그 무엇도 네 건강보다 중요하지 않다는 조언을 해주었다. 생각해보니 친구 말이 맞았다. 나는 이직이라는 탈출구가 버젓이 있는데도 사회적 시선 때문에 스스로를 지옥에 가두고 있었다.

속사정을 모르는 사람들은 상사 때문에 이직한다는 후배들을 보며 역시 MZ 세대는 근성이 부족하다느니 이기적이라느니 하며 험담을 할지도 모른다. 하지만 잘 살려고 일도 하는 것인데 몸과 마음이 망가지는 것을 방치하면서까지 버틸 필요는 없다. 나도 한때는 이직이 '불가능'하다고 생각했다. 그런데 알고 보니 나는 지금 회사와 근무 조건이 동일한 회사만 고려하고 있었다. 당시 세계 경제 상황상 같은 조건으로 이직하기가 힘들었는데 연봉을 낮추고 출퇴근 시간을 늘리자 옮길 수 있는 회사가 제법 되었다. 이 정도 조건밖에 안 되는 곳으로 이직할 바에는 아무리 힘들어도 지금 회사에서 버텨야겠다는 게 당시 나의 결론이었는데, 이 결정을 내린 지 몇 달이 채 지나지 않아 근무 조건보다는 내가 지금 당장 숨을 쉴 수 있는지가 더 중요한 기준이 되었다. 그렇게 이직을 하자 이전보다 심적으로 훨씬 평온해졌다.

스트레스를 받을 때마다 그 상황을 피하기란 쉽지 않다. 오히려 대부분의 스트레스는 참고 넘어가는 경우가 일반적이어서,

우리는 넘쳐흐르기 전에 적절히 해소하는 연습을 해야 한다. 나는 바빠서 미칠 것 같은데 갑자기 급한 요청을 받아 짜증이 확 올라온다면 심호흡을 크게 하고 "괜찮아. 별일 아니야. 다 괜찮을 거야"를 반복한다. 간단한 방법 같지만 실제로 심호흡을 반복하면 횡격막에 붙어 있는 미주신경이 자극을 받는다. 그러면 미주신경이 지배하는 부교감신경이 활성화되면서 심신이 안정되는 효과가 있다.

사실 내가 아무리 신경을 쓴다 해도 힘들거나 짜증이 난 상태에서 타인과 소통을 하면 부정적인 감정이 드러날 확률이 높다. 예전에 나와 자주 일했던 어느 선배는 내가 쓴 이메일만 봐도 내 업무량을 가늠할 수 있다고 했다. 업무량이 적을 때는 상대방에게 필요할 것 같은 정보까지 미리 정리해서 보내주는데 일이 바쁠 때는 해야 하는 말만 간략하게 보낸다고 했다. 정말 바쁠 때는 카인들리kindly, 플리즈please처럼 으레 사용하는 '친절 단어'도 쓰지 않아서 내가 얼마나 스트레스를 받고 있는지 짐작할 수 있다고 덧붙였다.

지금까지는 내 기분이나 상태와 상관없이 나름 일관된 태도로 일하고 있다고 생각했기 때문에 선배 말에 깜짝 놀랐다. 내가 그동안 보냈던 이메일을 살펴보니 정말 스트레스 정도에 따라 글에서 느껴지는 친절도가 달랐다. 이 사실을 알고 나서는 화가 나거나 짜증이 난 상태에서는 가급적 이메일을 보내지 않고 마음을 진정시킨 후에 글을 쓰려고 한다.

심호흡 몇 번으로 내 기분이 완전히 나아지지는 않겠지만 적어도 흥분을 가라앉히고 일을 하면 실수하거나 후회할 만한 메시지를 전달할 가능성이 줄어든다. 시간이 오래 걸리는 것도 아니니 딱 다섯 번만 눈을 감고 크게 심호흡을 해보자. 심호흡이야말로 가장 빠르고 간단하게 내 감정을 다스릴 수 있는 방법이다.

부정적인 감정을 줄이는 데 도움이 되는 또 다른 방법은 운동이다. 운동을 하면 뇌에서 GABA(감마아미노부틸산)와 세로토닌이 분비된다. GABA는 우울, 불안, 스트레스를 완화시키는 데 도움을 주고 세로토닌은 안정감과 행복을 느끼는 데 도움을 준다. 나는 기분이 나쁘거나 스트레스를 받는 날에는 운동을 하면서 마음을 다스리는 것을 좋아한다. 가끔 동네 한 바퀴를 달리기도 하고 일주일에 두세 번은 집에서 사이클을 탄다. 운동을 시작하고 처음 10분 동안은 나를 괴롭히는 고민이 떠오르지만, 그 시간이 지나면 거칠어진 호흡이나 당기는 근육만 느껴지고 복잡했던 마음은 한결 단순해진다. 집에서 야근을 하다가도 집중이 안 되면 스쿼트나 런지, 푸시업을 한다. 오래 하지 않아도 잠깐의 동작만으로 정신이 맑아지고 에너지가 생겨서 다시 일에 집중할 수 있다.

여행을 떠나거나 좋아하는 사람들과 맛있는 음식을 먹거나 취미 생활을 하면서 틈틈이 스트레스 관리를 해주는 것도 정신 건강을 유지하는 데 도움이 된다.

우리는 자신의 감정을 인지할 수 있고 조절할 수 있다. 스스로를 극한의 상황까지 몰아가지 말기를 바란다. 피할 수 있으면 피하고 참아야 하면 적당한 시기에 해소하자. 참아왔던 분노를 분출한다고 마냥 속이 시원해지는 것도 아니다. 모든 행동에는 책임이 따르는 만큼 나의 부정적 감정이 초래하는 상황도 내가 책임져야 한다. 그러니 마음이 병들고 일그러질 때까지 애써 참다가 애먼 사람에게 피해를 주지 말고 미리 감정을 다스리자. 억울한 피해자도, 일방적인 가해자도 되지 않을 수 있는 가장 효과적인 방법이다.

집착할 만한
인간관계는 없다

　나는 어려서부터 특정 그룹에 속해 몇 명의 친구들과 놀기보다는 한 명 한 명과 개인적으로 시간을 보내는 편이었다. 그래도 10년 넘게 친하게 지내는 친구 모임이 몇 개 있는데, 그중 하나는 중학생 때 학원에서 만난 친구 세 명과 함께하는 모임이다. 학원에서 매일 만나는데도 만날 때마다 즐거웠다. 이 친구들과 더 오래 있고 싶어서 일부러 영어 단어를 외우지 않고 학원에 가서 재시험 공부를 같이 한 적도 있다.

　우리는 어디서 어떤 삶을 살든 꾸준히 연락을 주고받았고 방학이 되면 시간을 맞춰 맛있는 음식을 먹고 못다 한 이야기들을 나누었다. 미국에서 살 때는 아무리 외로워도 한국에 돌아가면 이 친구들을 만날 수 있다는 생각으로 버틴 적도 많았다. 이 친구들은 나에게 고향이자 닻 같았다. 자주 보지는 못해도 만나면 늘 편했고 이 세상에 나만 혼자라는 생각이 드는 날이면 친구들을 떠올리면서 흔들리는 마음을 다잡았다.

그렇게 서로를 응원하며 각자의 삶에 집중하느라 한동안 연락이 뜸했던 어느 날, 세 친구 중 한 명인 A가 갑작스레 더 이상 우리와 연락하고 싶지 않다고 말했다. 내가 A의 연락을 직접 받은 것은 아니어서 정확한 메시지는 기억나지 않지만, 10년 넘게 이어온 우리의 관계가 더 이상은 노력하면서까지 유지하고 싶지는 않을 정도로 A에게 의미 있지는 않았던 것 같다.

당시 이 소식을 전해 들었을 때는 심장이 쿵 하고 내려앉는 기분이었다. 몇 개월 전까지만 해도 다 같이 만나서 A를 위해 소소한 파티도 열었는데, 갑자기 우리와 연을 끊고 싶다는 A의 마음을 도저히 이해할 수가 없었다. 이 상황을 받아들이기가 힘들었던 나와 친구들은 걱정을 하다못해 혹시 A가 납치를 당해서 억지로 주변 사람들과의 연락을 끊고 있는 건가, 경찰에 신고해야 하나 상의할 정도였다. 내가 A에게 뭘 잘못했지? 내가 갑자기 손절하고 싶을 정도로 별로인 사람인가? 10년 넘게 이어온 우리의 추억이 이 친구에게는 아무것도 아니었나? 그러면 앞으로 이 친구는 평생 못 보는 건가? 그럼 남은 우리의 관계는 어떻게 되는 거지? 우리 모임은 이대로 깨지는 건가?

한동안 참 많이 상처받고 아파하고 울고 화를 냈다. 일부러 A에 대한 이야기를 피하기도 했고 어쩌다 그 친구가 언급되면 그의 이기적인 행동을 비난하면서도 A로부터 청천벽력 같은 연락을 받았던 그날의 상처를 떠올리며 힘들어했다.

그렇게 또 시간을 보내던 어느 날, 또 다른 친구 B가 조심스레 단체방에서 말을 꺼냈다. 사실 자신은 A를 이해한다는 것이었다. 특별히 갈등이 있었던 것도 아닌데, 10년지기 친구들을 하루아침에 끊어내는 행동이 어떻게 이해되느냐고 깜짝 놀라 반문했다. 그러자 B는 우리가 예전처럼 서로의 삶에 큰 비중을 차지하는 것도 아니고 만나서 나누는 대화 주제가 매번 깊이 있거나 유의미한 것도 아니다, 성인이 되고 각자 흩어져 살면서 경험하는 이런저런 일들을 번갈아가면서 이야기하고 헤어질 뿐이지 않냐, 우리는 더 이상 하루 종일 붙어 지내는 청소년이 아니고 이미 각자가 너무 다른 삶을 살고 있는데 10년지기 친구라는 이유만으로 더 이상 자신의 인생에 중요한 영향을 미치지 않는 관계를 억지로 이어나갈 필요는 없지 않겠냐고 말했다.

솔직히 이때는 B가 우리 편이 아닌 A의 편을 든다는 일차원적인 생각에 사로잡혀 배신감을 느꼈다. 시야가 좁아지니 B의 이야기를 듣고도 A의 입장을 이해하려고 노력하기보다는 B에게까지 서운함을 느꼈던 것이 사실이었다.

그 후로 4년 동안 나는 내 주변에 남아 있는 사람들에게 상당히 집착했다. A가 아무런 예고 없이 나를 떠났듯 다른 친구들도 어느 날 문득 나와의 인연을 끊겠다고 결심할 수도 있다는 생각에 불안했다. 구체적인 설명 한마디 없이 우리가 없는 인생이 더 나을 것이라고 판단한 A가 계속 떠올랐다. 있는 그대로의 내 모습만으로는 내가 사랑하는 사람들에게 충분하지 않을 수도 있다는 생각에 사람들이 원하는 모습으로 변하려고 노력했다. 친구와 사소한 일로 다투기라도 하면 이 친구도 갑자기 나와의 인연을 정리할까 봐 두려워했고, 우리가 오늘은 이렇게 싸웠지만 친구로부터 내 곁을 떠나지 않겠다는 다짐을 받고 싶어 했다. 서로의 입장 차이를 이해하려고 노력하는 대신, 조금이라도 빨리 관계를 회복하는 데 집중하느라 지키지도 못할 약속을 하거나 무리하게 나를 상대에게 맞추려고 했다.

다행히 A와의 일화를 알고 있었던 친구들은 내 사정을 이해해주었기에 나의 집착을 받아주었지만, 나도 머릿속으로는 이러한 갈등 해결 방식이 친구들과의 관계를 건강하게 유지하는 데 아무 도움이 되지 않는다는 사실을 잘 알고 있었다.

차라리 A가 우리와 대판 싸우고 나서 우리의 어떤 점이 싫어서 절연하기로 했는지 말해주었더라면 A가 언급한 모습을 고쳐보려고 노력했을지도 모른다. 하지만 나는 그 친구가 우리의 어떤 모습을 더 이상 보고 싶지 않았던 것인지, 어떤 모습이기를 바라는지 알 수가 없었다. 자연스레 나의 모든 모습에 대한 확신이 사라졌고 누군가 나를 비판하면 그 비판이 모두 정당한 지적인 것 같아 필요 이상으로 상처받았으며 때로는 방어적인 태도로 반박했다. 내가 정말 비판받아 마땅한 행동을 했다면 그 행동을 돌아보고 고치면 될 일인데도, 그 사람이 나를 떠날까 봐 두려워서 내가 먼저 그를 피하거나 일부러 상처받은 티를 내기도 했다.

친구와의 의견 충돌로 둘 사이의 공기가 잠시 어색해졌던 어느 날이었다. 그날도 나는 어김없이 친구와 얼른 화해하고 싶어서 애를 쓰는데, 친구가 그런 나를 가만히 바라보더니 너에게 중요한 것이 친구 사이라는 타이틀인지 상대방 자체인지 잘 고민해보라고 말해주었다.

생각지도 못했던 말에 잠시 혼자 생각할 시간을 가졌다. 돌이켜보니 친구의 지적이 옳았다. 만약 내가 사람 자체를 중요하게 여겼다면 어떻게 해야 상대방이 나와 있을 때 더 즐겁고 행복할지부터 고민했을 텐데, 나는 상대방과의 관계를 유지함으로써 내 마음이 안정되는 것을 우선시하고 있었다. 감사하게도 내가 지키고 싶은 사람들은 나와의 관계를 계속 이어가고 싶어 했다. 하지만 친구 혹은 지인 사이라는 타이틀만 유지하기보다, 때로는 갈등이 생기더라도 서로 차분하게 자신의 입장을 설명하고 상대방의 이야기에 귀 기울이며 함께 합의점을 찾아가기를 바랐다. 그래야 둘 중 어느 한쪽이 일방적으로 자신을 희생하지 않아도 되고, 그래야 둘 사이의 관계가 더 오래, 건강하게 유지될 테니까.

내 주변 사람들은 내가 자신들을 있는 그대로 아끼고 사랑하듯 나 자신도 그렇게 대해주기를 바랐다. 내가 자신들을 위해 스스로를 희생하지 않고, 나를 나로서 대해주기를 바랐다. 하지만 나는 그러지 못했다. A가 나를 떠났다는 사실이 너무 큰 상처로 남아 있어서 다른 사람들만큼은 절대 잃고 싶지 않았다. 그 결과 내가 원하는 바를 솔직하게 말하지 못했고 상대방이 원하는 것을 무리하게 들어주려고 하다가 자주 중심을 잃고 휘청거렸다. 나의 불안한 모습은 상대방을 부담스럽게 만들었고 자신과의 관계가 나를 더 힘들게 만든다고 생각하게 했다. 더 이상 누군가를 잃지 않으려던 나의 발버둥이 오히려 상대방을 멀어지게 만들고 있었다.

친구가 던진 근본적인 질문 덕분에, 누군가와 건강한 관계를 유지하려면 상대방과의 관계를 통해 변화하는 내 모습이 스스로 만족스러워야 한다는 사실을 깨달았다. 상대방을 잃지 않으려고 상대방이 원하는 모습을 갖추었는데, 내가 그 모습을 편안하게 여기지 않으면 그 관계는 언젠가 끝이 난다는 사실을 이제는 알고 있다. 누군가가 자기 자신을 잃어가면서까지 나를 위해 달라지는 것을 내가 원치 않듯이, 나를 소중히 생각하는 사람은 나와 함께 좋은 방향으로 나아가고자 하지 내가 자신에게 무조건 맞춰주길 바라지 않는다. 내가 상대방을 있는 그대로 아끼고 사랑하듯, 상대방도 내가 나로서 행복하길 바란다.

A가 내 곁을 떠난 지 4년이 지나고서야 나는 비로소 그의 행복을 진심으로 빌어주게 되었다. 꿈에서 친구를 만난 날이면 여전히 가슴이 아리고 그립지만, 나와 함께 관계 맺으며 살아가는 친구로서가 아니어도 A가 어디서든 건강하고 행복하길 바란다. 내가 곁에 없는 삶을 살기로 선택한 판단을, 아쉽지만 존중하기로 했다.

살다 보면 내가 필요로 하는 누군가가 나를 필요로 하지 않는 상황을 마주할 수 있다. 그 사람이 나에게 소중하다면 솔직한 대화를 통해 그 사람이 원하는 방향으로 내가 어디까지 변화할 수 있을지 고민할 수는 있겠지만, 나를 버려가면서까지 유지해야 하는 관계는 세상에 없다. 20~30대에는 졸업 후 각자 다른 진로를 선택하면서 사는 지역과 환경이 달라져 인간관계가 좁아지는 경우가 많은데, 이것은 자연스러운 현상이라고 생각한다. 이러한 변화를 받아들이지 못하면 인간관계에 지나치게 집착하게 될 수 있다. 만약 나의 노력만으로는 이어가기 어려운 관계가 있다면, 상대방의 판단을 존중해주는 것이 진정 상대방과 나 자신을 위한 선택이지 않을까.

인연이 다했다면 아쉽지만 잘 보내주고 내 곁에 남아 있는 사람들과 나 자신에게 더 집중하면 된다. 누군가를 잃지 않기 위해서가 아니라 나 자신을 위해 더 나은 사람이 되려고 노력하다 보면 자연스레 내가 사랑하는 사람들과 더 돈독해질 수 있을 것이다.

손절을
꼭 해야 한다면

어떤 인간관계든 서로를 향한 마음이 늘 똑같기
는 어렵다. 각자가 처한 상황이나 두 사람 사이의 갈등, 오해 등
으로 상대방을 신뢰하거나 사랑하는 정도가 늘어났다가 줄어들
었다가 한다. 어느 날은 내가 상대방을 더 좋아하는 것 같고 다
른 날은 상대방의 마음이 부담스럽게 느껴진다. 오르락내리락하
는 마음에 따라 어제는 상처를 주고 오늘은 상처를 받는다.

최근에 만난 후배가 한때는 친했지만 다양한 이유로 불편
해진 친구가 있는데, 어떻게 해야 그 친구와 잘 멀어질 수 있을
지 고민이라고 했다. 생활 반경이 달라지면서 만나는 횟수가 자
연스레 줄다 보면 큰 갈등이 없어도 정말 친했던 친구와 자연스
레 멀어지는 경우가 있지만, 한 사람은 이미 마음이 떠났는데 상
대방은 계속 연락을 해와서 난처한 경우도 있다. 후배는 친구에
게 불필요한 상처를 주고 싶지 않아 일부러 연락하는 주기를 늘

리고 만남을 피했다고 한다. 하지만 후배의 변해버린 마음을 눈
치 채지 못한 건지 알고도 모른 척하고 싶은 건지, 친구는 계속
만나자고 해서 어떻게 할지 모르겠다고 했다.

친구에 대한 마음이 예전 같지 않은 사람들은 대체로 둘 중
하나의 선택을 내린다. 연락하는 횟수를 점차 줄이거나, 간간이
연락하고 만나는 것조차 버거워 가위로 싹둑 자르듯 관계를 아예
끊거나. 예전에도 친구와 절교하는 사람들이 있었지만 최근 몇 년
사이에 특별한 사건이 없었어도 친구와 '손절각'을 재는 사람들이
부쩍 늘어난 느낌이다. 그만큼 나와 맞지 않는 사람은 내 인생에
서 깔끔하게 도려내고 더 이상 그 사람에 대해 신경 쓰지 않는 편
이 더 낫다고 생각하는 사람들이 많아지지 않았나 싶다.

그런데 손절각을 외치는 사람 대비 실제로 손절을 잘하는
사람은 많지 않다. 손절각은 손절을 하고 싶은 마음의 표현일 뿐,
오히려 대부분의 사람들은 나쁜 사람이 되고 싶지 않아 손절보
다는 자연스러운 멀어짐을 희망한다.

나는 인간관계를 무 자르듯 깔끔하게 끊을 수 있다고 생각
하지 않는다. 아무리 말로는 절연을 했어도 세상사는 예측할 수
가 없어서, 언제 어디서든 절연했던 사람과 다시 얼굴을 마주해
야 하는 순간이 생길 수도 있다. 예전에는 절연하고 싶을 정도로
미웠지만 시간이 흐를수록 미움이 옅어지고 그 자리를 그리움이

꿰찰 수도 있다. 오해가 풀려 다시 가깝게 지내고 싶은 마음이 생길지도 모른다. 이런 경우의 수가 많은데 지금 당장 그 사람을 보고 싶지 않다고 해서 절연까지 한다면 나중에 다시 만났을 때 너무 어색하지 않을까.

그래서 나는 나를 괴롭게 만드는 사람이 있으면 자연스레 멀어지거나 적당히 거리를 두는 쪽을 선호한다. 실제로 나는 친구와 대차게 싸우고 한동안 연락을 하지 않다가 몇 개월, 몇 년이 흐른 뒤 우연한 계기나 누군가의 노력으로 지난날의 오해를 푼 경험이 있다. 서로에게 준 상처를 사과하고, 예전만큼은 못하더라도 다시 종종 만나거나 예전보다 훨씬 더 가까워진 친구들도 있다. 만약 내가 싸웠던 순간의 부정적인 감정만 생각해 그 자리에서 친구와 절연을 선언하고 떠났다면 아마 나의 절친들은 지금처럼 내 곁에 있지 않을 것이다. 끈이 완전히 끊어지면 다시 붙이기 힘들지만 얇아진 끈은 실을 덧대어 다시 두껍게 만들 수 있다.

꼭 절연이라는 초강수를 두지 않더라도 내 마음이 편해질 정도로 상대방과 거리를 두는 것은 가능하다. 그래서 나는 웬만한 사람이 아니고서야 손절은 하지 않는 편이다. 원체 싫은 소리를 못하는 성격이고 누군가와 멀어지더라도 상대에 대한 애정이 완전히 사라지는 편은 아니기 때문에 내가 조금 더 편하고자 한 때 소중했던 친구에게 상처를 줄 바에는 1년에 한 번이라도 친구가 만나자고 하면 잠깐 만난다. 그 친구와 보내는 두 시간 남짓이 딱히 즐겁지는 않더라도 1년에 딱 두 시간 동안 같이 맛있는 음식을 먹고 근황 토크를 하는 정도라면 엄청 스트레스를 받지는 않는다. 친구 입장에서는 나를 만나는 두 시간이 오랜만에 고민을 털어놓거나 웃을 수 있는 시간일지도 모른다. 또한 나 역시 오랜 친구에게 갑작스레 손절을 당한 경험이 있기에, 인연을 끊는 것에 더 조심스럽다.

어떤 사람들은 언젠가 다시 만나게 될지 여부를 고려하는 것은 너무 먼 미래의 일이라 지금은 별로 생각하고 싶지 않고, 그저 지금 본인을 불편하게 만드는 사람으로부터 완전히 벗어나고 싶어 할 수도 있다. 그렇게 마음이 확고하면서도 친구에게 솔직하게 얘기하지 못하고 망설이는 이유는 아마 나쁜 사람이 되고 싶지 않아서일 것이라고 짐작해본다.

그런데 때로는 나쁜 사람이 되고 싶지 않아서 어영부영하는 것이 오히려 더 나쁜 사람이 되는 지름길이 될 수도 있다. 상대방에 대한 좋은 마음이 전혀 남아 있지 않고 죽을 때까지 상대방을 볼 생각이 없으면 그에게 확실히 이야기하는 것도 좋다고 생각한다. 오래된 친구가 나를 포함한 몇몇 친구와 더 이상 연락하고 싶지 않다고 말했을 때 나를 가장 괴롭혔던 것은 '도대체 왜'였다. 친구는 별다른 설명 없이 우리를 떠났는데 행동이 친구에게는 오랜 고민의 결과일지 몰라도 나와 다른 친구들에게는 청천벽력이었다. 나는 한동안 나의 어떤 모습이 친구를 떠나게 했을까 고민했다. 하지만 아무리 고민해도 내 추측에 불과할 뿐, 나는 친구의 진짜 마음을 알 길이 없었다. 그 후로 몇 년간 나는 혹여 다른 친구들도 내가 알 수 없는 나의 특정한 모습 때문에 갑자기 떠나면 어떡하나 두려워했다.

그러니 만약 당신이 한때 친했던 친구와 절연하기로 결심했다면, 친구에게 확실하게 그 이유를 설명해주는 것이 오히려 그 친구에게 도움이 될 것이라고 말해주고 싶다. 내가 왜 너와 절연하기로 선택했는지 솔직하게 말하면 친구가 너무 큰 상처를 받을까 봐 다른 이유를 찾고 싶을 수도 있지만, 말도 안 되는 핑계를 대고 친구와 연락을 끊는다면 상대방은 정말 오랫동안 자책할 수 있다. 지금 내 상황이 좋지 않아서 너를 만나기가 불편하다, 너의 이러한 말과 행동 때문에 너와 대화를 하면 내가 자꾸 상처를 받는다, 우리는 너무 다른 환경에서 지내고 있어서 서로에게 깊은 공감을 해주지 못하는 것 같다 등, 이유가 무엇이든 최대한 간결하고 분명하게 친구에게 설명을 해주고 떠나기를 추천한다. 나는 이러한 이별이 오랜 시간 함께해온 상대방을 배려하는 최소한의 예의라고 생각한다.

누구도 나쁜 사람이 되고 싶어 하지 않는다. 사람은 혼자 살아갈 수 없고 여러 사람과 공존하려면 필연적으로 호감을 얻어야 한다. 그러니 좋은 사람으로 남고 싶은 건 생존을 위한 자연스러운 본능이다. 하지만 살다 보면 나쁜 사람이 될 수밖에 없는 상황도 있다. 특정한 관계에서 상대방에 대한 내 마음이 상대적으로 가벼울 때, 그래서 오랜 인연을 정리하고자 할 때 나는 나쁜 사람이 될 가능성이 높아진다. 하지만 나쁜 사람이 되기 싫어서 마음에도 없는 관계를 억지로 이어나가면 본인도 스트레스를 받지만 상대방이 내 마음을 알아차리는 건 시간문제다. 상대를 향한 좋은 마음이 이미 사라졌다면, 그 관계를 유지하는 데 있어서 어떤 선택을 내리든 나는 나쁜 사람이 될 수밖에 없다.

결국 본인이 선택하고 책임져야 하는 문제인 만큼 정답은 없다. 다만, 친구와 멀어지고 싶어 하는 자신이 나쁜 사람인 것 같아 자책하던 후배에게 이 말은 꼭 해주고 싶다. 네가 친구와 절연하고 싶다는 이유 때문에 그 친구에게 네가 잠시 나쁜 사람이 될 수는 있으나 너 자체가 나쁜 사람인 것은 절대 아니라고.

살면서 타인에게 최대한 상처를 주지 않으려고 노력해야겠지만, 타인에게 단 한 번도 상처를 주지 않는 사람을 만나본 적은 없다. 동네방네 천사라고 알려진 사람도 누군가에게는 욕을 먹고 미움을 산다. 사람은 절대적으로 선할 수도, 절대적으로 악할 수도 없다. 내 선택의 영향을 받는 대상이 누구인지에 따라 나의 선택이 때론 선하고 때론 악할 뿐이다. 물론 후배가 내린 선택들이 차곡차곡 쌓여 후배라는 사람을 정의할 수는 있겠지만, 어느 한 가지 선택이 한 사람을 온전히 정의할 수는 없을 것이다.

그러니 당신도 누군가에게 상처를 줄 수밖에 없는 상황이라면 상대방이 그 상처에서 가급적 빨리 회복할 수 있도록, 불필요한 추측과 짐작을 하며 아파하지 않을 수 있도록 배려하되, 상대방에게 상처를 주었다는 사실 때문에 자신을 너무 미워하고 질책하지 않았으면 한다.

살다 보면 내가 절연의 대상이 되는 경우도 분명히 생길 것이다. 내가 좋아하는 사람이 나와의 인연을 정리하려고 한다면, 그 사람도 오랜 고민 끝에 결정했음을 기억하면 좋겠다. 나를 떠나려는 사람 때문에 너무 오래 아파하지 않기를 바란다.

세상에 영원한 관계는 없다. 두 사람이 동시에 마음이 멀어지면 참 좋겠지만 아쉽게도 그런 경우는 거의 없다. 살면서 숱한 이별을 경험하게 될 우리 모두, 누군가를 떠날 때 서로에 대한 최소한의 예의를 지켜주면 좋겠다.

내가 받은 상처를
남에게 주지 않는 법

세상에 상처 없는 가족이 있을까? 정도의 차이는 있어도 애당초 완벽하지 않은 사람들끼리 모여 이룬 공동체가 가족인 만큼, 상처 하나 없이 완벽한 가족을 찾아보기란 쉽지 않다. 어쩌면 우리를 힘들게 하는 고민의 상당수는 가족에 대한 것이지 않을까 싶다.

사랑하기만 해도 시간이 부족할 것 같은 가족끼리 왜 상처를 주고받을까? 지금까지 내가 접한 몇 가지 사례를 살펴보면, 먼저 부모 입장에서는 자신이 미련을 가진 일을 자녀가 대신 해주기를 바라는 경우가 있는 듯하다. 최선을 다해 자녀에게 기회를 만들어주었는데 자녀가 그 노력을 고마워하지 않거나 부모의 바람을 딱히 중요하게 여기지 않으면, 부모 입장에서는 배신감을 느낄 수밖에 없을 것이다. 그래서 의도하지 않았어도 자녀에게 상처 주는 말과 행동을 하는 경우를 제법 보았다.

A는 어린 시절 가정환경이 좋지 않아 공부를 더 하고 싶었

음에도 대학교에 진학하지 못했다. 엄청난 노력 끝에 어린 시절에 비해 넉넉하게 살게 된 A는 자녀에게 꼭 좋은 대학에 들어가야 한다고 늘 강조한다. 가족들을 불편함 없이 먹여 살릴 정도의 돈을 벌지만 대학에 가지 못한 일이 두고두고 아쉬웠던 A는 자녀를 볼 때마다 "너는 돈 걱정 없이 공부만 하면 되는데, 왜 아까운 시간을 낭비하고 있니?" 하며 야단을 친다. 대학을 꼭 가야 하는지, 공부가 왜 중요한지 아직 잘 모르는 자녀는 자신만 보면 답답해하는 부모와 점점 멀어진다.

가족 간의 상처는 두 사람 사이에서 그치는 것이 아니라 대물림되는 경우도 있다. B의 아버지는 평소에는 말이 별로 없는데 B가 조금이라도 마음에 들지 않는 행동을 하면 갑자기 불같이 화를 낸다. B는 그런 아버지를 이해할 수가 없다. 아버지는 다혈질인 할아버지 때문에 마음고생을 많이 했다면서, 왜 자신이 그토록 싫어했던 할아버지의 행동을 자신에게 똑같이 하시는 걸까. B는 아버지가 느닷없이 자신에게 소리를 지를 때 할아버지의 다혈질적인 행동을 언급하며 항의했다가 도리어 더 심하게 혼난 적도 있다. 분명 아버지도 자신의 모순된 행동을 인지하고 있는 것 같지만 시간이 지나도 달라지는 것은 없다. B는 혹시 자신도 나이가 들면 자기 자녀에게 아버지처럼 폭언을 할까 봐 두렵다. 아버지의 모습을 닮지 않으려면 어떻게 해야 할까.

부모의 단점을 그대로 물려받았다는 사실에 고통스러워하는 사람들도 자주 목격했다. C는 어린 시절부터 문제가 생기면 회피하는 어머니 때문에 힘들어했다. 어떤 관계에서든 갈등은 생길 수 있는데, 어머니는 상대가 누구든 갈등이 생길 조짐이 보이면 한동안 아무 말도 하지 않으셨다. 갈등을 풀고 싶으면 서로의 입장과 생각을 나누고 합의점을 찾아야 하는데 상처받기를 싫어하는 어머니는 매번 C에게서 등을 돌렸다. C가 보기에는 외할아버지의 소통 방식을 어머니가 그대로 물려받은 것 같다. 어머니는 외할아버지가 화가 나실 때마다 방문을 걸어 잠그는 것을 답답해했으면서 자신이 원하는 방향으로 대화가 흘러가지 않으면 소통을 곧바로 단절시켰다.

그런 어머니를 보며 C는 절대로 상황이 불편하다는 이유로 회피하는 사람이 되지 않겠다고 다짐했다. 하지만 연인과 다툼이 생기면 자기도 모르게 잠수를 탄다는 사실을 알게 되었다. 머리로는 문제를 직시하면서도 대화하는 과정에서 받는 상처를 견딜 수 없어서 연인과 한동안 거리를 둔다. C는 어머니의 성향을 자신도 물려받은 것 같아 당혹스러워하면서도, 연인과 건강하게 소통하려는 노력조차 하지 않는 자신이 부끄럽다.

우리 가족도 서로를 사랑하는 마음과 별개로 본의 아니게 상처를 주고받는다. 몇 년 전까지만 해도 나는 아이를 낳고 싶다는 생각을 하지 않았다. 자신이 받은 상처를 자녀 세대에게 똑같이 되풀이하는 사람들을 여러 차례 목격하다 보니 나 역시 아무리 노력해도 소용없을 것이라 생각했다. 게다가 내가 닮고 싶지 않았던 가족의 여러 모습을 이미 닮아 있다는 사실을 인지하고 있어서 아이를 낳는 것이 더 불안했다.

그러다 얼마 전, 미국에서 살고 있는 사촌 오빠와 통화를 했다. 가족들이 상처받을까 봐 쉽게 털어놓지 못하는 속마음도 사촌 오빠에게는 편하게 이야기할 수 있었다. 오랜만에 이런저런 근황을 털어놓다가 나는 자연스레 나중에 아이를 낳게 되면 아이도 나처럼 상처받을까 봐 걱정된다고 말했다. 나와 고작 여덟 살 차이인데 벌써 사랑스러운 세 아이의 아빠인 사촌 오빠는 내 말을 곰곰이 듣더니 너는 선해서 괜찮다고, 그런 사람이 부모가 되어야 한다고 답해주었다. 나는 오빠가 생각하는 것만큼 착하지 않을뿐더러 선하다는 점 하나만으로는 아이를 잘 키울 수 없을 것 같다고 대답했다. 실제로 내 주변의 선한 사람들도 자녀에게 많은 상처를 주고 있고, 단지 그 사실을 남들보다 좀 더 아파할 뿐이라는 사실을 자주 보았기 때문이다.

오빠는 내 말도 맞지만 그렇더라도 지금보다 배터 버전bet-ter version이 되면 된다고 했다. 그런데 이 말이 묘하게 위안이 되었다.

부모님의 모습 중 내가 닮고 싶지 않은 부분은 하나도 닮지 않은, 지금과 완전히 다른 내가 될 수 있을 거라는 말보다는 부모님 밑에서 보고 듣고 자랐으니 일정 부분 그분들을 닮을 수밖에 없지만, 지금보다 더 나은 버전의 내가 되면 된다는 말이 곱씹을수록 큰 용기를 주었다. 마지막으로 오빠는 항상 더 나은 사람이 되기 위해 노력하는 사람이라면 미리 걱정할 필요가 없다고 나를 안심시켜주었다.

어떤 가족이든 상처는 있다. 어떤 사람이든 가족과 닮고 싶지 않은 모습이 있다. 하지만 가장 많은 시간을 함께하는 가족의 영향을 받지 않을 수는 없다. 특히 자녀 입장에서는 부모의 특정 모습을 닮고 싶지 않다고 하면서도 특정한 상황에 처하면 자신에게 가장 익숙한 부모의 '그' 행동을 본인도 모르게 따라 하게 된다.

그러니 결코 닮고 싶지 않았던 점을 닮았다고, 그리고 그 모습을 바꾸지 못한다고 자책할 필요는 없다. 사촌 오빠의 조언대로 우리의 최종 목표는 지금과 완전히 다른 사람이 되는 것이 아닌 배터 버전의 내가 되는 것이니까.

물론 지금보다 더 나은 버전이 되는 것도 만만치 않게 고통스럽다. 내가 받은 상처를 남에게 전가하지 않으려면 도망치고 싶은 상황, 내 마음을 보호하고 싶은 상황에 처했을 때 그 상처를 먼저 떠올려야 하는데, 그러기 위해서는 내가 어떤 말과 행동에 쉽게 상처받는지를 정확하게 인지하고 있어야 한다. 하지만 우리는 과거의 상처로부터 도망치는 데 훨씬 익숙하다. 굳이 과거의 상처를 들쑤셔 그 당시의 고통을 다시 느끼고 싶어 하지 않는다.

그래서 가족에게 받는 상처를 내 선에서 끊으려면, 그 상처를 회피하지 말고 필요할 때마다 떠올려야 한다. 나에게 상처 준 말과 행동을 내가 똑같이 반복함으로써 사랑하는 사람에게 똑같은 상처를 줄 수도 있다는 사실을 기억해야 한다.

그래서 나는 힘들고 고통스러워도 배터 버전으로 거듭나기 위한 노력을 멈추지 않을 것이다. 지금보다 더 나은 내가 되어 더 괜찮은 선택을 할 수 있다면, 내 상처를 들여다보며 성찰하는 시간을 기꺼이 가질 것이다.

오지랖도 참견질도
이제는 그만

나는 가까운 사람들의 참견은 불편해하면서 생전 처음 보는 사람의 오지랖은 고마워하는 경향이 있다. 며칠 전, 지하철을 타고 출근하는데 맞은편에 앉아 계시던 한 아주머니가 내 옆에 빈 자리가 생기자 이쪽으로 옮기셨다. 그렇게 몇 정거장을 더 지나고 내릴 때가 되어 주섬주섬 가방을 챙기는데 아주머니께서 조심스레 말을 건네셨다.

"아가씨, 오른쪽 치마 하단이 조금 뜯어졌어요. 아주 조금이라 티는 많이 안 나는데, 혹시 몰라서 말해요."

내가 당황해서 치마를 살피자 아주머니가 자신의 가방을 뒤적이시며 테이프라도 있었으면 좋았을 텐데 미안하다고 하셨다. 살펴보니 치맛단이 많이 뜯어진 것은 아니었고 다행히 회사도 코앞이라 괜찮다며, 말씀해주셔서 감사하다고 인사를 하고 지하철에서 내렸다. 그날은 괜스레 기분이 좋았다. 사실 치맛단이 뜯어지든 말든 별로 신경 쓰지 않는 편이지만, 생판 모르는 남이 나를 위해 마음과 시간을 써주었다는 사실이 내 마음을 온종일 따뜻하게 했다.

반면 친한 친구나 가족이 나를 생각해서 건네는 조언들은 대체로 불편하다. 내가 회사 일로 바쁜 와중에도 독자들을 위한 이벤트를 준비하거나 지인들의 고민 상담을 해주거나 책을 쓰느라 다크서클이 진해지고 잘 웃지 않으면, 그들은 지금 하는 일도 바쁜데 왜 그런 부가적인 활동까지 하면서 스스로를 혹사시키는지 모르겠다고 한다. 나를 진심으로 사랑하고 걱정해서 하는 말이라는 것을 알면서도 그런 말은 괜히 듣기 싫다. 내가 여러 요인을 충분히 고려해서 결정한 사안을 존중해주지 않는 것 같아 서운하고 한두 번 말하고 끝내도 되는데 굳이 3절, 4절까지 말을 덧붙이면 가뜩이나 피곤한데 더 지치는 듯하다.

이러한 차이는 왜 생기는 것일까? 아마도 상대방이 자신의 생각을 나에게 얼마나 강요한다고 느끼는지에 따라 달라지는 것 같다. 지하철에서 만난 친절한 아주머니를 포함해 우리를 스쳐 지나가는 사람들 대부분은 '치맛단이 뜯겨졌다' 정도의 단순한 정보를 알려주거나, 말없이 간단한 행동을 거들어주는 정도로 낯선 이웃을 돕는다. 그에 비해 가까운 사람들은 내가 어떠한 선택을 내리는 데 있어 나를 걱정하는 자신들의 의견이 반영되길 바란다. 그래서 내가 자신들이 원하는 결정을 내릴 때까지 아낌없이 조언을 한다. 그래도 내가 끝까지 조언을 받아들이지 않으면 크게 실망하며 나를 탓한다. 내가 아무리 지인들의 조언을 고려했어도 마지막에 내린 선택이 자신들의 입맛에 맞지 않으면 나는 한순간에 '올바른' 선택을 내리지 못하는 바보 천치에 배은 망덕한 이기주의자가 된다.

그런데 가까운 지인들의 오지랖을 불편해하는 나도 불과 얼마 전까지 주변 사람들에게 상당히 '참견질'을 했다. 하루는 친한 친구가 동기들 사이에서 안 좋은 소문으로 욕을 먹고 있다는 사실을 알게 되었다. 속상한 마음에 친구를 찾아가 욕을 먹는 이유를 굳이 알려주면서 네가 더 이상 가십거리가 되지 않길 바란다고, 그러니 소문에 대해 해명을 하는 게 어떻겠냐고 물어보았다. 친구는 한 번도 보여준 적 없었던 잔뜩 화가 난 표정을 지으며 자신도 그 사실을 이미 알고 있고 어떻게 대응할지 고민하느라 몇 날 며칠 잠을 못 자고 있다고 쏘아붙였다. 그러면서 나를 걱정해주는 마음은 잘 알겠지만 자신의 일은 자신이 알아서 해결하겠다며 자리를 피했다.

당시에는 나의 걱정 어린 조언을 친구가 예민하게 받아들인다고 생각했다. 그리고 마음 한편에서는 당사자인 친구보다 제3자인 내가 상황을 더 객관적으로 바라볼 줄 안다고 생각해서 친구의 선택보다는 내 조언이 효과가 좋을 것이라고 믿었다.

실제로 사람들은 본인이 상대방보다 현명하고 본인의 생각이 옳다고 믿을 때 오지랖을 부린다. 만약 상대방이 사랑하는 사람이라면 더더욱 내 마음과 시간을 써서 상대방이 잘못된 선택을 하지 않도록 조언해야 한다고 생각한다. 상대방이 내 조언을 따르지 않으면 진심을 거부당한 것 같아 상처받고, 그가 어리석어서 잘못된 선택을 하려는 것인 만큼 필사적으로 막아야 한다고 생각한다.

누구나 주변 사람들에게 조언할 수 있다. 하지만 그 조언을 따를지 말지 결정하는 것은 당사자의 몫이다. 단순한 의견을 넘어 내가 걱정된다는 이유로 상대방의 판단을 나무라거나 막으려고 해서는 안 된다. 그런 사랑과 관심은 상대방에게 부담만 줄 뿐이다.

몇 년 전, 특정 집단에서 부당한 일을 당해 대응을 해야 할지를 두고 깊게 고민한 적이 있다. 그때 나는 적법한 절차를 거쳐 상황을 해결하려고 했다. 감사하게도 대부분의 주변 사람들이 내 결정을 지지해주었지만, 내가 존경하고 따르던 몇몇 분은 내가 아무리 억울해도 나중에 화가 두 배로 돌아올 수 있으니 지금은 참고 넘어가는 것이 현명하다는 조언을 해주셨다. 물론 나 역시 세상에는 자기 잘못을 깔끔하게 인정하고 사과하는 사람들보다는 아무리 명확한 잘못을 했어도 본인에게는 그럴 만한 사정이 있었다며 자기연민에 빠지는 사람들이 훨씬 많다는 사실을 이미 알고 있었다.

　하지만 누군가가 한번쯤은 당신의 행동이 폭력적이라고, 그 어떠한 피해자도 당신의 폭력을 당연히 감당해야 할 의무가 없다는 점을 알려주어야 한다고 생각했다. 아무리 거대한 벽이라도 여러 사람이 계속 치면 언젠가는 금이 갈 것이고, 다른 사람이 먼저 나서주길 바라는 동안 새로운 피해자가 생길지도 모르니 적어도 내가 당한 피해에 대해서만큼은 직접 대응하고 싶었다. 그래서 그분들의 만류에도 불구하고 가해자와 직접 담판을 짓고 윗선에 가해자의 행동을 보고했다.

　짧다면 짧은 그 갈등 기간 동안 나를 가장 힘들게 했던 것은 다른 피해자들의 소극적인 태도도, 방관자들도, 반성의 기미를 전혀 보이지 않았던 가해자도, 예상대로 가해자의 편에 서는 집단도 아니었다. 오히려 내가 사랑하고 나를 아껴주는 일부 사람들의 태도가 나를 지치게 했다. 내 결정을 열렬히 응원해주길 바라지도 않았지만, 적어도 내가 경험이 부족하고 생각이 짧아 잘못된 결정을 내렸다고 반복해서 타이르지는 않았으면 했다. 내가 혹여 잘못된 선택을 내렸더라도 그 결과는 온전히 내 책임이다. 어떤 결과가 나오든 가장 큰 타격을 입을 사람은 나이기 때문에, 그 선택을 내리기 전에 가장 많이 고민한 사람도 당연히 나였다. 내가 많이 상처받을까 봐 걱정된다고 한번쯤은 말해줄 수 있다. 하지만 내가 이미 선택을 내렸고 그 결과를 책임지기 위해 노력하고 있을 때는 적어도 아무 말도 하지 않는 게 낫다. 나는 사랑하는 사람들의 마음을 완전히 무시하면서까지 내 갈 길을 묵묵히 걸어갈 수 있는 사람이 아니기 때문에 그들의 걱정 또한 내가 어떤 선택을 내릴 때 중요하게 고려하는 요소 중 하나다. 나를 사랑해서 내 선택을 반대한다던 분들도 본인을 생각해서라도 내가 마음을 돌리기를 바란다고 말했다. 하지만 그들의 걱정은 오히려 더 큰 부담으로 다가와 나를 짓눌렀다.

어떤 일이든 직접 당해봐야 안다고, 그 일이 있은 후로는 나 역시 타인에게 오지랖을 부리지 않으려고 노력한다. 예전에는 누군가가 걱정되면 바로 내 마음을 표현하고 상대방이 '좋은' 선택을 내릴 수 있도록 내 의견을 전달했다. 하지만 이제는 걱정되더라도 별로 내색하지 않고 말을 아끼는 대신 행동으로 상대방을 위한다. 그가 어떤 목표를 이루고자 밤낮으로 고생하면서 피곤에 찌들어 있으면 왜 사서 고생하느냐고 나무라는 대신 따뜻한 밥 한 끼를 사준다. 누군가가 인생의 중요한 기로에 서 있으면 어떤 고민을 하는지 묵묵히 들어주고, 어떤 선택을 하든 곁을 지켜준다. 내가 좀 더 적극적으로 말렸더라면 이렇게까지 아파하지는 않았을 텐데 싶은 순간도 있지만, 그 결과 또한 당사자가 택한 몫이라고 생각하며 눈물이 마를 때까지 안아준다. 더 이상 내 마음이 아프다는 이유로, 신경 쓰인다는 이유로 나보다 더 많이 고민하는 상대방의 마음에 나의 짐까지 얹으려 하지 않는다. 내가 시행착오를 겪으며 성장하고 있듯, 내가 사랑하는 사람들도 각자 자기만의 속도로 삶을 배워가는 중이라고 믿는다.

사랑하는 사람들에게 짐이 되고 싶지 않지만 행동으로 옮기기가 쉽지 않다면, 그들이 아닌 나에게로 신경을 돌리면 된다. 주변 사람들은 각자 자기 인생을 살아내고 있는데 나만 그들을 신경 쓰느라 정체되어 있으면 내 인생이 너무 아깝지 않을까. 그럴 시간에 도전해보고 싶었던 취미 생활을 시작하거나 잠시 미뤄두었던 공부를 하거나 내 마음을 어지럽히는 나만의 문제를 해결하기 위해 고민하자.

남이 아닌 나에게 집중하며 살다 보면 습관처럼 튀어나오던 오지랖도, 참견하고 싶은 마음도 줄어들 것이다. 실제로 요즘의 나는 주변 사람들을 그다지 걱정하지 않는다. 오히려 고군분투하고 좌절하고 다시 일어서고 이겨내고 성취하는 모습을 지켜보며 다들 하나같이 멋진 사람들이라고 생각한다. 이렇게 멋진 사람들과 함께 발맞춰 걸어가고 싶다. 나 역시 그들에게 부끄럽지 않은, 더 멋있는 사람이 되고 싶다.

당신도 나처럼
서운함을 자주 느낀다면

"내가 너를 위해 어떻게 살았는데, 네가 나한테
이럴 수가 있어!"

많은 사람들이 부모님과 다투면서 한번쯤은 들어봤을 법한
말이다. 자식 입장에서는 내가 그렇게 희생해달라고 요구한 적
도 없는데, 엄마 아빠가 원해서 희생해놓고는 왜 나에게 그 대가
를 바라는 건지 이해하기 어렵다. 대부분의 부모 입장에서는 물
론 우리가 낳기로 결심했고 우리가 좋아서 애지중지 키운 것은
사실이지만, 부모가 이렇게까지 사랑으로 기른 만큼 자식은 마
땅히 감사하고 보답해야 한다고 생각한다. 아무리 유명한 육아
전문가가 부모는 조건 없는 사랑으로 아이를 키워야 한다고 한
들, 최소 20년 넘게 아이를 뒷바라지한 부모는 자신도 모르게 그
시간과 노력에 대한 보상을 바라게 된다. 심지어 "내가 우리 부
모님께 이렇게 해드렸으니, 너도 나한테 이 정도는 해줘야지"라
고 말씀하시는 분들도 있다.

나는 우리 시부모님께 잘해드렸으니 내 며느리도 나한테 잘해야 한다. 나는 선배들이 시키는 대로 다 했으니 내 후배들도 내가 지시하는 대로 따라야 한다. 내가 회사에서 상사들 비위를 맞추느라 이렇게 힘들었으니 집에서는 가족들이 내 요구를 받아주어야 한다…….

보상 심리는 사람이라면 누구나 느끼는 본능적인 마음이지만, A에게 들인 노력을 B에게 보상받아야겠다고 하는 이 논리는 아무리 생각해도 참 이상하다.

돈을 벌기 시작한 후로 동생에게 종종 배달 음식을 시켜준다. 동생이 먼저 시켜달라고 요구하기보다 내가 좋아서 배달을 시켜주는데도, 가끔 무언가를 부탁할 때 동생이 들어주지 않거나 말다툼을 하게 되면 괜히 서운해져서 "내가 너한테 밥을 얼마나 사줬는데!" 하며 속내를 드러내곤 한다. 그런 날이면 나도 시간이 지날수록 미안한 감정이 커져서 나중에 동생 방으로 가서 사과한다.

"내가 좋아서 너에게 잘해준 것이지, 그 대가로 너에게 아무렇지 않게 요구하면 안 되는 거였는데, 내 행동이 성숙하지 못했네. 미안해."

그러면 동생은 장난스럽게 내 사과를 받아준다. "맞아, 그건 누나가 잘못했지." 말은 이렇게 하면서도 동생 역시 나를 놀린 것을 사과하거나 내 부탁을 들어준다.

그런데 내 노력에 대한 보상을 바라는 것이 인간의 지극히 자연스러운 욕구라면, 왜 이러한 상태에서 벗어나기 위해 노력해야 하는 것일까? 보상을 받고 싶은 마음과 내 욕구를 충족시키기 위해 상대방에게 무언가를 요구하는 행동은 별개의 영역이기 때문이다. 누군가에게 바라는 점이 많아질수록 내가 원하는 만큼 변하지 않는 상대에게 서운함을 느끼면 상대방은 나의 감정 때문에 마음에도 없는 의무감과 부채감을 느껴 점점 부담을 가질 수밖에 없다. 서운한 감정이 쌓이다 못해 터지면 상대에게 일부러 상처를 주기도 하는데 희한하게 눈에는 눈, 이에는 이로 대응을 해도 마음이 편하지 않다. 이럴 경우 서운함이 더 커지기 전에 건강하게 문제를 해결하려면, 상대방이 아닌 상대방을 향한 나의 마음을 바꿔보는 것이 더 효과적이다. 내 마음은 내가 조절할 수 있지만 상대방의 마음은 내가 통제할 수 없기 때문이다.

물론 인간관계란 두 사람이 함께 만들어가는 것이기 때문에 상대방에게 내가 원하는 점을 명확하게 표현할 줄 알고, 나도 상대방이 원하는 점을 적절히 수용할 수 있어야 한다. 그러니 서운한 마음을 무작정 억누르려고 하기보다는, 한두 번 정도는 내가 원하는 점을 상대방에게 이야기해보는 것이 바람직하다. 너의 어떤 행동 때문에 내가 서운했는지, 앞으로 어떻게 해주기를 바라는지 명확하게 전달하되 그 후에 내가 원하는 만큼 상대가 변하지 않는다고 해서 계속 재촉하거나 감정적으로 대응해서는 안 된다. 상대방이 나에게 서운했던 경험을 털어놓는다면 그 마음을 헤아리고 가능한 한 상대방이 원하는 방향으로 내 행동을 고쳐보려고 노력하면 된다. 이렇게 각자 노력하고도 서운한 마음이 가시지 않으면 그때부터는 이 관계를 계속 이어나가고 싶은지 진지하게 고민하고, 그래도 유지하고 싶다면 나의 서운한 감정을 줄여야 한다.

서운함을 달래는 방법은 생각보다 간단한데, 나를 위한 사랑이 아닌 상대방을 위한 사랑을 하면 된다. 이미 수많은 책과 강연에서 지겹도록 등장한 말이지만, 상대방에게 초점을 맞춘 소통을 하면 많은 갈등이 저절로 해결된다. 사실 우리 대부분은 부모로부터 이러한 사랑을 받으며 자랐다. 연애 초반에는 상대방이 좋아하는 음식이나 영화 장르를 궁금해하고 상대방의 취향을 최대한 배려하려고 노력한다. 반려동물을 키운다면 어떻게든 시간을 내어 산책을 시키고 야근을 하고 와서도 놀아주려고 노력한다. 이때 사람들은 자신이 상대방을 위해 엄청나게 대단한 무언가를 한다고 생각하지 않고 그저 상대방이 행복해하는 모습에 집중한다.

사실 이런 글을 쓰는 나도 종종 속상한 마음에 사로잡히면 상대방을 감정적으로 대하고, 굳이 하지 않아도 되는 말을 한다. 내가 바라는 것을 얻기 위해 상대방을 무리하게 몰아붙이고 일부러 상처를 줄 때도 있다. 이런 방식이 상대는 물론 나에게도 좋지 않다는 사실을 깨달은 후에는 나중에 후회할 만한 상황을 만들지 않기 위해서라도 감정이 격해지는 순간 그 상황에서 멀어지려고 노력한다. 이 사건과 전혀 무관한 다른 대상으로 정신을 돌려 흥분을 가라앉힐 시간을 확보하는데, 순간적으로 달아오른 감정일수록 금방 다시 가라앉힐 수 있다. 누군가와 말다툼이 벌어졌다면 조금만 마음을 진정시키고 다시 이야기하자고 제안한 다음 그 장소를 잠시 벗어난다. 어느 정도 마음의 안정을 되찾으면 내가 왜 화가 나거나 슬펐는지 객관적으로 들여다보기도 한다. 차분해진 상태에서 이 일이 그 정도로 속상해할 만한 것이었는지 돌이켜보면, 많은 경우 그 정도까지는 아니었다는 사실을 인지하게 된다. 그러면 내가 왜 그렇게까지 과하게 반응했을까 반성한다.

만약 나처럼 사소한 일에서 자주 서운함을 느끼는 성격이라면 상대방에게 고마웠던 일들을 매일 한두 가지라도 써보는 방법을 추천한다. 누군가의 부정적인 모습은 애써 노력하지 않아도 쉽게 눈에 들어오는 반면, 좋은 모습은 따로 신경을 써서 관찰해야 기억할 수 있다. 상대방의 일상적인 행동부터 뜻밖의 선물까지, 매일 꾸준히 고마웠던 점들을 적다 보면 자연스레 이 사람이 나를 서운하게 했던 부분보다 생각지도 못하게 고마움을 느낀 부분들이 더 각인된다. 이렇게 고마운 점들이 하나둘 쌓이다 보면 나 또한 상대방을 더 배려하고 아껴주어야겠다는 마음이 생긴다.

이런 마음을 상대방에게 자주 표현한다면 일석이조다. 상대방 입장에서는 내가 자신의 어떤 행동에 감동을 받는지 알 수 있으니 더 자주 배려할 수 있고, 자신이 마음 쓰고 있다는 점을 내가 당연하게 여기지 않는다는 사실을 어필할 수 있으니 더 단단한 신뢰를 쌓을 수도 있다. 상대방의 장점에 집중하고 좋게 생각하다 보면 어떤 사람들이 내 곁에 둘 만한 가치가 있는지도 자연스레 분간이 된다. 좋은 사람들은 더 나은 사람이 되려고 노력하는 사람을 비웃거나 이용하거나 그 노력을 당연하게 생각하지 않는다. 오히려 이러한 모습을 존중하고 자신도 더 발전하기 위해 노력한다.

이제는 내가 주는 사랑이 아닌 내가 받은 사랑에, 내가 받고 싶은 사랑이 아닌 내가 주고 싶은 사랑에 집중하자. 그러면 내 마음도, 소중한 사람과의 관계도 한결 편안해질 것이다.

심리 투사의
함정

       심리학 개념 중에 심리 투사psychological projec-
tion라는 것이 있다. 본인의 것이라고 인정하지 못하는 감정이나
욕구 등을 다른 사람이나 사물에게 전가하는 방어기제인데, 주
로 자신에게 부정적인 충동이나 특성이 있다는 사실을 부인할
때 드러난다.

       최근, 2년째 연애 중인 후배가 고민 상담을 요청했다. 요즘
들어 남자 친구가 자신 때문에 기분이 상하는 경우가 잦아진다
는 생각이 자꾸만 드는데, 막상 남자 친구에게 물어보면 오히려
당황하며 그런 일이 전혀 없다고 대답한다. 분명 남자 친구의
표정이 평소보다 어둡거나 통화할 때 목소리가 가라앉아 있어서
내가 무슨 실수라도 했나 싶은 마음에 물어보는데 그때마다 별
일 아니다, 피곤해서 그런 거다, 너 때문에 그런 게 아니다 하다
보니 이제는 남자 친구가 거짓말을 하는 건지 본인이 망상을 하
는 건지 몰라서 답답하다고 했다.

후배에게 그런 일이 있기 전후로 남자 친구와 특별한 일이 있었는지 물어보았다. 후배는 곰곰이 생각하더니 사실 남자 친구에게 티는 내지 않았지만 본인이 남자 친구에게 서운했던 일들이 있었다고 했다. 네가 서운했던 일을 남자 친구에게 말한 적이 없는데 남자 친구가 왜 그 일로 기분이 상했을 거라고 생각하는지 되묻자, 혹시라도 자기 말투나 행동에서 남자 친구가 눈치를 채고 덩달아 속상해진 게 아닐까 짐작했단다.

눈치 빠른 남자 친구 입장에서는 여자 친구가 자신에게 서운한 일이 있으면서도 제대로 설명하지 않고 계속 꽁해 있는 것을 보면서 덩달아 기분이 상했을 수 있다. 하지만 대부분의 경우 내가 어떤 기분인지 설명하지 않으면 상대방은 알지 못한다. 그러니 후배의 남자 친구는 후배 때문에 감정이 상했다기보다는 후배와는 전혀 상관없는 일로 조금 피곤했을 가능성이 더 높다. 후배는 본인이 남자 친구에게 느끼는 서운한 감정을 그에게 투사했고 나와 대화를 나누기 전까지는 본인의 행동과 사고방식을 인지하지 못하고 있었다.

이런 일은 생각보다 흔하다. 학교 동기가 얼마 전에 황당한 일을 겪었다고 털어놓았다. 친한 친구가 대뜸 자신에게 전화를 걸어 다른 친구들에게 내 욕을 하고 다니냐고 따져 물었단다. 동기는 단 한 번도 그 친구의 험담을 해본 적이 없어서 친구의 갑작스러운 추궁에 몹시 당황했고 큰 상처를 받았다고 했다. 그런데 그 일이 있고 며칠 후 동기는 자신에게 전화해서 따졌던 친구가 오히려 자기 욕을 하고 다닌다는 소식을 다른 친구들 모임에서 전해 들었다. 알고 보니 그 친구는 자신이 먼저 동기를 욕해 놓고 혹시 동기도 자신처럼 본인 욕을 하고 다닐까 봐 두려운 나머지 정확한 근거도 없이 동기에게 대뜸 전화를 걸어 따졌던 것이다. 아마 그 친구는 동기에게 했던 무례한 행동이 자신의 행동에서 비롯된 심리적 방어기제라는 사실을 알지 못할 것이다. 오히려 동기가 자기 욕을 하고 다니는 것이 당연하다고 확신해 본인의 무례한 행동이 되려 정당하다고 생각했을지도 모른다.

심리 투사는 흔히 자기 방어기제로 사용되지만, 투사 대상이 나와 가까운 사람일수록 스트레스를 받는다. 자신에게 내재되어 있다고 인정하기 힘들 정도의 부정적인 생각이나 감정을 나와 친한 사람이 나에게 가지고 있다고 믿으면 괴로울 수밖에 없다. 남자 친구가 분명 나 때문에 마음이 상했을 것이라고 믿었던 후배는 남자 친구의 눈치를 살피느라 힘들어했고, 내 동기가 자신의 험담을 했다고 믿었던 사람은 다급한 마음에 다짜고짜 전화를 걸어 사실 관계를 확인했어야 할 정도로 스트레스를 받았다.

본인에게도 상대방에게도 좋을 것이 하나도 없는 부정적인 투사를 쉽게 멈출 수 있다면 얼마나 좋을까. 하지만 부정적인 투사일수록 무의식 중에 일어나는 경우가 비일비재하기 때문에 각별히 주의하지 않는 이상 내가 상대방에게 투사를 하고 있다는 사실조차 모르는 경우가 태반이다. 그러니 내가 고통스러운 원인도 알아차리기 힘들다. 만약 지난 경험이나 상대방의 성향을 미루어봤을 때, 상대방이 특정한 의도나 욕구를 가지고 있을 리가 없고 본인이 아니라고 하는데 계속해서 상대방의 진심이 의심된다면, 지금 내가 상대방에게 어떤 태도나 감정을 투사하고 있는 건 아닌지 고민해보면 좋겠다. 상대방의 반응에 대한 내 짐작의 근거와 확신이 상대방에게 있는지 나에게 있는지 살펴보는 습관을 들여야 부정적 투사를 경계할 수 있다.

구독자들의 심리상담을 해주는 유튜브 채널에서 연인이 바람을 피울까 봐 두려워 계속 의심하는 본인을 견딜 수가 없다는 사연을 접했다. 4년 동안 만나면서 연인은 한 번도 바람을 피운 적이 없을뿐더러 그 누구보다도 근면 성실하고 책임감 있는 사람이라고 했다. 사연자의 불안과 의심의 원인을 파악하기 위해 상담가가 몇 가지 질문을 던져보니, 사실 사연자 본인이 다른 사람들에게 쉽게 호감을 느끼고 새로운 사람을 알게 됐을 때 저 사람과 연애를 하면 어떨까 하는 상상을 해본다는 사실이 드러났다. 자꾸 흔들리는 건 본인인데, 자신은 절대 바람을 피울 사람이 아니라고 굳게 믿는 대신 자신이 인정하지 못하는 스스로의 불안정한 마음을 연인에게 투사했던 것이다.

그런데 투사가 점점 강해지면 상대방을 믿지 못하고 내 짐작과 추측이 무조건 맞을 것이라고 확신하게 된다. 상대방의 진심을 계속 왜곡하고 의심하느라 진이 빠지니 건강한 관계를 유지하기도 점점 어려워진다.

유튜브 채널에서 상담가는 사연자에게 본인과 연인을 분리하는 법을 연습하라고 조언했다. 내가 특정한 상황에서 특정한 감정을 느낀다고 해서 연인이 나와 똑같은 감정을 느낄 리 없다. 우리는 온전히 타인이 되어볼 수 없기 때문에 타인의 생각을 추측할 수밖에 없는데, 가까운 관계일수록 상대방에게 직접 물어보지 않고 그의 마음을 지레짐작하기 쉽다. 그러니 소중한 사람일수록 혼자 짐작하고 상상하며 마음고생을 할 시간에 상대방의 진심을 믿고 궁금한 점은 직접 물어보는 것이 좋다.

만약 연인이 나 몰래 바람을 피울까 봐 의심스러운 상황일 때 연인의 감정이나 생각을 솔직하게 묻고 그의 대답을 믿어주는 연습을 한다면, 연인과 자신은 다른 존재임을 서서히 인지할 수 있을 것이다. 더불어 연인이 바람을 피울까 봐 걱정할 시간과 에너지로, 인정하고 싶지는 않지만 나에게 내재되어 있는 부정적인 태도를 바꾸려고 노력하는 편이 본인에게도, 두 사람의 관계에도 훨씬 도움이 된다. 우리가 스스로에게 더 떳떳한 사람이 될수록 주변 사람들에게 자신의 부정적인 감정을 투사하는 경우가 줄어들 것이고 인간관계도 더 돈독해질 것이다.

많은 경우 방어기제는 나를 위험과 두려움으로부터 지켜주지만, 정도가 지나치면 나를 보호해주기는커녕 더 큰 화를 불러일으킬 수 있다. 근거도 실체도 없는 부정적인 투사를 인정하고 줄일수록, 지키고 싶은 관계와 보호하고 싶은 나를 더 소중히 대할 수 있을 것이다.

결혼식은 못 가도
장례식엔 간다

　　직장인이 되고 조금씩 나이를 먹어가면서 결혼식에 초대받거나 장례식에 참석하는 일이 점차 많아지고 있다. 나는 대학교를 조기 졸업했고 로스쿨에도 곧바로 입학했기 때문에 학교 동기나 직장 동료들이 대체로 언니, 오빠들이다. 그러다 보니 이미 결혼을 했거나 결혼 예정인 지인들이 많은 편이다.

　　오랜 친구나 친한 지인의 결혼식에는 개인 일정을 조절해서라도 참석하려고 한다. 식사는 못하더라도 식장에 직접 찾아가서 얼굴을 보며 인사하고 축의금을 낸다. 가까운 사람들의 결혼식은 대체로 몇 개월 전부터 날짜를 알고 있으니 스케줄을 조절하기도 수월하다.

　　업무는 같이 하지만 별로 친하지 않은 직장 동료들은 결혼식 1~2주 전에 청첩장을 받는 경우가 대부분이다. 이런 경우에는 결혼식에 참석하는 다른 동료에게 커피 한 잔을 대접하며 축의금을 전해달라고 부탁하는 편이다. 사회생활 초반에는 초대받은 결혼식에는 참석하는 것이 예의가 아닐까 싶어 가면서도 스트레스를 받았다. 그런데 결혼식에 초대받는 경우가 점점 많아지면서 모든 예식에 의무적으로 참석하는 것이 나에게도 상대에게도 좋지 않다는 생각이 들었다. 갈 수 없는 결혼식에는 다른 사람을 통해 축의금을 전달하는 정도로 성의를 표현하니 더 마음을 담아 축하할 수 있게 되었다.

얼마 전 온라인에서 축의금 액수에 관해 네티즌들끼리 토론하는 글을 보았다. 예식장 식대 대비 축의금을 적게 내는 사람들에게 불만인 예비부부들도 많았고 5만 원, 10만 원이 적은 금액도 아닌데 축하해주고도 욕을 먹는다고 불만인 하객들도 많았다. 나도 친한 지인의 결혼식에 처음 초대받았을 때 축의금으로 얼마나 내야 할지 주변에 물었다. 축하하는 마음을 꼭 축의금으로 표현해야 하나 싶어 한참 고민도 했다. 당시에는 학생이었고 돈을 벌지 않던 때라 주변에서 5만 원만 내도 괜찮다고 했지만 내 마음을 좀 더 예의 있게 표현하고 싶어서 10만 원을 냈다.

결혼식에 여러 번 참석하고 주변 사람들의 경험담을 들으면서 축의금 액수는 천차만별일 수밖에 없다는 사실을 깨달았다. 같은 결혼식에 참석해도 누구는 신랑 신부와 친분이 두터운 반면 형편이 넉넉하지 않을 수 있고 누구는 친분은 덜한데 경제적으로 여유로울 수도 있다. 그러니 매번 주변 사람들의 축의금 액수에 맞출 필요는 없다.

직장 동료의 결혼식을 예로 들면, 내가 직접 참석하지 않고 다른 사람을 통해 축의금을 전달할 때는 10만 원을 낸다. 친한 지인의 결혼식에 직접 참석할 때는 당연히 액수가 달라진다. 좀 더 나이가 들면 더 많이 낼 수도 있겠지만 나의 지난 경험과 경제 사정, 그리고 주변 사람들의 의견을 참고해 나만의 기준을 정했다.

나에게 결혼식이란 내가 가장 행복한 날에 소중한 사람들을 초대해 대접하는 자리이다. 그래서 내가 경제적으로 감당할 수 있는 수준으로 결혼식을 치르고 싶다. 결혼식 비용을 축의금으로 충당하겠다는 생각으로 내가 감당할 수 있는 수준보다 성대한 결혼식을 열면 기꺼이 참석해서 축하해준 지인들의 순수한 마음에 감사하기보다는 축의금 액수에 신경 쓰느라 스트레스를 받을 수밖에 없을 것이다.

축의금은 의무가 아니라 하객들이 주는 선물이다. 인생에서 가장 행복하고 소중한 날인데 축의금 때문에 서로에게 감정이 상한다는 건 너무 안타까운 일이다. 축하하는 사람도 축하받는 사람도 즐거운 추억으로 기억할 수 있는 결혼식이 더 많아졌으면 좋겠다.

결혼식만큼 자주 있지는 않지만, 장례식에 참석할 일도 조금씩 생기고 있다. 나는 결혼식에는 못 가도 장례식에는 되도록 참석한다는 기준을 정해두었다. 기쁜 일이 있을 때 곁에서 축하해주는 것도 고맙지만 힘들고 슬플 때 함께 있어주는 것이 정말 큰 위로가 된다는 사실을 나이가 들수록 절감한다.

몇 년 전 외할아버지가 돌아가셨다. 코로나 때문에 조문을 정중히 사양했는데, 회사분들이 화환을 보내주시고 직접 장례식장에 찾아와 조문을 해주셨다. 다들 바쁜 일정을 소화하느라 시간을 맞춰 장례식장까지 오기도 힘드셨을 텐데, 잠시나마 자리에 앉아 나를 위로해주고 회사로 복귀하시던 분들의 뒷모습이 아직까지 생생하다. 친한 친구들은 내가 밥은 잘 챙겨 먹고 있는지, 가족들은 잠을 좀 주무셨는지 밤낮으로 연락하며 힘이 되어주었다. 힘들 때 곁에 있어준 사람들은 쉽게 잊히지 않는다는 것을 경험하고 나니, 나도 최선을 다해 그 고마운 마음에 보답하고 싶어진다.

이 일을 계기로 나는 친분이 얼마나 두터운지를 떠나 적당히 알고 지내는 사이라면 가족의 장례식만큼은 가급적 참석한다. 별로 친하지 않은 직장 동료의 가족 장례식에 가면 상주가 나를 보고 눈이 휘둥그레지기도 한다. 서로 친분을 나눌 일이 없었어도 퇴근 후 먼 길을 찾아온 나를 보고 눈물을 터트리는 분들을 말없이 안아준다.

살면서 소중한 가족을 떠나보내지 않는 사람은 없다. 그러니 누군가의 죽음을 위로할 때는 별다른 말이 필요하지 않다. 그저 상실의 시간 동안 잠시나마 옆에 머물러줄 뿐이다. 엄청난 업무량 때문에 잠깐 인사만 드리고 다시 회사로 복귀하는 나에게 연신 고개 숙여 인사하던 분들의 모습을 마음에 새긴다. 놀라움, 반가움, 미안함, 고마움이 뒤섞인 그들의 표정을 떠올리면 야근하는 한이 있어도 직접 찾아오길 잘했다는 생각이 든다.

축의금에는 논란이 생겨도 조의금 논란은 별로 없는 것 같다. 어쩌면 장례식 비용이 결혼식 비용보다 적어서 사람들이 덜 예민한 것일 수도 있지만, 이유가 무엇이든 상실과 슬픔을 위로해주는 마음에 대한 감사함은 아직 변질되지 않은 것 같아 안심이 된다. 나는 축의금보다 조의금을 더 많이 내는 편이다. 조의금 액수가 마음의 크기를 대변하지는 않겠지만 유족들이 상실감을 회복하는 데만 온전히 집중할 수 있도록 아주 조금의 걱정이나마 덜어주고 싶다.

축의금이든 조의금이든 나중에 돌려받을 마음으로 내지 않는다는 것도 나의 원칙이다. 내가 축의금과 조의금을 낸 사람들 중 상당수가 옷깃만 스치는 인연일 확률이 높다. 그래도 그저 이 순간을 축하하거나 위로하는 마음을 꾹꾹 담는다. 대신 외할아버지 장례식 때 내가 받았던 조의금은 따로 기록해두었다. 그래야 언젠가 그분들 가족의 부고 소식을 듣게 된다면 최소한의 성의를 표현할 수 있을 테니까. 금액을 떠나 내가 받았던 위로를 잊지 않고 그분들에게 위로가 필요할 때 나도 힘이 되어드리고 싶다.

앞으로 초대받을 결혼식도, 참석할 장례식도 더 많아지겠지. 지금 가지고 있는 신념과 기준이 나이 들수록 어떻게 달라질지 모르겠지만, 앞으로도 진심을 담아 축하하고 위로하는 사람으로 살아가고 싶다.

보내지 못할
편지를 쓰는 시간

우연히 배우 박보영 님이 출연하신 〈유 퀴즈 온 더 블록〉(이하 유퀴즈)을 보았다. 박보영 님은 방송에서 17년째 일기를 쓰고 있으며, 지금까지 차곡차곡 모아둔 일기장들을 금고에 보관하고 있다고 얘기했다. 기쁘고 설레는 일도 적어두었지만 그 누구에게도 말하지 못할 슬프고 화가 났던 순간들도 적어둔 일기장들을 언젠가 태워서 재가 되는 걸 확인하고 죽겠다는 박보영 님의 말에 깔깔 웃으면서도 깊이 공감했다.

나도 몇 년 전부터 일기장으로 쓰는 노트가 한 권 있다. 박보영 님처럼 규칙적으로 쓰진 않아서 일기장이라고 부르기에는 애매한 노트다. 나는 주로 부정적인 감정이 극에 달해 그 누구에게도 내 마음을 솔직하게 터놓을 수 없을 때 이 노트에 글을 쓴다. 쓰고 싶은 말이 흘러넘칠 때는 한 장 빼곡히 쓰기도 하고, 생각이 제대로 정리되지 않아 무슨 말을 써야 할지 모를 때는 한두 문장으로 남기기도 한다.

어릴 때 체하면 엄마가 손가락 끝을 바늘로 콕 찔러 검붉은 피를 빼주셨듯이, 부정적인 감정이 고이고 쌓이다가 한꺼번에 터지지 않도록 연필심으로 내 마음을 톡톡 찔러가며 조금씩 내보낸다. 꼬인 인간관계를 어떻게 풀어야 할지 도통 알 수가 없어서, 아직 나만의 사회생활 기준이 완전히 다져지지 않아서, 주변 사람들의 조언에 이리 치이고 저리 치이며 시행착오를 겪을 때, 내가 계획한 대로 인생이 흘러가지 않는다고 느낄 때, 소중한 사람들과 상처를 주고받으며 누군가가 미워지고 나 자신이 싫어질 때……. 이러한 순간마다 노트를 펼치고 글을 쓴다. 그래서 내 노트에는 슬프고, 답답하고, 화가 나고, 억울하고, 질투하고, 원망하는 마음이 가득하다.

원고나 편지, 하물며 인스타그램에 올리는 글을 쓸 때도 내 마음을 있는 그대로 다 표현하지 않는다. 누군가가 읽을 수도 있는, 혹은 읽어주기를 기대하면서 쓰는 글은 몇 번의 검열을 거칠 수밖에 없다. 아무리 화가 치솟아도 그 분노를 축소해 "화가 났다" 정도로 표현하고, 아무리 행복해도 그 마음을 중화시켜 "즐거웠다" 정도로 드러낸다. 감정은 시간이 조금만 지나도 금세 옅어지지만 일단 타인에게 공개한 글은 뒤늦게 지워도 나를 꼬리표처럼 따라다니기 때문이다. 내가 공인이 아니어도 공개적으로 쓰는 글에는 책임이 뒤따른다. 내가 순간의 감정에 휩싸여 쓴 글이 누군가에게는 상처가 될 수도 있고 누군가에게는 오해를 불러일으킬 수 있다. 그러니 최대한 감정을 배제한 채로 쓴 글만 타인과 공유하려고 한다.

반면, 노트에는 날 것 그대로의 감정이 페이지마다 수두룩하다. 독자가 없는 글이니 정제하지 않아도 된다. 기승전결도 주어와 서술어와 목적어도 필요 없다. 전혀 무관해 보이는 단어들만 나열해도 괜찮고 시작과 끝에서 다른 말을 해도 괜찮다. 어차피 노트에 글을 쓰는 이유는 나조차 이해할 수 없는 내 마음을 이해하고 엉켜 있는 생각을 정리하기 위함이니까. 그러니 정말 생각나는 대로, 말 그대로 감정을 '토해내듯' 글을 쓴다.

그래서 내 노트는 나만의 감정 분리수거함이다. 흔히 자신의 감정을 쏟아 붓는 대상을 감정 쓰레기통이라고 부르는데, 내 노트는 쓰레기통보다는 분리수거함에 가깝다. 신기하게도 노트에 글을 쓰다 보면 내 생각들이 더 잘 정리되기 때문이다. 처음에는 뭘 써야 할지도 모른 채 아무 말이나 끄적이는데, 이러한 흔적들이 모여서 문장이 되고 문단이 되고 글이 된다. 시작이 어렵지 어느 정도 예열이 되면 처음에는 끄적이는 수준이지만 점점 논리적이고 체계적인 글로 변해간다.

이렇게 완성한 글에는 내가 왜 혼란스러운지, 무엇이 나를 고통스럽게 하는지, 지금 어떤 고민을 하고 있는지, 내가 바라는 목표는 무엇인지, 그 목표를 달성하기 위해서 해야 할 일은 무엇인지, 그 과정에서 어떠한 어려움이 예상되는지에 대한 나만의 분석과 추측들이 담겨 있다.

그래서 나는 해답은 늘 내 안에 있다고 생각한다. 내 마음을 나조차 모르겠다고 생각할 때도 노트를 펼치고 손이 가는 대로 글을 쓰다 보면 내가 처한 상황과 그 과정에서 느끼는 감정들과 떠오른 생각들이 더 또렷하게 보인다. 일단 감정적인 상태로 글을 써도 막상 마무리할 때쯤에는 활활 타오르던 부정적인 감정들이 언제 그랬냐는 듯 잠잠해졌다. 먹구름이 걷히면 내가 가고자 하는 길이 더 선명하게 보인다. 혼란스럽고 답답한 와중에도 내 마음은 내가 어떤 선택을 내리고 싶어 하는지 알고 있었던 것이다. 이렇듯 글쓰기는 온갖 들끓는 감정이 차분하게 가라앉을 수 있도록 시간을 벌어다주고, 상황을 객관적으로 바라볼 수 있도록 두뇌를 활성화시킨다.

이렇다 보니 내 노트에는 보내지 못하는 편지도 가득하다. 가까운 사람과 다툰 순간에는 내가 얼마나 상처를 받았는지, 상대가 내 진심을 얼마나 이해하지 못하는지, 내가 왜 억울하고 화가 나는지 랩을 하듯 쏟아내고 싶은 마음이 굴뚝같다. 하지만 흥분했을 때 내뱉는 말들은 대개 피해의식으로 똘똘 뭉쳐 있다.

몇 년 전까지만 해도 갈등이 생기면 그 자리에서 바로 푸는 게 좋다고 생각했다. 하지만 날 선 마음을 진정시키지 않고 급한 불 끄듯 갈등을 억지로 풀려고 할수록 오히려 앞선 감정이 서로의 마음을 더 깊게 할퀴었다. 갈등을 바로 풀지 않는 것이 그 상황을 회피하는 것이 아니라 더 지혜롭게 문제를 해결하기 위해 잠시 시간을 버는 것임을 알고 나서는, 분위기가 과열되면 잠시 거리를 두고 생각을 정리할 시간을 갖는다.

이제 나는 사랑하는 사람과 다투고 나면 그 사람에게 보내지 않을 편지를 쓰며 마음을 가다듬는다. 대화를 하면 한번 내뱉은 말을 다시 주워 담을 수 없고 녹음기를 켜두지 않는 이상 내가 무슨 말을 했는지도 정확히 기억하지 못한다. 대신 글은 상대방에게 전달하기 전까지는 얼마든지 고칠 수 있고 내가 전하고자 하는 메시지가 활자로 남기 때문에 기억이 왜곡되어 오해가 발생할 확률도 적다. 앞서 말했듯 글을 쓰면 감정보다는 이성이 활성화되어 흥분한 마음이 진정되고 상황을 더 냉정하게 판단할 수도 있다.

그런데 이렇게 몇 차례 검토한 글도 며칠 뒤 다시 읽어보면 보내지 않기를 정말 잘했다는 생각이 들 정도로, 여전히 부정적인 감정이 많이 남아 있다. 그래서 나는 노트에 쓴 편지들을 상대방에게 보내지 않는다. 마음을 진정시키고 이성적으로 쓴 편지에도 상대방을 탓하는 마음, 내가 옳고 당신이 틀렸다는 마음, 당신의 상처보다 내 상처가 더 깊고 중요하다는 마음이 묻어 있다. 숨기려 해도 결코 감춰지지 않는 얼룩진 마음이 드러나는 편지들은 영원히 보내지 않을 것이다.

발송하지도 않을 편지를 굳이 쓰는 이유는 한껏 상처받은 내 마음을 먼저 알아주고 보듬어주기 위해서다. 감정이 상한 직후에는 누구나 자신의 마음을 추스르기 바쁘니 내 마음을 위로해줄 사람은 나밖에 없다. 잔뜩 심술 난 내 마음을 먼저 알아주어야 상대방의 입장을 돌아볼 여유도 생긴다. 어차피 보내지 않을 편지니 상대방에게 직접 하지 못할 말도 마음껏 쓴다. 당신이 너무 밉고 원망스럽다, 나는 영원히 당신을 이해하지 못할 것 같다, 당신에게 받은 상처는 죽을 때까지 가슴에 품고 살아갈 것이다, 절대 용서할 수 없다고 쓰면서 여기저기 생채기 난 나의 마음을 이해해준다. 그렇게 몇 번이고 편지를 쓰면 한껏 날카로웠던 마음이 누그러지고 상대방에게 하고 싶은 말과 해도 후회하지 않을 말이 구분된다.

일련의 과정을 거쳐야 비로소 상대방과 다시 대화할 준비가 된다. 그러니까, 보내지 못할 편지를 쓰면서 내 마음을 이해하고 상대방의 입장을 헤아리고 이 상황을 어떻게 풀고 싶은지 여러 번 고민한 끝에야 나는 비로소 상대방에게 전달할 수 있는 편지를 쓸 만한 상태가 된다.

나는 독자가 있는 글쓰기를 좋아하지만, 독자가 없는 글쓰기는 필요로 한다. 소문이 두렵고 타인의 시선과 평가를 신경 쓰는 나는 하고 싶은 말을 다 하면서 살아가지 못한다. 그렇다고 해서 답답한 가슴을 움켜쥐고 살 필요도 없다. 내가 독자인 글쓰기로 나와 대화하면 되니까.

이 세상 그 누구에게도 털어놓지 못할 말도, 나 자신에게는 얼마든지 해도 된다. 나조차 내 마음을 알아주지 않으면 병드는 건 시간문제다. 그러니 우리, 아무에게도 보여주지 않을 글을 쓰고 보내지 못할 편지를 쓰자. 누가 몰래 읽을까 걱정된다면 찢어버리거나 태우면 그만이다. 그러니 무엇보다 솔직하게 쓰는 데 집중하자. 쓰고 또 쓰면서 나부터 내 마음을 알아주자.

누구의 영향을 받을지는 내가 선택한다

　　방탄소년단 멤버 정국이 지난해 7월에 디지털 싱글 〈Seven〉을 발표하며 솔로로 공식 데뷔했다. 그즈음 정국은 같은 그룹의 멤버 슈가가 진행하는 유튜브 채널인 '슈가와 취하는 타임' 일명 〈슈취타〉에 출연해, 자신은 여섯 형들의 영향을 골고루 받은 덕에 지금의 모습이 될 수 있었던 것 같다고 말했다. 또한 자신은 습득이 빠른 편이라, 만약 형들이 안 좋은 사람들이었다면 자신 또한 별다른 인식 없이 형들을 따라 하다가 좋지 않은 모습을 닮았을 것이라고 했다. 형들이 좋은 사람들이어서 긍정적인 영향을 받을 수 있었다며 고마워하는 모습을 보니 괜히 내 마음도 뭉클해지는 것 같았다.

　　아이돌 그룹 멤버들은 수년간, 때로는 10년이 넘게 합숙을 하면서 24시간을 같이 보내니 서로에게 많은 영향을 끼칠 수밖에 없을 것이다. 그런데 생각해보면 아이돌이 아닌 우리의 인간관계도 마찬가지 아닐까. 우리 역시 학교나 회사에서 만난 사람들과 만만치 않게 긴 시간을 함께 보내면서 자연스레 서로의 영향을 받는다.

우리와 하루의 대부분을 함께 보내는 친구, 직장 동료들이 방탄소년단 멤버들처럼 각자 맡은 일에 충실하고 더 발전하기 위해 매사에 노력하며, 때로 갈등이 생겨도 솔직하게 털어놓고 현명하게 해결할 줄 아는 사람들이라면 더없이 감사하겠지만 아마 그렇지 않을 확률이 높을 것이다. 나 역시 내가 주변에 이렇게까지 좋은 영향을 미치는 사람일까 돌아보면, 자신이 없을 때가 훨씬 더 많다.

하지만 내 주변에 매사 부정적이고 남 탓만 하는 사람이 있다고 해서 실망할 필요는 없다. 나에게 좋지 않은 영향만 끼치는 사람들에게 속절없이 당하고만 있을 필요도 없다. 모든 관계에서 항상 좋은 영향만 받을 수는 없지만, 다행히 우리는 누구의 영향을 받을지 스스로 선택할 수 있기 때문이다.

나는 어린 시절 미국에서 몇 년간 비주류로 살았다. 주류에 속하는 백인 아이들의 취향이 내 취향과 다르기도 했지만, 무엇보다도 피부색이라는 확연한 차이가 있었기 때문에 어떤 아이들은 대놓고 나를 놀이에 끼워주지 않았다. 간혹 나와 놀아주는 백인 아이가 있으면 자신들과 친하지도 않으면서 굳이 그 아이를 데려가서 나를 혼자 남게 했다. 나와 왜 노는지 이해가 되지 않는다며, 내가 들도록 일부러 크게 말하는 아이도 있었다.

그때 나는 딱히 주류에 소속되고 싶다는 바람이 별로 없었다. 내가 주류에 들지 못하는 이유가 피부색과 국적처럼 내 의지로 바꿀 수 없는 것들이었기 때문이다. 분명히 존재하는 그 확실한 구분 덕분에 나는 인종이나 문화권과 상관없이 나와 마음이 통하는 친구 몇 명만 있으면 그것으로 충분하다고 생각했다.

이러한 경험 때문인지 나는 새로운 집단에 포함되면 한눈에 봐도 주류인 사람들보다는 구석에서 묵묵히 자기 할 일에 집중하는 사람들에게 더 친근감을 느낀다. 모든 사람들이 그렇지는 않겠지만, 내가 지금까지 만난 사람들 중 주류에 속하고 싶어 하는 사람들은 대체로 자신의 진짜 모습이 아닌 본인이 원하는 가면을 쓴 채 타인을 대했다. 그들은 이미 주류에 속해 있으면서도 언제든지 메인에서 밀려날 수 있다는 불안 때문인지 그다지 행복해 보이지 않았다. 나도 학창 시절에는 인기 많은 친구에게 잘 보이고 싶어 평소에 관심도 없던 취미를 가져보고 싶었다는 식으로 거짓말을 한 적이 있고, 친구의 의견에 별로 동의하지 않으면서도 맞장구를 친 적도 있다. 무리에 소속되고 싶은 마음이 어떤 것인지, 그 과정이 얼마나 피로한지도 잘 알고 있다. 소위 인싸의 주목과 관심, 아싸의 소외감을 모두 경험해보니, 주류에 속하려고 필요 이상으로 노력하기보단 내가 진심으로 가까워지고 싶은 사람들을 곁에 두는 쪽이 더 행복하고 만족감도 높았다.

　어릴 때는 내가 어떤 성향을 가졌는지, 어떤 사람들과 시간을 보내야 마음이 편안한지, 나의 장점과 단점이 무엇인지, 단점을 있는 그대로 받아들이고 싶은지 보완하고 싶은지, 만약 보완한다면 어떻게 개선하고 싶은지 고민하는 시간이 길지 않았다. 그러다 보니 어떤 사람들과 어울려야 좋은 영향을 받을 수 있을지 스스로 판단하기 어려웠다. 특히 학교가 내 생활의 중심이 되고 친구가 인생에서 가장 중요하다고 생각하던 시기에는 장기적으로 나에게 건강한 영향을 미칠 친구들을 찾기보다 좀 더 빨리 특정 친구 그룹에 소속되어 안정감을 느끼고 싶었다.

　인간은 사회적 동물이라 소속감을 느끼고 싶은 마음은 지극히 자연스러운 현상이지만, 부모 입장에서는 혹시라도 내 아이가 질 나쁜 친구들을 만나 어긋나진 않을까 불안해한다. 무리를 해서라도 아이를 좋은 학군으로 보내고 싶은 마음 한구석에는 반드시 명문대를 보내겠다는 욕심도 어느 정도 있겠지만, 대체로 열심히 공부하고 별다른 사고를 치지 않는 학생들이 대다수인 학교에 아이를 보내면 좀 더 괜찮은 친구들을 사귈 수 있지 않을까 하는 마음도 어느 정도는 있을 것이다. 하지만 나이가 들수록 자기 자신을 좀 더 알게 되고 인간관계에 대한 나름의 데이터가 쌓이다 보면, 부모나 주변의 개입 없이도 내가 어떤 사람들을 가까이해야 마음이 편한지, 어느 집단에서 어떤 사람들과 어울려야 내가 원하는 삶의 모습에 가까워질 수 있는지 자연스레 파악하게 된다.

우리는 실제 지인이 아니어도 다양한 경로로 누구든 만날 수 있는 시대를 살고 있다. 내 곁에 있는 지인들은 모르는 나만의 취미를 온라인으로 공유할 수도 있고, 유튜브로 롤모델을 찾아 닮고 싶은 생활 방식을 따라 할 수도 있다.

자신이 동경했던 사람의 단점을 보고 나서, 그를 우러러보았던 자신을 비난하고 그가 '그런 사람'이 아니었다는 배신감에 치를 떠는 사람들을 종종 본다. 완벽해 보이는 한 사람의 모든 모습을 스펀지처럼 흡수하기보다는 모든 사람에게는 수많은 모습이 있다는 사실을 알고 내가 닮고자 하는 점을 여러 사람으로부터 골고루 선택해야 실망하는 일이 줄어든다. 그러기 위해서는 내가 이루고자 하는 꿈이 무엇이고 어떤 사람이 되고 싶은지 매일 고민해야 한다.

나만의 목표가 뚜렷해질수록 닮고 싶은 사람들이 눈에 들어온다. 닮고 싶은 사람이 있으면 적극적으로 다가가자. 대신 그 사람의 행동 중 도움이 되는 것만 골라서 따라 하자. 세상에 잘난 사람, 고귀한 철학, 근사한 일상은 차고 넘치지만 그중 무엇으로 나를 물들일지는 내가 선택할 수 있다.

3장

연습해봐야 알지

: 나를 이해하고 사랑하려는 노력도

내가
열심히 사는 이유

"너는 왜 이렇게 열심히 살아?"

중학생 때부터 지금까지 해마다 수십 번씩 받는 질문이다. 그런데 대답을 하고 싶어도 막상 뭐라고 답해야 할지 몰라 지금까지는 그저 웃어넘겼다. 사실 나도 궁금했다. 내가 왜 이렇게까지 열심히 사는지. 그동안은 나의 내면을 찬찬히 들여다볼 여유가 없어서 나는 원래 쉬지 못하는 사람인가 보다 하며 살아왔다.

그러다가 책을 쓰면서 이번 기회에 이유를 한번 찾아보기로 했다. 내가 왜 열심히 사는지 알게 되면 나라는 사람을 더 잘 파악할 수 있을 뿐 아니라, 또다시 같은 질문을 받으면 더는 웃어넘기지 않고 제대로 답변할 수 있을 테니까.

먼저, 내 인생을 기준으로 내가 열심히 사는 이유를 찾아보기로 했다. 내 인생을 시즌 1과 시즌 2로 나눈다면 아마 시즌 1은 대학 입시 때까지가 될 것 같다. 대학교 진학 전까지는 대체로 사랑하는 사람들에게 받는 칭찬과 기대, 남들보다 뒤처지고 싫지 않다는 승부욕, 새로운 환경에 잘 적응하기 등을 원동력 삼았고 대학생이 된 후로는 내 꿈을 이루기 위해, 후회 없는 하루를 보내기 위해, 장기적으로는 건강하고 행복한 삶을 위해, 그리고 오늘보다 내일 더 좋은 내가 되기 위해 노력하는 것이 인생의 목표였던 것 같다.

시즌 1. 초등학생 때부터 대입 전까지

어린 시절에는 주로 엄마에게 칭찬을 받거나 환경이 바뀔 때마다 살아남기 위해서 최선을 다했다. 초등학생 때부터 그날의 숙제나 학습지를 먼저 끝내야 친구들과 놀러 나가는 것이 대표적이었다. 할 일을 먼저 끝내고 자유 시간을 가지면 퇴근 후 돌아오신 엄마가 나를 칭찬해주셨는데, 다정한 칭찬을 듣는 게 좋아 자연스레 그런 습관이 몸에 밴 것 같다.

여덟 살부터 열 살 때까지는 부모님과 함께 미국 미네소타 주의 로체스터에서 살았다. 미국에 막 도착했을 당시 내가 알고 있던 영어는 애플apple과 하이hi 정도에 불과했다. 그래서 공립 초등학교에 입학하기 전에는 외국인 아이들을 위한 학교에 다녔다. 이 일화는 내 기억에 없지만, 부모님 말씀으로는 학교 선생님께서 내가 또래 친구들보다 더 빨리 공립초등학교로 옮길 수 있겠다고 칭찬하셨단다. 미국에 도착하고 얼마 지나지 않았던 어느 날, 같은 지역에 거주하는 한인 가족 모임에서 다른 아이들이 영어를 유창하게 쓰는 것을 보고 내가 엄마 손을 잡으며 "마미, 레츠 고 홈Mommy, Let's go Home"했다는 일화를, 부모님은 아직까지도 귀엽게 생각하신다. 아마도 그때 나는 앞으로 2년 동안 미국에서 생존하려면 더 많은 친구들을 사귀고 더 열심히 공부해야 한다고 다짐했던 것 같다.

초등학교 3학년 때 한국으로 돌아와서도 학교생활에 적응하기 위해 부단히 애를 썼다. 영어 실력은 늘었지만 다른 과목 성적은 친구들보다 뒤처져 있어서 따라잡으려면 몇 배는 더 노력해야 했다. 사실 이때까지만 해도 미국 학교의 커리큘럼에 익숙했던 터라 그저 수업 시간에 열심히 듣고 방과 후에는 친구들과 열심히 뛰어노느라 바빴다.

5학년이 되어서야 부모님의 권유로 청심 국제중학교에 지원할 준비를 시작했다. 공부에 큰 욕심이 없던 내가 국제중학교에 입학하고 싶었던 이유는 단순했다. 부모님께서 그 학교에 가면 영어를 실컷 할 수 있다고 하셨기 때문이다.

다른 지원자들처럼 학원을 다니며 토플 시험을 공부하고 지원서를 작성했지만 사실 국제중학교에 간절하게 입학하고 싶다는 마음은 별로 없었다. 무엇보다도 치열하게 공부한다는 게 무엇인지 전혀 알지 못했다. 결과는 당연히 불합격이었다. 지금 생각해도 웃긴 건, 그리 간절하게 공부하지도 않았으면서 태어나서 처음 경험한 불합격에 큰 충격을 받아 대성통곡을 했다는 사실이다. 나는 그날 이후로 무슨 각성이라도 한 것처럼 공부에 몰입했다. 원체 승부욕이 강한 성격 탓도 있었겠지만 어쩌면 나도 하면 된다는 것을 가족들에게, 그리고 나 자신에게 보여주고 싶었던 것 같다.

중학생이 되고 나서는 새로운 목표를 세웠다. 바로 민사고에 합격하기. 국제중학교에 떨어진 후 얼마 지나지 않아 부모님께 우리나라에서 제일 좋은 고등학교가 어디냐고 물었고 중학교 3년간 민사고 합격을 목표로 공부했다.

제대로 공부하는 법을 잘 몰랐던 중학교 1학년 1학기에는 갑자기 많아진 공부량 때문에 밤을 꼬박 새우고도 시험 범위를 제대로 한번 훑지도 못한 과목이 있었다. 교과서 위주로 공부하면 되는 건지, 학습지를 푸는 게 더 효율적인지, 시험공부를 얼마나 오래 해야 열심히 한 건지, 몇 점 정도 받아야 시험을 잘 치른 건지도 헷갈렸다. 나는 갈피도 못 잡고 헤매는데 친한 친구들은 시험 기간에 PC방이나 노래방에 가면서도 전교 10위 안에 들었다. 처음에는 딱히 노력하는 것 같지도 않은데 성적이 잘 나오는 친구들이 마냥 부러웠지만, 그들을 질투한다고 내 성적이 올라가는 것은 아니어서 이내 마음을 고쳐먹었다. 친구들보다 머리가 좋지 않다면 친구들이 노력하는 시간의 몇 배를 투자해보자고 다짐했다.

중학교 1학년 2학기부터는 모든 시험 준비를 4주 전부터 시작했다. 교과서와 학습지를 달달 외우다 못해 해당 내용이 몇 페이지의 오른쪽 하단에 있었다는 것까지 기억할 정도로 공부했다. 여기서 한 가지 짚고 넘어가자면 1학기 때 밤을 새우면서 공부한 결과, 나는 충분한 수면을 취해야 머리가 잘 돌아가는 타입이라는 것을 깨달았다. 시험공부를 한 달 전부터 시작한 것이지, 한 달 전부터 밤을 새우면서 공부한 것은 아니라는 뜻이다. 게다가 나는 해야 할 일을 나중으로 미루면 매일같이 할 일을 미뤘다는 사실을 불안해하느라 제대로 놀지 못하는 성향이라 벼락치기에도 적합하지 않다. 그래서 벼락치기가 가능한 사람들을 보면 그 강단과 자신을 향한 믿음에 감탄한다. 잠을 포기하지 않으려고 일찌감치 시험 준비를 시작한 덕분에 학창 시절 동안 체력이 따라주지 않아 고생한 적은 별로 없었다.

사람마다 자신에게 잘 맞는 공부법이 있을 텐데, 나는 암기할 내용이 있으면 쓰고 말하면서 외우는 게 효과적이다. 그래서 시험 기간만 되면 내 방 곳곳에는 연습장으로 쓴 이면지가 수북하게 쌓였다. 시험지를 받으면 혹시 문제를 푸는 도중에 공식을 까먹을까 봐 시험지 위쪽에 공식부터 적어두었다. 틀린 문제는 왜 틀렸는지 이해가 될 때까지 정답을 맞힌 친구들이나 선생님께 해설을 부탁했고, 찍어서 맞힌 문제는 나머지 보기가 왜 정답이 아닌지 확인했다. 운이 좋아 이번에는 정답을 맞혔어도 다음 시험에서 비슷한 문제가 나오면 그때도 운이 좋을 거라는 보장이 없기 때문에 무엇이든지 확실하게 이해하고 넘어가려고 했다.

다행히 학년이 올라갈수록 성적이 오르면서 상위권에 안정적으로 안착했다. 내신 성적을 관리하는 동시에 토플, 한국어능력시험, 한자능력시험, 한국사능력인증시험, 민사고 심층 면접 준비를 했다. 그 당시 썼던 다이어리를 보면 매일 해야 할 일이 빼곡하게 나열되어 있고, 모든 일정에는 빨간 줄이 그어져 있다. 그날 계획해둔 일들을 다 끝냈다는 뜻이었다.

그렇게 치열하게 3년을 보낸 끝에 민사고에 진학했다. 민사고에는 예상했던 것보다 더 똑똑하고 재능 있는 친구들이 많아서 잠시 의기소침해졌지만, 다행히 중학생 때 잡아둔 공부 습관 덕분에 내신 성적을 잘 받을 수 있었다.

하지만 대학 입시는 고등학교 입시와는 또 달랐다. 왜 이 대학에서 공부하고 싶은지, 어떤 분야를 특별히 더 공부하고 싶은지, 졸업 후에는 무엇을 하고 싶은지 등을 더 깊게 고민해야 했다. 특히 미국 대학에서는 SAT 성적도 중요하게 보지만 고등학교 시절 어떤 대외 활동을 했는지, 왜 이 활동을 했으며 그 경험이 나에게 어떤 영향을 미쳤는지도 중요하게 평가했다.

중학생 때부터 좋은 성적을 받는 것에만 집중하고 앞으로 어떤 삶을 살고 싶은지, 내가 어떤 사람인지, 무엇을 좋아하고 싫어하는지 별로 고민한 적이 없었던 나는 한국의 자기소개서와 비슷한 퍼스널 스테이트먼트personal statement를 준비하면서 처음으로 나와 내 삶에 대해 진지하게 고민하기 시작했다.

하지만 대학 입시를 준비하며 나를 돌아보는 시간은 진정한 나를 찾는다기보다는 입학하고 싶은 학교에 '어떤 모습을 보여주고 싶은지' 탐색하는 시간에 가까웠다. '내가 어떤 과목을 좋아하는지'보다는 '내가 어떤 과목에서 성적을 잘 받았는지'를 고민했고 '나는 어떤 사람인가'보다는 '어떤 모습을 어필해야 더 매력적으로 보일까'를 궁금해했다. 지금 생각해보면 참 미숙하고 안타깝지만, 이 정도의 자기 탐구도 당시로서는 상당한 발전이었다.

시즌 2. 듀크대 시절부터 하버드 로스쿨 입학까지

나는 민사고 3년 내내 '국제반' 소속이었다. 한국에서 살고 싶어서 한국 대학 진학반인 '국내반'으로 옮길까 잠시 고민한 적도 있지만, 결국 유학길에 올랐다. 고등학생 때 대부분의 교과목을 영어로 공부한 덕에 대학교에서의 공부 자체는 크게 힘들지는 않았는데, 외로움을 잘 타는 성격 탓에 방학만 손꼽아 기다리느라 대학 생활을 충분히 즐기지는 못했다.

　민사고 재학 시절 AP~Advanced Placement~라는 대학 과정 인증 시험을 여러 개 치렀다. 내가 다녔던 듀크대를 포함, 미국과 캐나다의 몇몇 대학은 AP 성적이 우수할 경우 해당 교과목을 미리 이수한 것으로 인정해주었다. 미리 인정받은 학점을 바탕으로 1학년 1학기부터 계절학기를 듣지 않고도 3년 만에 졸업할 수 있는 스케줄을 여러 버전으로 만들었다. 매 학기 수강 신청에 실패한 과목들은 다른 과목으로 적절히 대체한 덕분에 계획대로 졸업할 수 있었다.

　졸업 후 조금이라도 빨리 귀국하려 했던 바람 뒤에는 지금보다 더 행복하고 싶다는 열망이 강하게 자리 잡고 있었다. 유학을 하면서 만난 친구들 중에는 지금까지도 자주 연락하고 만나는 이들이 있다. 한인 학생회 회장을 하면서 다양한 국적과 인종의 학생들과 뜻깊은 교류도 많이 했고 유학을 하지 않았더라면 느끼지 못했을 감정이나 생각도 다채롭게 할 수 있었지만, 한국에서 사랑하는 사람들과 지내고 싶다는 마음은 시간이 지날수록 점점 더 짙어졌다.

　하지만 한국으로 돌아오더라도 졸업 후 취직을 하고 싶은지 대학원에 진학해 공부를 더 하고 싶은지 결정해야 하는 건 매한가지였다. 입학지원서를 제출할 때는 경제학을 공부하고 싶었는데, 1학년 때 다양한 과목을 공부해보니 심리학이 제일 흥미로워 2학년 때는 심리학 수업 위주로 스케줄을 짰다. 특히 발달심리학과 이상심리학에 푹 빠져 졸업 후 대학원에서 공부를 더 하고 심리치료사나 범죄 프로파일러가 되고 싶다는 계획을 세우게 되었다.

이전까지는 공부 자체가 재미있다기보다는 좋은 성적을 받기 위해 관심사와 별개로 공부했지만, 심리학을 제대로 배우면서 성적과 무관하게 공부를 더 열심히 하고 싶다는 욕심이 생겨났다. 특정 이론이 더 궁금해서 교수님을 찾아뵈었고 순전히 호기심으로 수업 자료 외의 논문들도 찾아 읽었다. 심리학이라면 대학원에서 몇 년 더 공부해도 좋을 것 같아 부모님께 상의를 드렸다. 부모님께서는 결국 내가 선택할 문제이지만 심리학자나 범죄 프로파일러가 되는 것보다는 로스쿨에 진학해 변호사가 되는 게 장기적으로 나에게 더 도움이 될 것 같다고 조언해주셨다.

문과생이라면 한번쯤 로스쿨을 고려하는 사람들이 많듯이, 나도 가끔 법조인이 되는 것을 고민해본 적은 있으나 구체적으로 희망했던 적은 없었다. 어릴 때부터 부모님께서 추천해주시는 선택을 많이 해왔지만, 학문 자체에 처음 순수한 호기심을 느껴본 나로서는 심리학을 쉽게 포기할 수가 없었다. 여러 차례 심리학과 교수님, 총장님, 학교 선배들, 부모님과 상담을 하면서 심리학 대학원을 졸업한 사람들과 로스쿨을 졸업한 사람들이 주로 선택하는 직업, 해당 직업의 안정성, 평균 연봉 등을 고려했을 때 로스쿨이 내가 꿈꾸던 미래에 더 가까울 것 같다고 결론을 내렸다.

처음에는 한국 로스쿨에 지원하려고 했다. 3년 만에 졸업한 큰 이유가 한국으로 돌아가고 싶어서였는데, 로스쿨까지 미국에서 다니면 유학 기간이 3년이나 연장되는 셈이어서 나에게는 큰 메리트가 없었다. 하지만 미국 로스쿨 입시 기간이 한국 로스쿨 입시 기간보다 빨랐고 부모님은 미국 로스쿨에 합격해도 한국 로스쿨에 다시 지원하면 되니 우선 시도라도 해보라고 조언해주셨다. 고민 끝에 일단 합격하면 입학을 진지하게 고려할 것 같은 미국 로스쿨 네 곳에 지원했고 하버드 로스쿨이 가장 먼저 결과를 발표했다. 하버드 로스쿨의 합격자 발표를 확인하던 새벽, 충격적인 기쁨에 온몸을 덜덜 떨면서 주무시던 부모님을 깨웠던 기억이 아직도 생생하다. 이루 말할 수 없는 성취감이었다.

하지만 환희도 잠시, 얼마 지나지 않아 애초의 계획대로 한국 로스쿨에도 지원하고 싶어졌다. 양쪽 로스쿨 준비를 동시에 하기는 힘들어 미국 성적부터 만든 뒤에 하버드 로스쿨에 지원했던 터라, 한국 로스쿨에 지원하려면 한국 시험 준비를 다시 시작해야 해서 하버드 로스쿨 입학을 1년 유예해야 하는 상황이었다.

그런데 주변 사람들 대부분은 당연히 하버드 로스쿨에 곧바로 입학하라고 했다. 한국에 있고 싶어서 하버드 로스쿨을 포기한다는 생각 자체를 이해하지 못했다. 사람은 누구나 외롭고 지금 당장 덜 외로운 것이 중요할 것 같아도 인생을 길게 보면 하버드 로스쿨에 가지 않은 것을 후회하느라 나중에는 더 불행해질 것이라고 했다.

대학 시절을 거치면서 지금 내가 원하는 삶이 무엇인지 꽤 많이 알게 되었다고 생각했는데, 나중에 후회하느라 불행해질 것이라는 말이 마음에 걸렸다. 사실 미래의 내가 어떨지 가장 잘 아는 사람은 나일 확률이 높다. 훗날 정말 불행해진다면 그때 다른 시도들을 하면서 더 행복해질 수 있는 방법을 찾아보면 된다. 하지만 당시의 나는 아직 그 정도로 스스로를 잘 알지도, 믿지도 못했다. 결국 미래의 내가 혹시라도 후회할까 봐 오늘의 확실한 행복을 뒤로하고 하버드 로스쿨에 입학했다.

하버드 로스쿨 재학 시절 내가 겪었던 삶의 굴곡들은 전작인《나는 하버드에서도 책을 읽습니다》에 자세히 담았다. 나와 내 삶의 방향을 더 깊게 고민했고 주변 사람들의 조언과 사회적 시선, 누구의 것인지 알 수 없는 욕망 등에 자주 흔들렸지만 책을 쓰면서 내가 무엇을 좋아하고 싫어하는지, 어떤 사람이 되고 싶고 어떤 하루하루를 보내고 싶은지, 나의 우선순위가 무엇이고 그걸 지키기 위해서는 어떤 선택을 내려야 하는지를 이전보다 더 잘 알게 되었다.

하지만 무언가를 깨닫는다 해도 그 내용을 행동으로 옮기는 것은 또 다른 문제였다. 누군가가 내 선택을 반대해도, 내가 잘 몰라서 그런 선택을 내리는 것이라고 걱정해주어도, 나 스스로 만족할 만큼 충분히 고민했고 여러 선택지를 고려했으며 최종적으로 이것을 선택해야 지금의 내가 덜 후회할 것 같다면, 그때가 바로 용기를 내야 할 시간이다. 프롤로그에서 썼듯, 취업을 확정했던 미국 로펌으로 가지 않고 한국에서 재취업하기로 마음먹었던 그 순간이 내 인생에서는 중요한 터닝 포인트가 되었다. 다른 사람들의 의견을 충분히 고려하더라도 결국 선택은 내 몫이고 그에 따른 결과도 내가 책임진다는 사실이 얼마나 고통스러우면서도 묘한 해방감을 안겨주는지, 처음 제대로 느낄 수 있었다.

그 후로도 직장에서, 가정에서, 인간관계에서 크고 작은 선택을 해야 하는 순간들이 끝없이 생겼다. 때로는 너무 힘들어 선택을 미루기도 했고, 섣부른 결정 때문에 많이 자책하고 반성하기도 했다.

다만, 더 나은 선택을 내리지 못했을 때도 중요한 교훈을 얻을 수 있었다. 지금 당장의 괴로움을 줄이기 위해 충분히 고민하지 않고 행동하면 머지않아 더 큰 고통이 찾아온다는 것, 내 선에서 할 수 있는 노력을 다 했는데도 상황이 바뀌지 않으면 때로는 그 상황도 받아들여야 한다는 것, 상대방의 진심은 말보다는 행동에서 드러난다는 것 등이다. 실패하지 않았다면 체감하지 못했을 소중한 교훈이다. 매일 더 나은 사람이 되고 싶은 나는 이렇게 오늘 하루도 열심히 고민하고, 선택하고, 돌아본다.

열심히 사는 이유는 저마다 다를 것이다. 나에게는 인생 시즌 1을 완성해준 원동력들이 내 삶의 다양한 습관들을 잡아주었고, 시즌 2의 원동력들은 내 삶의 방식이 지속 가능하도록 만들어주었다. 머지않아 시즌 3과 시즌 4가 펼쳐질지도 모른다. 미래의 내가 지금의 나와 같은 꿈을 꾸고 있을지는 미지수이지만, 그때의 나도 더 나은 사람이 되기 위해 틈틈이 스스로를 돌아보며 하루하루 최선을 다해 살아갈 것이라고 믿는다.

프로 걱정러의
걱정 줄이기 프로젝트

어릴 때부터 유달리 걱정이 많은 편이다. 건강 염려증이 있어서 몸이 조금이라도 아프면 혹시 큰 병에 걸린 건 아닐까 걱정했고, 갑작스러운 변수로 계획에 차질이 생기는 등 내가 통제하지 못하는 상황이 발생하면 극심한 스트레스를 받았다. 누군가가 나를 싫어할까 봐 마음에 없는 말과 행동을 할 때도 있었고 나의 본모습 대신 상대가 원하는 모습을 보여주기도 했다. 유독 걱정이 많은 시기에는 입맛이 사라져 살이 빠졌고 잠을 자지 못해 피로가 쌓였다. 걱정하느라 건강이 나빠지고 집중력이 흐트러지면 의욕이 꺾이거나 평소 잘하던 일에서도 실수를 했다. 더러는 걱정하는 나 때문에 주변 사람들까지 덩달아 불안해했다. 처음에는 다른 사람들에게 피해를 끼치고 싶지 않아서 불안한 마음을 애써 내색하지 않으려 했지만, 가까운 사람일수록 내가 감추고 있다는 사실을 쉽게 알아차렸다.

걱정하느라 밤잠을 설치고, 불안에 떠느라 현재에 충실하지 못하는 생활에 지치고, 그런 나 때문에 소중한 사람들마저 스트레스를 받는 모습을 더 이상 보고 싶지 않아 불안을 숨기는 대신 조금이나마 줄여보기로 결심했다. 사실 내가 하는 걱정의 90퍼센트 이상은 확실한 근거가 없거나 현실적으로 일어날 확률이 희박하거나 내가 고민한다고 바꿀 수 있는 것이 아니다. 또한, 내가 불안해하는 일이 실제로 일어난다 해도 내 인생에 엄청난 영향을 미치는 경우는 많지 않다. 불안은 생존과 직결되는 자연스러운 감정이지만, 실체에 비해 그 정도가 심하면 오히려 인지기능에 악영향을 줄 수 있는 만큼 불필요한 불안은 가급적 줄여야 한다.

사람은 경험해보지 못한 일이나 알지 못하는 대상에 대해 더 불안감을 느낀다. 내가 걱정하는 그 어떠한 일도 평생 발생하지 않으면 좋겠지만 그럴 가능성은 없고, 불안한 상황을 회피할수록 그 상황에 대한 공포감만 커진다. 반대로, 걱정되는 일을 직접 경험해보면 '생각보다 별일 아니었네' 싶을 때가 많다. 그리고 경험으로 얻은 데이터가 쌓일수록 불안이 줄어든다.

오만 가지 걱정을 사서 하는 나이지만, 다행히 걱정하지 않는 부분도 있다. 나는 효율적으로 공부해서 좋은 성적을 받는 것과 단기간에 많은 일을 끝내는 부분은 걱정하지 않는 편이다. 중학생 때부터 나에게 맞는 공부법을 찾아 습관화했고 그 과정에서 여러 마감일에 맞춰 일정을 조율하는 법을 터득했기 때문이다. 어떤 식으로 암기를 하거나 리포트를 써야 성적을 잘 받는지, 빠듯한 기한 내에 여러 가지 일을 동시에 해내려면 스케줄을 어떻게 관리해야 하는지 나만의 데이터를 많이 가지고 있다.

그렇다면 내가 많이 걱정하는 항목에도 이러한 방법을 적용하면 조금이나마 걱정을 줄일 수 있지 않을까? 지금부터는 나만의 경험을 바탕으로 불안을 성공적으로 줄인 구체적인 사례 몇 가지를 소개하려고 한다.

건강 염려증_ 생각보다 별일 아니다

한동안 몸 이곳저곳이 불편해 순례하듯 병원을 다녔는데, 신기하게도 신체적으로는 아무 이상이 없으니 정신과 상담을 받아보라는 소견이 대부분이었다. 정신과 약을 끊은 지 오래되진 않았던 터라 나중에 상담을 받더라도 우선 내 선에서 할 수 있는 일을 해보고 싶어서, 상황별 결과를 취합해보았다.

몸이 좋지 않아 병원을 찾으면 결론은 두 가지였다. 몸에는 이상이 없고 심리적인 요인이 원인으로 작용했을 수 있으니 마음을 편하게 하거나, 실제로 문제가 있으니 의사가 권하는 치료법을 충실히 따르거나. 병원에서 하라는 대로 했는데도 몸이 회복되지 않는 경우는 지금까지 한 번도 없었다. 한번은 눈꺼풀이 내 의지와 상관없이 떨려서 동네 안과에 갔더니, 이번에도 의사 선생님께서 눈에는 아무 문제가 없으니 심리상담을 받아보면 어떻겠냐고 추천하셨다.

이 증상이 마음의 문제일 수도 있다는 사실을 알고 나서 며칠 만에 눈의 불편감이 사라졌다. 눈에 심각한 문제가 생겼을 수도 있다는 걱정이 사라지고 마음을 편하게 하려고 노력하니 금방 괜찮아지는 걸 경험하면서, 생각보다 많은 신체적 불편함이 마음에서 비롯된 것일 수도 있겠구나 싶었다.

이때의 경험을 바탕으로 요즘 나는 어딘가가 불편하면 혼자 걱정의 늪에 빠지기 전에 서둘러 병원에 간다. 병원에서 아무 이상이 없다고 하는데도 결과가 의심스러우면 다른 병원으로 간다. 거기서도 괜찮다고 하면 몸에 문제가 없다는 사실을 감사하게 받아들이고 긴장을 풀려고 노력한다.

약속 시간_ 조금 늦는다고 하늘이 무너지지 않는다

나는 약속 시간을 지키는 것을 중요하게 여긴다. 덕분에 회사에서 마감 기한을 잘 준수한다고 평가받는다는 장점이 있지만 식당 예약 시간이나 전시회, 영화관 입장 시간에 늦으면 안 된다는 강박도 가지고 있다. 나 혼자 방문하는 거라면 상관없지만 다른 사람과 함께 가는 일정이라면 내가 통제할 수 없는 변수가 생기기 마련이다.

실제로 내가 자주 만나는 친구들은 약속 시간에 딱 맞추거나 조금 늦게 도착하는 편이다. 어떤 친구들은 식당 예약 시간이나 영화 시작 시간에 그다지 구애받지 않고 느긋하게 준비한다. 이런 친구들과 중간에 만나서 같이 이동하는 경우에는 예약 시간이 다가올수록 나만 안절부절못한다. 그러니 평소에는 조금 늦는 것을 대수롭지 않게 생각하는 친구들도 나를 위해 무리해서 운전을 하거나 허겁지겁 달려온다.

그래도 나보다 느긋한 성격을 가진 친구들과 만나면서 제시간에 도착하지 못하는 경험을 몇 번 했다. 처음에는 몇 분 늦는다는 사실만으로도 엄청 스트레스를 받았는데, 몇 번의 경험으로 조금 늦는다고 큰일이 벌어지지 않는다는 사실을 몸소 깨닫게 되었다. 식당에는 예약 시간보다 10분 정도 늦을 것 같으면 미리 전화해서 양해를 구한다. 그러면 대다수는 이해하고 기다려준다. 너무 늦을 것 같으면 예약을 취소하고 다른 식당으로 간다. 영화도 마찬가지. 앞부분을 살짝 놓쳐도 내용을 이해하는 데 별 지장이 없었다. 정말 보고 싶었던 영화라면 미리 취소하고 다음 시간대에 보면 된다.

요즘은 조금 늦을 것 같은데 괜찮냐고, 혹시 많이 불안하냐고 묻는 친구들에게 괜찮다고 말하는 여유가 생겼다. 늦으면 큰

일난다는 불안감이 줄어들면서 마음의 여유가 생기니 이동하거나 기다리는 동안 책을 읽거나 친구들과 대화할 때도 집중이 더 잘된다.

초행길 운전_ 길은 어디로든 통한다

얼마 전까지 익숙하지 않은 장소에 갈 때는 가급적 대중교통을 이용했다. 길치여서 내비게이션에 전적으로 의존해야 하는데, 그래도 혹시 길을 헤맬까 봐 걱정이었다.

주변 사람들은 어차피 길은 다 이어져 있고 어떻게 가든 목적지에 도착할 수 있으니 너무 걱정하지 말라고 했지만, 나는 오히려 길이 다 연결되어 있기 때문에 잘못된 길로 들수록 목적지에서 점점 멀어질 것이라고 생각했다.

그래서인지 차를 사고 얼마 되지 않았을 때는 길을 잃을 것 같은 불안감에 새로운 장소까지 직접 운전하는 것을 꺼렸다. 하지만 이런 생각에 사로잡힐수록 두려움이 커진다는 사실을 깨달은 후로, 낯선 장소를 방문할 때 용기 내어 운전을 했다.

실제로 직접 움직여보니 운전 도중 길을 잘못 드는 경우는 많아봐야 다섯 손가락 안에 꼽을 정도였다. 설령 길을 잘못 들었어도 도착 예정 시간은 겨우 10~20분 정도 늘어났다. 조금만 일찍 출발하면 초행길이어도 약속 시간에 늦지 않았다. 낯설었던 길도 한두 번 운전해보니 금방 익숙해졌고 운전 경험이 늘수록 길눈이 생기면서 자신감이 붙었다.

과도한 눈치 보기_ 사람들은 나를 별로 신경 쓰지 않는다

예전에는 상대의 표정이나 목소리가 평소와 다르면 혹시 나 때문에 화가 났나 걱정할 정도로 다른 사람의 눈치를 많이 살폈다. 이제는 누군가가 나 때문에 기분이 안 좋은가 싶을 때는 직접 물어본다. 그러면 십중팔구 나와 전혀 상관없는 다른 일 때문에 피곤하거나 예민했던 것임을 알게 된다.

만약 나 때문에 기분이 안 좋았다고 상대방이 솔직하게 이야기해주면 그 부분을 고쳐보았다. 혹시 내가 잘못한 일이 있는지 용기 내어 상대방에게 물어본다는 것은 그 사람이 나에게 그만큼 중요하기 때문이다. 따라서 시간이 걸리더라도 바꿀 수 있는 부분은 바꿔보려고 했다. 물론 내가 노력한다고 해서 상대방이 기분을 풀어야 할 의무는 없으니, 일방적으로 요구해서는 안 된다.

내 경험상, 이런 노력은 나에게 정말 중요한 사람들이 누구인지 다시금 파악하는 데 도움을 주었다. 부끄러운 고백이지만 나는 오랫동안 나에게 별로 중요하지 않은 사람들로부터 미움을 받을까 두려워하느라 정작 소중한 사람들에게 충분히 마음을 쓰지 못했다. 나에게 의미 있는 사람들에게는 조심성 없이 행동하다가 상처를 주면서, 내 생각을 하루에 1분도 하지 않을 사람들의 눈치를 살폈다.

이제는 불특정 다수의 눈치를 살피던 에너지를 내 사람들에게 더 쓰려고 한다. 나와 비슷한 결심을 한 분들이 있다면 우선 초반에는 내 사람의 범위를 최소화하고 그들에게 집중하다가 여유가 생기면 인간관계의 범위를 차차 넓히는 방법을 추천한다.

이 네 가지 방법 외에도, 내가 바꿀 수 없는 부분은 그냥 받아들이고 대신 더 바쁘게 살려고 노력했다. 세상에는 내가 통제할 수 없는 상황이 꽤 많이 발생한다는 것을 이해했기 때문이다. 전혀 예상치 못했던 일이 발생해 곤란한 입장에 처하면 먼저 객관적으로 상황을 바라보았고, 내가 바꿀 수 있는 부분을 바꾸려고 최선을 다해 노력했다면 이제 남은 건 결과를 받아들이는 일뿐이다. 누군가와 갈등이 생겼을 때 내가 시도할 수 있는 방법을 다 쓰고도 갈등이 풀리지 않으면 이제 공은 상대방에게 넘어갔다고 생각했다. 상대방이 나에게 공을 다시 던지거나 앞으로는 잘 지내자고 합의하기 전까지는 이 상황을 최대한 떠올리지 않으려고 평소보다 더 바쁘게 살았다. 야근을 하거나 퇴근 후 운동을 더 오래 하거나 바빠서 못 만났던 지인들을 만나거나 책을 쌓아두고 읽었다.

이렇게 바쁘게 지내다 보면 시간은 자연스레 흐르고, 갈등이 막 생겼을 때에 비하면 내 마음이 (어쩌면 상대방의 마음도) 진정되거나 상황이 달라져 이전의 불편함이 무의미해지곤 했다. 그러다 보니 어떤 일은 시간이 해결해주기도 한다는 것을 자연스레 터득할 수 있었다.

나도 최근에야 이러한 방법을 쓰기 시작해 아직은 시행착오를 겪고 있다. 하지만 확실한 건, 이 방법을 쓰기 전보다 불필요한 걱정이 많이 줄었다는 점이다. 어떤 상황이 닥쳤을 때 본능적으로 걱정이 밀려오는 건 어쩔 수 없다 해도, 얼마나 오랫동안 어떤 강도로 걱정할 것인지는 내가 통제할 수 있다.

내가 경험한 방법 말고도 다른 방향으로 걱정을 줄여보고 싶은 분에게는 《데일 카네기 자기관리론》을 추천한다. 워낙 유명한 고전이라 이미 읽으신 분이 많겠지만 걱정을 없애는 데 이보다 더 좋은 교과서는 없을 것 같다. 물론 책을 읽는 것보다 중요한 것은 책에서 소개하는 방법을 실천하는 일이다. 나중으로 미루기보다는 지금 당장 당신을 괴롭히는 걱정거리가 있다면 꼭 한번 실천해보면 좋겠다.

오해, 갈등, 스트레스 없이
일하는 법

일을 처음 시작했을 무렵에는 모두에게 잘 보이고 싶었다. 내 능력과 성장 가능성을 조직으로부터 인정받고 싶어서 초반에는 일을 잘하는 것이 가장 중요하다고 생각했는데, 지금은 나를 지키면서 오래 일하는 것이 가장 중요하다고 생각한다. 비록 사회생활을 오래 하진 않았지만 다양한 국적과 문화권에서 살아온 사람들과 협업하면서 마음 다치지 않고 일할 수 있는 나만의 노하우가 몇 가지 생겼다.

소통한 내용은 이메일로 남겨두기

예전에 함께 일한 상사 중에 업무를 이메일로 공유하지 않고 나를 집무실로 불러 구두로 설명하거나 전화나 카카오톡으로 전달하던 분이 있었다. 그분은 자신이 말로 지시한 사항들을 자주 잊어버렸고 내가 구두로 답변한 내용들을 왜곡해서 다른 동료들에게 전달했다. 이런 일이 반복되자 그분과 간단한 대화를 나누는 것조차 두려워졌다. 혹시 내가 잘못 이야기한 것은 아닌지 스스로를 의심하는 경우도 여러 번 생겼다.

참다못해 하루는 선배에게 답답함을 토로했다. 선배는 직장에서는 억울한 일이 생겼을 때 백날 동료들에게 해명을 하는 것보다 본인의 억울함을 풀어줄 수 있는 증거를 남기는 것이 훨씬 유리하다고 조언해주었다. 그때 선배가 추천한 방법이 귀찮더라도 반드시 구두로 나눈 내용을 정리해서 상대방에게 이메일로 발송하고, 가능하다면 그 업무를 함께 담당하는 동료 한두 명을 참조로 넣으라는 것이었다.

"안녕하세요, ○○님, 오늘 따로 말씀해주신 대로 □□ 업무를 진행하겠습니다."

이 정도의 간단한 이메일이라도 보내두면 고의로든 실수로든 상대방이 나를 오해하는 상황이 발생하거나 업무에 차질이 생겼을 때 관련 이메일을 증거 삼아 문제를 해결할 수 있다. 말로만 주고받은 업무는 나 또한 잊어버리기 쉬운 만큼 이메일로 기록해두면 업무를 더 철저하게 할 수 있다. 선배의 조언에 따라 그 후로는 구두로 나눈 내용을 모두 이메일로 기록했는데, 그로부터 얼마 지나지 않아 해당 상사가 또다시 내 말을 심각하게 왜곡하는 바람에 다른 상사와의 관계가 틀어질 뻔했던 위기 상황을 잘 대처할 수 있었다.

스케줄 미리 정리하기

로펌 변호사들은 회사가 수임한 여러 사건에 각자 배당이 된다. 어떤 시니어 변호사들은 중앙 시스템을 통해 자신이 사건을 배당하고 싶은 변호사가 현재 어느 정도의 업무량을 소화하고 있는지, 내 사건을 추가로 맡을 수 있는지 확인하고 어떤 시니어 변호사들은 직접 배당하고 싶은 변호사에게 연락해 본인 사건을 함께할 수 있는지 물어본다. 일단 사건을 배당한 후 상대방에게 설명하는 변호사들도 있다.

로펌 변호사들은 대체로 여러 사건을 동시에 맡는 편이고 마감 기한이 겹치는 경우도 다반사여서 본인의 일정을 알아서 관리해야 한다. 신입들에게는 조금 힘들 수 있지만 새로운 사건을 맡았을 때 내가 해야 하는 업무와 최종 마감 기한, 그리고 내가 작업한 결과물을 몇 명의 선배가 더 검토해야 하는지 등을 가늠해 현재 일정상 내가 마감 기한을 지킬 수 있을지 스스로 스케줄을 정리해야 한다. 만약 먼저 진행 중인 사건과 겹쳐서 새로운 사건을 맡기가 힘들다면 최대한 빨리 담당 변호사에게 양해를 구하고 팀에서 대타를 구할 수 있게 해야 한다.

몇 분 걸리지 않지만 대단히 중요한 이 교통정리에 빨리 익숙해져야 동료들이 일을 훨씬 더 수월하게, 효율적으로 진행할 수 있다. 또한 내가 소화하지 못할 일을 덜컥 맡았다가 마감 기한을 지키지 못하는 불상사를 방지할 수 있다. 나는 1년 차일 때부터 이렇게 일하는 습관을 들인 덕분에 선배 변호사들로부터 긍정적인 평가를 받을 수 있었다.

여기서 중요한 점이 있다. 지금은 이 업무를 맡을 여건이 되지 않아 거절한 사건의 담당 변호사가 다음번에 다른 사건으로 나를 찾을 때는, 아무리 바빠도 가급적 함께 일해야 한다. 모든 업계가 마찬가지겠지만 모두가 바쁜 상황에서 새로운 업무를 부여받아 팀원을 꾸려야 하는 상사 입장에서는 한 번의 거절은 이해할 수 있어도 두 번, 세 번 계속 거절당할 경우 불필요한 오해를 살 수 있다. 나는 동료들과 한 팀이고 서로가 서로의 뒤를 지켜주고 있다고 생각한다. 오늘은 상대가 나를 필요로 하지만 내일은 내가 상대를 필요로 할 수 있다. 나와 함께 일하고 싶다는 상대에게 고마워하고, 가능한 한 힘을 보탤 수 있도록 나의 일정 관리를 철저하게 하는 태도는 어느 업계에서 일하든 도움이 될 것이다.

마음을 완전히 열지 않기

대부분의 시간을 회사에서 보내다 보면 자연스레 직장 동료들과 조금 더 사적인 고민까지 나누는 경우가 많다. 나도 회사에서 마음 맞는 동료들을 많이 만났고 지금도 다양한 주제로 대화를 나누지만 가족이나 친한 친구, 연인에게 하듯 마음을 완전히 열지는 않는다. 누군가에게는 당연한 일이겠지만, 나는 마음을 여는 것보다 거리를 두는 쪽을 더 힘들어하는 편이어서 초반에는 이것이 쉽지 않았다.

사람은 누구나 나약한 면을 한두 가지 가지고 있다. 고민을 들어주는 것을 좋아하다 보니 나에게 속내를 털어놓는 동료들이 많은데, 본의 아니게 상대방의 사적인 걱정과 고통을 알게 되면 괜히 신경이 쓰여 하나라도 더 챙겨주고 싶어진다. 부모님은 이런 내 성격을 너무 잘 알고 계셔서 내가 직장 생활을 시작할 무렵부터 신신당부를 하셨다. 직장에서는 사람을 너무 믿어서는 안 되고 너에 대해 너무 많은 정보를 오픈할 필요가 없으며, 상대방에게 기대를 하면 실망할 확률이 더 높다는 것이었다.

백번 조언을 듣는 것보다 한 번 경험하는 게 낫다는 옛말이 이런 것이었을까. 한번은 마음을 터놓고 지내던 동료가 특정 상사와 일하기 힘들어하기에 내가 동료를 대신해 몇 달 동안 그 상사의 업무를 전담한 적이 있었다. 그런데 개인적인 사정으로 더 이상 그 상사의 업무를 맡지 못하게 되어 동료가 다시 그분과 일해야 하는 상황이 되자 나에게 짜증을 내는 모습에 많이 당혹스러웠다. 부모님의 조언을 틈틈이 상기하고 있었기에 크게 마음이 상하진 않았지만, 이후로 그 동료와 멀어졌다.

직장은 저마다의 목적을 가지고 모인 사람들이 상황에 따라 어제는 아군이 되었다가 오늘은 적군이 되기도 하는 곳이다. 내가 아무리 진심이어도 상대는 아닐 수 있고 둘 다 진심이었어도 상황이 바뀌면 각자 본인의 이득에 따라 행동하는 것이 상식인 곳이기도 하다. 이것이 나쁘다고 할 수도 없다. 하지만 누가 옳고 그르고를 떠나 진심으로 대했던 사람은 상처를 받을 수밖에 없다. 직장 동료는 친구가 될 수 없다는 뜻이 아니라 직장의 특성상 다른 인간관계에 비해 사람들의 우선순위나 선택이 더 쉽게 바뀔 수 있다는 뜻이다. 자신이 이런 상황에 유달리 취약하거나 쉽게 상처받는 부류라면, 동료들과 너무 친해지지 않는 것도 좋은 방법이다.

적당한 거리를 유지하면서도 원만한 관계를 유지하는 방법 중 하나는 사적 영역을 세분화하는 것이다. 회사에서는 공적인 이야기만 해도 상관없지만, 동료들과 조금 더 친밀한 관계를 맺고 싶다면 오픈해도 괜찮은 개인적인 주제를 몇 개 정해두는 게 좋다. 예를 들어, 휴가를 어디로 갈 것인지는 얘기하되 휴가지를 정하는 과정에서 연인과 다투었다는 얘기는 할 필요가 없다. 최근에 건강검진을 받았다는 얘기는 하되, 업무에 차질이 생길 상황이 아니라면 나쁜 결과는 말하지 않는 것이 좋다.

직장 동료보다는 가족이나 친한 친구에게 고민을 털어놓는 방법도 추천한다. 온종일 얼굴에 근심이 가득하면 직장 동료가 무슨 고민이 있냐고 물어볼 수 있다. 그럴 때 입이 근질근질하더라도 나를 아껴주고 내 비밀을 지켜줄 사람에게 고민을 말해야 나중에 골치 아픈 일이 덜 생긴다는 사실을 기억하자.

나만의 탈출 계획 세우기

직장에서 일희일비하지 않으려면, 열심히 일하면서도 미래에 대한 막막함으로 불안에 떨지 않으려면 자기만의 탈출 계획을 세울 것을 추천한다. 나는 1년 차일 때부터 40~50대에는 변호사 일을 그만두고 상담심리대학원에 진학해서 자격증을 따고 심리상담소를 연다는 계획을 세웠다.

우리 세대는 앞으로 120세까지 살 것이라고 한다. 정년퇴직 기준이 얼마나 달라질지 모르겠지만 은퇴할 때까지 변호사로만 살고 싶지는 않다. 40~50대에 진로를 바꾸어도 적어도 15~25년은 변호사로 일했을 테니 그 정도면 한 분야에서 충분히 경험을 쌓은 것이다. 대학원을 다니느라 잠시 수입이 끊겨도 괜찮을 만큼 돈도 모아두었을 것이다. 만약 결혼해서 아이를 낳았다면 중고등학생 정도 된 자녀 입장에서는 엄마가 진로를 변경하기 위해 하고 싶은 공부에 도전하는 모습을 보면서 건강한 자극을 받을 수도 있다.

이렇게 나만의 탈출 계획을 세운 뒤로는 회사에서 받는 스트레스가 상당히 줄어들었다. '시지프스의 형벌'이 형벌인 이유는 그 활동에 끝이 없기 때문이다. 당장 빠른 시일 내에 추진하지 않더라도 어느 정도 구체적인 계획을 세우는 순간, 영원할 것만 같아서 때로는 형벌처럼 느껴졌던 직장 생활이 달리 보인다. 평생 점심을 같이 먹어야 할 것 같은 동료도 언제 헤어질지 모르는 소중한 인연이 되고, 지겹기만 한 출퇴근길에 평소에는 보지 못했던 풍경을 발견하기도 한다. 내가 이직을 할 줄 몰랐을 때는 여의도 환승센터 횡단보도를 건널 때마다 내가 탈 버스가 왔는지 확인하느라 급급했는데, 퇴사하던 날에는 매일 지나다니던 환승센터와 그 너머의 여의도 공원이 무척이나 아련하게 느껴졌다.

자신만의 계획을 세운 사람은 직장에 대한 마음가짐이 달라지고, 출근하는 아침이 더 이상 막막하지 않다. 오히려 내가 일할 수 있는 한정된 기간 동안 최대한 많이 경험하고 성장해 인생의 다음 단계에서 잘 활용해야겠다는 다짐을 할 수 있다.

그렇게 매일을 알차게 살다 보면 현재 직장에서 조금씩 발전하는 내 모습이 점점 마음에 들어 예정보다 더 오래 회사를 다닐지도 모른다. 결국 미래 계획을 세우는 일은, 퇴사 후가 아닌 오늘의 내가 더 행복하고 열정적인 하루하루를 살아가는 길이다.

도망치고 싶을 땐
기꺼이 도망치기

가끔 도망치고 싶을 때가 있다. 딱히 도망치고 싶은 장소가 있는 것도 아니고 무엇으로부터 도망치고 싶은 것인지도 명확하지 않다. 그래도 지금 당장 현실에서 벗어나 어딘가로 무작정 달려가고 싶은 마음만큼은 분명할 때가 있다. 이런 간절한 바람은 숨 쉴 틈도 없을 만큼 바쁜 시기가 한차례 지나가고 갑자기 할 일이 없어졌을 때 찾아온다.

지난달에는 업무량이 정말 많았다. 대개 로펌에서는 몇몇 변호사에게 일이 지나치게 몰리지 않도록 시니어 변호사 몇 분이 소속 변호사들의 업무량을 전반적으로 조절한다. 우리 회사에도 이런 역할을 담당하는 분이 있는데, 얼마 전 다른 분에게 들은 바로는 지난달 나의 업무량이 너무 많아서 나를 새로운 사건에 배당해달라는 요청이 들어오면 그분이 나 대신 상대적으로 업무량이 적은 다른 변호사를 추천하셨다고 한다. 그분 덕분에 중간중간 체력을 보충할 수 있어서 아무리 바빠도 번아웃은 피하고 있다.

어떤 사람들은 너무 바빠서 정신이 없을 때 어딘가로 도망치고 싶다고 느끼지만, 나는 그럴 땐 오히려 정신이 또렷해진다. 내가 맡은 일을 다 내팽개치고 잠수를 타면 나를 대신해서 뒷수습을 해야 하는 동료들에게 엄청난 민폐를 끼치는데다 책임감이 부족하다는 평판만큼은 피해야 한다는 것이 가장 현실적인 이유다. 그리고 정말 바쁘면 딴생각을 할 겨를이 없다. 이 일을 정해진 기간 내에 무사히 끝내야 다음 일을 차질 없이 진행할 수 있는데, 이런 스케줄을 정신없이 소화하다 보면 내가 쉴 새 없이 다음 스테이지를 깨야 하는 게임 속 캐릭터 같다는 생각이 들기도 한다. 이런 시기에는 밥을 먹고 잠을 잘 수만 있어도 감지덕지다. 어쩌면 도망치고 싶다는 생각도 최소한의 여유가 있어야 가능한 것인지도 모른다.

나는 왜 바쁜 시기는 잘 버티면서 조금이라도 여유가 생기면 도망치고 싶어 할까. 어쩌면 지금처럼 달콤한 휴식을 즐길 시간은 아주 잠시뿐이며, 이 순간이 지나면 금방 다시 바빠진다는 사실을 알고 있어서일 수도 있다. 회사는 절대 내가 오래 쉬도록 내버려두지 않는다. 내가 일을 하지 않아도 월급을 주어야 하니 회사 입장에서는 당연히 나를 최대한 활용하려고 한다. 이 당연한 사실을 체감하고 나서는 업무 사이에 약간의 여유라도 생기면 이 소중한 시간을 뭉그적거리면서 낭비할 바에 어디로든 떠나서 제대로 쉬어야겠다는 생각을 하게 되었다. 쉴 수 있을 때 푹 쉬지 못하면 다음 폭풍이 밀려올 때 버틸 수 없으니까.

전문가들이 추천하는 대로 제대로 휴식을 취하려면 몸은 물론이고 정신도 쉴 수 있도록 잡생각을 최대한 자제하고 마음을 온전히 비워야 하지만, 나는 할 일이 없으면 평소 바쁘다는 핑계로 미뤄두었던 고민과 걱정을 끌어와 머릿속을 가득 채운다. 한동안 잘 챙기지 못했던 A의 속상한 표정이 떠오르고, 예민하던 시기에 뾰족한 말로 상처를 준 B가 생각난다. 주변 사람들의 다툼을 어떻게 중재해야 할지도 고민한다.

그러다가 이 문제들이 모두 해결되면 문득 외로워진다. 가끔은 쉴 때도 이렇게 정신적으로 피곤할 바에는 차라리 일하는 게 낫겠다고도 생각한다. 적어도 계약서를 작성하고 이메일을 검토하는 시간만큼은 사적인 문제를 고민하지 않아도 되니까.

바쁘면 몸이 피곤하고 여유가 있으면 심적으로 고단한 내가, 그래도 업무와 일상에 큰 영향을 주지 않으면서 현실에서 잠시 벗어나는 몇 가지 방법이 있다.

첫 번째는 혼자 영화를 보러 가는 것이다. 평일 저녁에는 야근을 하는 편이라 금요일 저녁이 그나마 괜찮다. 아주 시급한 사건이 아니라면 금요일 저녁에는 업무 회신이 조금 늦어도 사람들이 대체로 이해해준다. 비교적 외진 곳에 있는 영화관에 가면 심야에는 나를 포함해 관객이 네다섯 명 정도인 경우도 많다. 심야 영화는 혼자 보러 오는 사람들도 제법 많아서 서로 적당히 거리를 둔 채 관람하면 이 넓은 극장 안에 나 혼자 있는 듯한 기분에 젖기도 한다. 꼭 대작을 볼 필요도 없다. 적당히 집중할 수 있는 영화라면 충분하다. 영화를 감상하는 두 시간 동안만큼은 나는 변호사도, 작가도, 딸도, 친구도 아닌 그저 한 명의 관객일 뿐이다. 온몸의 긴장을 풀고 편안한 좌석에 푹 파묻혀 영화에 집중하는 동안 나를 괴롭혔던 고민들은 어느새 안개처럼 사라진다.

보통 심야 영화는 자정이 넘어 끝나는 경우가 많다. 집으로 돌아가는 길은 적막하지만 작품의 여운을 되새기며 걷다 보면 고요한 새벽이 그리 외롭지 않다. 귀가하면 따뜻한 물로 샤워를 하고 바로 단잠에 빠진다. 이보다 완벽한 금요일 밤의 휴식이 또 있을까.

서점에 가는 것도 추천한다. 대형서점도 좋고 동네의 작은 서점도 좋다. 새로 나온 책도 구경하고 베스트셀러 매대도 살펴본다. 요즘은 어떤 유형의 책이 많이 나오는지, 어떤 책이 잘 팔리는지 보면서 다른 사람들은 어떤 고민을 주로 하는지 짐작해본다. 나와 비슷한 고민에는 공감하고 나와 다른 관심사에는 호기심을 가져본다.

마음에 드는 책을 발견하면 그 자리에 서서 몇 장을 읽어본다. 내용이 궁금해지면 책을 사고, 내 취향에 맞지 않으면 다른 책을 넘겨본다. 이곳에서도 아무도 나에게 관심을 두지 않는다. 저마다 관심 있는 책을 구경하느라 옆 사람에게는 별 신경을 쓰지 않는다. 그 건조함이, 익명성이 좋다. 서점 가득 풍기는 종이 냄새도 좋고, 곳곳에서 들려오는 책장 넘기는 소리도 좋다. 중고 서점에 가면 중고책 특유의 냄새가 나는데, 그 냄새도 묘하게 매력적이다. 특히 개인적인 고민으로 도망치고 싶어질 때면 요란한 책 광고가 없는 조용한 동네 서점으로 향한다. 책을 사든 안 사든 상관없다. 지금 내 목표는 어지러운 마음을 안정시키는 것이니까.

어딘가로 가는 것조차 귀찮은 날에는 평소와 다른 길로 강아지와 산책을 나선다. 같은 동네여도 골목마다 분위기가 제각각이어서 다른 기분을 낼 수 있다. 주말에는 늦잠을 자고 싶어 일부러 알람을 맞추지 않는데도 출근 시간이 되면 눈이 떠진다. 그럴 때 강아지를 데리고 산책을 나서면 온 동네가 조용하다. 실제로 심리학에서는 해결되지 않는 고민이 있으면 붙들고 있지 말고 일찍 잠을 자거나 가벼운 운동을 하는 것을 추천한다. 주말에 공원으로 향하면 이른 아침부터 조깅을 하는 사람들을 만날 수 있다. 부지런한 사람들과 적당한 거리를 둔 채 상쾌한 아침

공기를 맡으며 걷다 보면 고갈됐던 에너지가 서서히 차오르면서 또 한 주를 살아갈 힘을 얻는다.

혼자서 영화관, 서점, 동네 공원 정도를 방문하는 게 무슨 도망이냐고 말할 사람들도 있겠지만 해외여행을 가거나 몇 시간씩 운전해서 바다를 보러 갈 힘은 없는 나에게는 이런 소소한 이동이 전부 해방이다.

도망쳐도 괜찮다. 도망치고 싶을 만큼 열심히 살았고, 그래서 지쳤다는 뜻이니까. 요즘은 단 한 번도 도망치고 싶다고 생각해보지 않은 사람을 찾기가 더 어렵지 않을까. 상황상 멀리, 오래 도망칠 수 없다면 나처럼 가까운 곳으로, 잠시라도 도망치면 된다. 이렇게라도 쉬지 않으면 영영 회복할 수 없는 상태가 될지도 모른다. 그러니 우리, 힘들 땐 기꺼이 도망가자. 내일을 위해서, 더 잘 살기 위해서.

그럼에도 불구하고,
내가 살아가는 이유

첫 책을 출간하던 2019년만 해도 왜 시간을 소중히 여겨야 하는지 잘 이해하지 못했다. 나에게 주어진 시간이 한정되어 있고 언제 죽을지 모른다면 이렇게 고통스럽게 또는 무의미하게 계속 살 필요가 있을까? 어차피 언젠가 죽을 것이고 죽으면 돈도, 명예도, 사랑도 다 필요 없는데 굳이 열심히 살 필요가 있을까?

인간은 모두 각자만의 굴곡진 인생을 살다가 생을 마감한다. 그런데 왜 어떤 사람들은 아무리 큰 불행이 닥쳐도 꿋꿋하게 이겨내며 앞으로 나아가고, 어떤 사람들은 작은 실패에도 한없이 무너져 다시 일어서지 못하는 걸까? 이 질문에 대한 힌트를 한 권의 책에서 찾을 수 있었다.

《물고기는 존재하지 않는다》의 저자 룰루 밀러는 "그럼에도 불구하고 살아가야 할 이유"를 오랜 시간 찾아 헤맸다. 과학자였던 저자의 아버지는 우주의 관점에서 보면 인간은 혼돈일

뿐이기 때문에 본인도, 저자도 "중요하지 않다"라고 늘 이야기했다. 이 말만 들으면 저자의 아버지가 허무주의에 빠져 현실에 안주하며 대충 살지 않았을까 짐작할 수 있지만, 오히려 그 반대다. 저자의 아버지는 인간으로서 자기 자신은 그리 중요한 존재가 아니고 인생에는 정해진 의미도 목적도 없으니 오히려 작은 것에 감사하고 기뻐하며 본인이 행복할 수 있는 삶을 꾸려나간다. 하지만 드넓은 바다를 보다가 갑자기 수영을 하고 싶다는 생각이 들면 망설임 없이 바다에 몸을 던지는 아버지와 달리, 룰루밀러는 상당히 방황했던 것으로 보인다. 그는 자기 자신이 중요하지 않다는 아버지의 가치관에 큰 충격을 받았고 힘든 일을 겪을 때마다 자신도, 자신의 인생도 중요하지 않은데 더 살아야 할 이유가 무엇인지 찾지 못해 방황한다.

그러던 어느 날, 저자는 우연히 생물학자 데이비드 스타 조던의 일화를 듣게 된다. 우주라는 거대한 혼돈 속에서 질서를 찾는 일을 중요하게 생각했던 조던은 수십 년간 전 세계를 돌아다니며 새로운 물고기 종을 찾아 직접 이름을 지어주고 유리병에 물고기를 보관하는 작업을 반복한다. 어느 날 대규모 지진이 일어나 물고기를 보관하던 유리병이 모두 깨지고 조던이 평생 이룬 '질서'는 한순간에 '혼돈'에 빠진다. 그 누구도 쉽게 회복할 수 없을 것 같은 불행에도 조던은 바다에 널브러진 물고기들을 바라보다가 이름을 기억하는 한 마리를 집어 든다. 그는 유리병에 붙어 있던 이름표를 떼어 물고기 비늘에 바느질을 함으로써 혼돈의 상황에 절망하지 않고 질서를 되찾기 위한 자신만의 노력을 기울인다.

룰루 밀러는 조던이야말로 자신이 궁극적으로 깨닫고 싶었던 삶의 비밀인 "그럼에도 불구하고 나아가야 하는 이유"를 아는 사람이라 확신하고, 그 후로 여러 해에 걸쳐 조던의 삶을 추적한다. 마침내 그는 조던의 가치관과 그로 인한 선택들을 하나둘 알아가고 이에 대한 자신만의 생각을 정리하면서 본인의 가치관도 더 잘 알게 된다. 그는 마침내 자신만의 '그럼에도 불구하고 살아야 할 이유'를 완성한다.

대부분의 사람들이 그렇듯, 저자 역시 이전까지는 세상을 확고한 틀 안에서 해석하고 정해진 시각으로만 바라보았다. 인생에는 정해진 목적과 행복이 있다고 믿어야 혼돈 그 자체인 삶의 여정에서 스스로를 잃지 않고 살아갈 수 있다고 무의식 중에 생각해왔을지도 모른다. 하지만 세상에 이미 정해진 질서가 있다고 생각하면 내가 그 질서와 상충하는 성향을 가지고 있거나 그에 반하는 행동을 했을 때 인생을 잘못 살고 있다고 착각할 수 있다. 이 착각이 심해지면 의심, 불안, 우울이 찾아온다. 저자는 사람이든 사물이든 현상이든, 정해진 시각이 아닌 늘 새로운 관점으로 바라보려고 노력하면 뜻하지 않았던 대상이 삶의 의미가 될 수도 있고 절망 또는 무기력을 이겨낼 활력을 얻을 수도 있다고 말한다. 그래서 여전히 가끔은 죽고 싶다는 생각을 하다가도 옆에서 곤히 자고 있는 사랑하는 이에게 입을 맞추고, 젊은 날 저자의 아버지가 그랬듯 유난히 바다가 예뻐 보이는 날에는 주저하지 않고 바다로 뛰어든다. 앞으로 자신의 삶이 어떤 방향으로 흘러갈지 모르지만 저자는 일단 계속 살아보기로 한다. 매일 보던 노을이, 매일 잡던 손이, 매일 하던 일이 오늘은 또 어떤 특별한 의미로 다가올지 모르니까.

이 책을 읽으면서 나만의 '그럼에도 불구하고 다시 일어나는 이유'가 무엇인지 생각해보았다. 인생에는 정답이 없고 무엇이든 어느 날 갑자기 나에게 특별한 존재가 될 수 있는 만큼 나에게 주어진 시간이 다할 때까지 계속 살아보자는 작가의 가치관에 동의하지만, 내가 계속 앞으로 나아가는 이유와 딱 들어맞지는 않는다.

종교가 없는 나로서는 죽으면 모든 것이 끝난다고 생각한다. 첫 책을 쓸 당시에도 같은 생각이었는데, 그때는 딱히 살면서 더 해보고 싶은 일이 없었기에 나에게 주어진 시간이 아깝다고 생각하지 않았다.

하지만 지난 5년간 내가 살고 싶은 곳에서 살아보고, 일하고 싶은 곳에서 일해보고, 만나고 싶은 사람을 만나다 보니 도전해보고 싶은 일, 함께 시간을 보내고 싶은 사람들이 점점 많아지면서 자연스레 오래 건강하게 살면 좋겠다고 생각하게 되었다. 죽을 때는 사랑하는 사람도, 평생 모은 재산도, 열심히 쌓은 명예도 다 두고 가야 하니 살아생전 열심히 노력하는 게 무슨 의미인가 싶을 수 있지만, 살아 있는 동안만이라도 사랑하는 사람들과 따뜻한 집에서 맛있는 음식을 나누어 먹고 죽으면 다시는 경험해보지 못할 일들에 도전하고 싶다. 행복하고 슬프고 짜릿하고 아팠던 시간들을 추억하며 마지막 날까지 알차게 잘 살아보고 싶다. 아끼는 사람의 얼굴을 찬찬히 살펴보고 싶고, 더 많이 배우고 깨닫고 성장하고 경험하고 베풀고 표현하고 싶다. 내가 매일 하는 선택과 매일 느끼는 감정들이 결국 나라는 사람을 완성하는 것이 아닐까? 나에게 주어진 유한한 시간 동안 그 누구도 아닌 자기 자신으로 살아갈 수밖에 없다면, 어차피 언젠가 끝날 삶이라면, 내가 원하는 대로 살다가 죽는 게 여러모로 이득이지 않을까?

2023년은 업무상으로도, 개인적으로도 참 우여곡절이 많았다. 친구에게 2023년이 나에게는 최악의 해인 것 같다고 말한 적도 있지만, 그렇다고 해서 작년이 내 인생에서 아예 삭제되길 바라진 않는다. 좋은 시간이든 나쁜 시간이든 모두 귀한 내 삶의 일부이고 그 시간들이 모여 지금의 내가 존재하니까. 힘들었던 일에서도 배우는 점이 있었고 아픈 시간이 있었기에 행복한 순간에 더 감사할 수 있었다.

2024년은 과연 어떤 해로 기억될까? 오늘 당장 무슨 일이 생길지 알 수 없지만, 내 인생은 내가 만들어간다는 사실이 다행스럽다. 그러니 더더욱 후회 없이 살고 싶다. 언제 무슨 일이 생겨서 내 인생이 어떻게 달라지더라도 최선을 다했으니 됐어, 그 어떤 새로운 환경에서도 나는 잘해낼 수 있을 거야 하는 태도로 말이다.

해야 하는 일이 있어
버틸 수 있었다

사람마다 스트레스를 받으면 나타나는 신체 증상이 다를 것이다. 나는 극심한 스트레스에 시달리면 우선 밥을 제대로 먹지 못한다. 배가 고프다는 생각이 들지 않을뿐더러 억지로 먹으려고 하면 한 입을 삼키는 데도 한참이 걸린다. 밥을 못 먹으면 잠이라도 잘 자야 하는데, 원래 있던 수면 장애가 더 심해진다. 평소에도 두세 번은 깨는 편인데 스트레스를 받으면 심할 경우 열 번 넘게 깬다. 잠을 자는 게 아니라 잠깐 졸다가 깨는 수준이라 해도 무방할 정도다. 밥도 못 먹고 잠도 못 자는데 눈물은 어찌나 흐르는지, 남은 기력은 우느라 다 소진한다.

그런데 내가 아무리 개인적인 일로 힘든 시간을 보내도 회사는 내 사정을 봐주지 않는다. 그래서 일부러 직장 동료들에게 내가 스트레스를 받고 있다는 사실을 말하지 않는다. 설령 겉으로 티가 나도 내가 해야 하는 일을 안 할 수는 없으니까.

재작년, 림프종 소견을 받고 조직검사 결과를 기다리던 2주

218

동안에도 쉬지 않고 일을 했다. 당시 다녔던 회사에는 저연차 변호사가 부족해 내가 대부분의 업무를 맡고 있었기 때문에 아무리 상사들이 쉬라고 말해주어도 마음 놓고 쉴 수가 없었다. 조직 검사 후 한쪽 눈에 붕대를 감고 귀가한 날에도 고객의 전화를 받았고 고연차 변호사들이 찾지 못하는 최신 버전의 계약서를 찾아 발송했다. 다음 날도 당연히 정상 출근을 했다.

솔직히 조직검사 결과가 나오기 전까지는 매일이 지옥 같았다. 울면 눈이 더 나빠질 수도 있지만, 그래도 눈물이 쉴 새 없이 흘러내렸다. 이런 때일수록 밥을 잘 먹어야 했지만 따뜻한 밥을 먹어도 딱딱한 돌을 씹는 것 같았다. 고된 하루를 보낸 만큼 잠이라도 제대로 잘 수 있었다면 얼마나 좋았을까. 걱정이 꼬리에 꼬리를 물어 잠드는 데만 몇 시간이 걸렸다.

당시에는 너무 힘들어서인지 내가 할 일이 없었으면 좋겠다고 생각했는데, 지금 돌이켜보니 그래도 해야 했던 일들이 나를 그 지옥 같던 시간으로부터 버틸 수 있게 해주었다는 생각이 든다. 매일 계약서를 수정하고 고객과 회의를 하고 고객사 자료를 검토하다 보면, 나를 힘들게 하는 상황을 잠시라도 잊을 수 있었다. 물론 일을 하다가도 갑작스레 눈물이 쏟아져 책상 밑이나 화장실에서 운 적이 많았지만, 결국 업무를 마무리하기 위해 눈물을 닦고 마음을 가다듬었다.

밤에도, 새벽에도, 주말에도 일을 해야 했기 때문에 매일 김밥 한 줄 정도는 먹으려고 노력했고 한두 시간이라도 자려고 애를 썼다. 너무 힘들었지만 아마 할 일조차 없었다면 스트레스에 잠식당해 생활 패턴이 완전히 망가졌을지도 모른다.

　어린 딸을 키우는 친한 선배는 육아로 회사에서 받는 스트레스를 이겨낸다고 하셨다. 선배는 최근 몇 달간 큰 프로젝트를 수행하는 메인 변호사로 일했는데, 프로젝트 규모가 워낙 크다 보니 고객이 시도 때도 없이 여러 업무를 동시다발적으로 처리해달라고 요청하는 경우가 부지기수였다. 선배는 이 프로젝트 하나에만 몰두할 수 있는 상황이 아니었기 때문에 다른 프로젝트와 이 업무를 병행하기 위해 하루를 초 단위로 쪼개서 일해야 했다. 그런데 예상보다 프로젝트가 장기화되면서 점점 지쳐갔고 이렇게 일하다간 언제 병원에 실려 가도 이상하지 않을 것 같은 느낌이 들었단다. 옆에서 지켜보는 내 눈에도 선배는 이미 번아웃이 온 것 같았다. 선배가 프로젝트를 끌고 가는 건지 프로젝트가 선배를 끌고 가는 건지 구분이 안 될 정도로 선배는 일과 하나가 되어 있었다.

　시간이 흐르고, 프로젝트는 다행히 성공적으로 마무리되었다. 선배와 오랜만에 여유로운 점심을 먹던 날, 그 긴 시간을 어떻게 버텼냐고 물었다. 선배는 잠시 생각하더니 어린 딸을 키우는 덕분에 중심을 지킬 수 있었다고 했다. 매일 처리해야 하는 업무가 너무 많아서 눈앞이 막막하다가도 퇴근 후 아이를 보살펴야 하니 일부러 점심을 든든하게 챙겨 먹고 집중력과 업무 효율성을 최대한 끌어올렸다고 했다. 아무리 바빠도 아이를 먹이고 씻기고 재우는 시간만큼은 반드시 확보하려고 노력했단다. 선배가 미친 듯 바쁘던 시기에는 남편이 육아를 전담하기도 했지만, 선배 역시 육아에 집중할 때면 잠시나마 업무 스트레스에서 해방될 수 있었다고 했다.

나도, 선배도 매일 해내야 하는 수많은 업무와 육아 덕분에 힘든 시기를 버텼고, 숨 막히는 프로젝트를 무사히 완수할 수 있었다. 어쩌면 사람은 일상의 한 부분에서 받는 스트레스를 다른 부분으로 이겨내는 것이 아닐까. 그래서 고시생, 취업 준비생, 전업주부처럼 단순한 일상을 보낼 확률이 높은 사람일수록 늘 하는 일 외에 전혀 다른 성격을 가지면서도 어느 정도 강제성을 띠는 일을 규칙적으로 하는 것이 중요할 수 있겠다는 생각이 든다.

우울증이 있거나 외로움을 많이 타는 사람은 반려식물이나 반려동물을 기르는 것이 신체적으로든 정신적으로든 굉장히 많은 도움이 된다고 한다. 아무것도 하고 싶지 않을 만큼 지친 날에도 화분에 물을 주거나 가지를 정리하고, 사료를 챙겨주고 산책을 시키면서 규칙적인 생활을 할 수 있기 때문이다.

실제로 많은 작가들은 몸서리 칠 정도로 마감을 싫어하면서도, 마감이 있기 때문에 의욕이 없는 날에도 일단 책상 앞에 앉아서 뭐가 됐든 쓴다고 한다. 평소에는 이러한 일상이 상당히 귀찮을 수 있으나, 매일 해야 하는 그 일이 결국 나를 살게 한다는 것을 절감하게 된다. 그래서 앞으로도 나의 작고 소중한 일상을 더욱 소중하게 가꿀 생각이다. 퇴사하고 싶을 때도 기지개를 켜며 침대에서 일어나고, 널부러지고 싶어도 운동을 하고, 나만의 동굴 속으로 숨고 싶어도 가족, 친구들과 얼굴을 마주하고 수다를 떠는 시간이 엄청난 스트레스와 고통을 이겨내게 하는 무기라는 사실을, 이제는 안다.

심리상담을 고민하는
당신에게

재작년에 불안증으로 한동안 심리상담을 받은 지인이 있다. 지인은 대학원 입학 준비를 하면서 호흡 곤란과 불면증이 생겼다고 한다. 처음에는 누구에게나 생길 수 있는 가벼운 증세라고 생각했는데 날이 갈수록 심해지더니 급기야 실신까지 하게 되자 심리상담사를 찾았다.

대략 두 달 정도 상담을 받았을까. 지인은 상담을 통해 본인이 불안한 진짜 원인을 파악했다고 했다. 원래는 학부 졸업 이후 곧바로 대학원에 들어가고 싶었는데 진학에 실패하면서 몇 년간 작은 회사에서 일을 했다. 관심 있는 분야도 아니었고 여전히 대학원에 가고 싶은 꿈이 있다 보니 회사 생활이 만족스럽지 않았다. 그는 매년 대학원 입학을 준비하지만 아직 준비가 덜 된 것 같아 포기하기를 반복했고, 특히 원하던 대학원에서 불합격 통보를 받은 이후로 하루도 마음 편한 날이 없었다고 했다. 언젠간 반드시 합격하고 싶어서 일을 하면서도 틈틈이 입학 준비를 했지만, 완벽하게 준비되지 않은 상태로 재지원을 하면 또 떨어질까 봐 차일피일 지원을 미루고 있었다고 했다.

그는 상담을 받으면서 불합격이나 실패에 대한 극심한 두려움이 어린 시절부터 내재되어 있었다는 것을 알게 되었다. 어릴 적 지인의 부모님은 그가 시험을 치거나 대회에 나가거나 입시를 준비할 때마다 '완벽'하게 준비했는지를 재차 물으셨다. 부모님이 생각하시는 완벽이 어느 정도 수준인지 알 수가 없으니 매번 "아직 완벽하게 하지는 못했는데 더 준비하겠다"고 대답했다. 그래도 준비를 철저히 하는 습관 덕분에 늘 우수한 성적을 받았고 좋은 대학에도 갔지만, 처음으로 대학원 불합격 통보를 받자 큰 충격에 사로잡힌 것이다. 지인의 부모님은 이미 충격에 빠진 그에게 "그러니 완벽하게 준비하기도 전에 서류부터 내면 어떡하니"라고 핀잔을 주셨다고 한다.

지인은 어린 시절 부모님의 철저한 가르침이 본인을 늘 부족한 사람, 준비가 덜 된 사람으로 느껴지게 만든 것 같다고 했다. 그에게 '적당히'는 '부족한'의 동의어였고, 부족한 상태로 지원을 하면 부모님 말씀처럼 또 실패할 것이 분명해 보였다.

"그런데 상담을 받으면서 불안의 원인을 파악했으면 상담으로 문제를 해결할 수도 있지 않아요? 왜 그만두었어요?"

그러자 지인은 이제 원인을 알게 돼서 마음이 편해졌다며, 상담을 더 받지 않아도 될 것 같다고 했다. 나는 원인을 파악하는 것만으로도 대단한 발전이지만, 불안을 해결할 수 있는 구체적인 방법은 아직 찾지 못한 것 같으니 상담을 조금 더 받아보는 게 좋지 않을까 넌지시 권했다. 하지만 이미 마음이 홀가분해진 지인에게 내 걱정이 가닿지는 않았던 것 같다.

그날의 만남 이후 1년이 흘렀다. 오랜만에 지인에게 연락을 했더니, 그는 상담을 다시 받기 시작했다고 했다. 그동안 무슨 일이 있었냐는 질문에 지인은 불안을 해결하는 법을 찾지 못하고 상담을 그만두니 이전과 달라진 것이 없다고 했다. 오히려 과호흡이 왔고 며칠간 잠을 못 잘 때면 불안의 원인을 제공한 부모님을 원망하는 마음만 깊어졌다고 했다.

사실 1년 전, 상담을 그만둔다는 지인을 보고 내가 우려했던 부분이 바로 이것이었다.

많은 내담자들이 상담을 시작한 지 몇 달 만에 본인이 가진 문제의 원인이 무엇인지 나름대로 답을 찾는다. 어린 시절의 트라우마, 부모님과의 애착 관계, 학창 시절 따돌림, 사람들 앞에서 창피를 당했던 일……. 물론 내가 느끼는 불안과 우울의 원인을 파악하는 것만으로도 해방감과 안정감을 느낄 수 있다. 내가 힘든 이유를 모를 때는 사방이 암흑 같지만, 원인이 파악되면 암흑 사이로 한 줄기 빛이 보이는 것 같으니까.

이때 많은 내담자들이 일시적 안도감을 문제가 해결된 것으로 착각해 순조롭게 진행하던 상담을 종료한다. 상담료도 부담스럽고 매번 시간을 내기도 번거로웠는데, 드디어 원인을 찾았으니 이제 스스로 문제를 해결할 수 있겠다고 판단하는 것이다. 아마 내담자들의 의식의 흐름에 익숙해진 상담사들은 한두 번 정도는 추가 상담을 권할 텐데, 결국 상담을 주도적으로 이끌어 가는 건 내담자의 몫이기 때문에 내담자가 상담을 종료하겠다고 하면 상담사로서는 딱히 방법이 없다.

물론 상담을 종료해도 괜찮을 수 있다. 내가 불안하거나 우울한 이유를 알았으니 신체 증상이 나타나거나 무기력해져도 두렵지 않다고 생각할지도 모른다. 하지만 시간이 조금 지나면 원인 파악은 문제 해결의 시작에 불과하다는 점을 깨닫는다. 대다수 원인은 이미 과거의 일이다. 돌이킬 수도, 바꿀 수도 없다. 그래서 원인을 안다고 불안감이나 우울함이 사라지지 않으며, 이 감정들을 스스로 통제할 수 있는 것도 아니다. 다행히 시간이 지났어도 다시 상담을 받으면 예후가 더 좋을 가능성이 높지만, 반대로 특정 원인에 집중하며 원인 제공자에 대한 원망을 키운다면 상태가 더 악화될 수도 있다.

지인은 요즘도 상담을 받는다. 여전히 불안하고 완벽에 집착하는 경향이 있지만 불안을 제대로 인지하고 잠재우는 법을 배워가는 중이다. 대학원 진학처럼 중요한 일이 아니더라도, 일상에서 일단 시도하는 연습도 하고 있다. 도전의 결과에 만족할 때도 실망할 때도 있지만, 어떤 결과가 나오든 걱정했던 것만큼 안 좋은 일이 일어나지 않는다는 사실을 조금씩 체득하고 있다. 늘 스스로에게 지나치게 엄격했던 지인이 점점 자신에게 너그러워지고 본인을 더 좋아하게 되는 과정을 곁에서 응원할 수 있어 감사하다.

심리상담이든 독학이든, 어떤 문제도 원인만 파악하고 멈추면 해결되지 않는다. 마음의 병은 치유하기까지 상당한 시간이 걸릴 수 있으니, 너무 조급하게 생각하지 말자. 마음 건강을 잘 챙기는 것이 올해의 목표라면, 원인 파악부터 문제 해결까지 필요한 단계를 차근차근 밟길 바란다.

커피, 마라탕, 탕후루가 없어도 괜찮은 하루

나는 대학교 1학년 때 '섭스턴스 프리substance free'라는 기숙사에서 살았다. 이러한 기숙사에는 술을 포함한 약물 반입이 금지되어 있다. 한동안 같은 기숙사 친구들이나 한국 학생들하고만 어울리다가 수업 때 만나면서 친해진 친구를 따라 그의 기숙사에 놀러간 적이 있다. 그때 난생처음 맡는 냄새에 깜짝 놀라, 곧바로 코를 막았던 기억이 있다.

내가 당황해하자 친구는 대마초 냄새라고 했다. 제법 많은 학생들이 몰래 숨어서 대마초를 피우는데 그 냄새가 기숙사 전체에 퍼져서 골치가 아프다고 했다. 그때만 해도 마약에 대해 아는 바가 거의 없었다. 오리엔테이션 때 왜 마약을 하면 안 되는지 교육을 받았지만 별로 와닿지 않았는데, 생각보다 많은 학생들이 대마초를 비롯한 여러 마약을 교내에서 공유하고 있었다. 종종 규모가 큰 술자리에 가면 처음 보는 학생이 대마초를 권하기도 했다. 특정 그룹에 소속되고 싶어 하는 학생들 중에는 이런 자리에서 마약을 처음 접하는 경우도 있었다.

　하루는 다른 기숙사 로비에 앉아 친구를 기다리던 중, 내 근처에 모여 앉은 서너 명이 마약을 하면 어떤 기분인지 대화하는 것을 우연히 듣게 되었다. 그중 한 명은 여러 종류의 마약을 복용해본 것 같았고 다른 학생들은 그 학생의 경험담에 귀 기울이고 있는 듯했다. 그 학생은 마약도 종류에 따라 신경안정제를 복용한 것처럼 마음이 평온해지는 것이 있고 한 번도 경험해보지 못한 쾌락을 느끼게 해주는 약도 있다고 설명했다. 다른 학생들이 정확히 어느 정도의 쾌락인지 궁금해하자 그 학생은 의기양양한 표정을 지으며, 일단 그 약을 복용하면 일상에서 느낄 수 있는 모든 쾌락은 다 시시해진다고 말했다.

　우리나라에서도 마약 관련 사건사고가 폭발적으로 증가하고 있다. 과거에는 범죄자나 조직폭력배 같은 특정 집단 내에서만 마약을 복용했고 어쩌다 유명 연예인이나 재벌가의 2세, 3세가 적발되면 큰 파장이 일었는데, 지금은 10대들도 텔레그램을 통해 쉽게 구할 수 있을 정도가 되었다. 심지어 누구나 훤히 들여다볼 수 있는 술집이나 클럽에서 아무렇지 않게 복용을 하거나, 복용할 마음이 전혀 없는 사람들을 속여 공범으로 만들기까지 한다.

마약 사범 대다수는 단순 호기심으로 마약을 시작한다는데, 이러한 호기심 뒤에는 더 강한 자극을 향한 갈망이 자리 잡고 있는 것 같다. 한국은 이미 오래전부터 초자극을 추구하는 초각성 사회니까. 커피를 '수혈'한다는 말이 있을 정도로 카페인에 의존하는 사람들이 많고, 식을 줄 모르는 마라탕의 인기 때문에 각종 프랜차이즈 음식점들은 마라맛 신메뉴를 출시하고 있다. 지난해 초부터 돌풍을 일으킨 탕후루는 어떤가. 지금도 가게마다 대기 줄이 길게 이어져 있다.

나는 커피를 마시지 않는다. 고등학생 때 친구가 마시는 에너지 드링크를 반 캔 정도 나눠 마신 적이 있는데, 사흘간 한숨도 자지 못했다. 몸은 피곤해서 축 처지는데 정신이 각성되어 편히 쉬지 못했던 느낌이 기분 나쁜 기억으로 남아 있다. 그 후로는 에너지 드링크는 물론 커피도 멀리한다. 반면에 내 주변에는 하루에 커피 두 잔은 기본이고 유독 잠이 깨지 않는 날에는 네다섯 잔씩 마시는 사람들이 많다. 이들은 커피를 마시지 않으면 아침에 눈을 뜨는 것도 힘들고 업무에 전혀 집중할 수 없다고 한다.

내가 커피를 마시지 않는다고 하면 대다수는 깜짝 놀란다. 로펌에서 커피를 마시지 않고 일을 할 수 있는지, 커피 없이 변호사 시험을 포함한 각종 공부를 어떻게 했는지 믿기지 않는다는 표정으로 비결을 묻기도 한다. 불면증 때문에 커피를 멀리한다고 생각하는 사람들도 있다. 이들은 커피도 마시다 보면 익숙해져서 괜찮다며 한번 마셔보라고 권하기도 한다. 하루에 커피 한잔 정도는 오히려 건강에 좋다는 말도 덧붙인다.

물론 불면증이 있어서 커피를 선호하지 않는 것도 사실이지만, 그보다는 커피에 의존하고 싶지가 않다. 하루에 커피를 한잔만 마시던 사람들이 카페인에 점점 익숙해지면서 이제는 커피 양을 늘려야 이전과 같은 효과를 느낄 수 있다고 말하는 경우를 주변에서 많이 보았다. 그렇게 몇 년씩 커피를 '들이붓다가' 건강상의 이유로 카페인을 줄여야 하는 상황이 되었을 때, 어떻게든 줄이려고 노력하지만 당장 하루도 버티기 힘들어 스트레스를 받는 모습도 자주 보았다. 엄청난 의지로 커피를 끊는 사람들도 있지만, 나중에 그렇게까지 고생하면서 생활 습관을 교정할 바에는 처음부터 입에 대지 않는 게 낫다고 생각한다. 대신 수면 시간을 최대한 확보하고 일과 중 너무 졸리면 작은 초콜릿을 먹거나 탄산수를 마시거나 가볍게 산책을 하거나 10분 정도 엎드려서 쪽잠을 잔다.

달거나 매운 음식도 중독성이 강하다. 우리는 스트레스를 해소하기 위해 자극적인 음식을 자주 먹는다. 매운 음식을 먹으면 몸에서 뜨거운 온도를 감지하는 TRPV1 수용체가 활성화되는데, 뇌는 이것을 몸에 상처가 생긴 것으로 판단해 고통을 줄이고 쾌감을 느끼게 하는 엔도르핀을 분비한다. 스트레스를 받으면 코르티솔이 분비되는데, 이 호르몬은 식욕을 돋게 하고 단 음식을 찾게 만든다. 이때 단 음식을 섭취하면 뇌의 쾌락 중추가 자극을 받아 기분을 좋게 만드는 세로토닌이 분비되면서 스트레스가 해소된다. 그러니까, 맵거나 단 음식을 먹으면서 쾌감을 느끼는 것은 일시적인 현상이지만 중독성이 있기 때문에 자칫 스트레스를 받을 때마다 이 음식들을 찾게 될 수도 있다.

나도 학창 시절에는 스트레스를 받으면 엽기떡볶이나 불닭볶음면을 먹은 다음 초콜릿 케이크로 얼얼해진 입 안을 식히며 단짠을 오가곤 했다. 하지만 이러한 식습관 때문에 오랜 시간 위경련과 소화 장애로 고생했고, 최근에야 더 건강하게 스트레스를 푸는 법에 관심을 갖기 시작했다. 현대인에게 위염이나 위궤양은 흔한 질병이 되었고 탕후루 열풍은 초등학생들까지 비만, 고혈압, 당뇨, 성인병에 걸릴 확률을 높인다고 한다.

우리 몸은 자극을 받을수록 더 큰 자극을 찾는다. 그러니 올해부터는 카페인, 각성제, 맵고 단 음식으로 건강을 망치는 대신 좀 더 건강한 방법으로 스트레스를 푸는 건 어떨까.

나는 10년이 지난 지금까지도 고등학생 시절 배구부로 활동했던 기억, 강원도민체전에 참가했던 시간들을 생생하게 기억한다. 처음에는 운동 동아리 하나 정도는 가입해야 한다는 단순한 생각으로 배구부에 들어갔는데, 3년 내내 강원도민체전에 참

가해 선후배들과 잊지 못할 경기를 여러 번 치렀다. 연습하느라 수없이 굶었던 기억, 멍이 사라질 틈이 없었던 팔다리, 배구 연습을 하느라 성적이 떨어질까 봐 걱정하던 팀원들을 다독였던 시간들이 휘슬 소리가 들리는 순간 까맣게 잊고, 그 작은 코트 안에서 온 정신을 집중하는 동안 모든 스트레스가 저절로 사라졌다. 점수 차가 벌어지면 할 수 있다고, 끝까지 포기하지 말자고 목청이 터져라 응원했고 바닥에 긁혀 피가 나는 것도 모른 채 몸을 던져 떨어지는 공을 잡아냈다. 끈질긴 접점 끝에 경기가 종료되면 승패와 상관없이 서로 부둥켜안고 울었다. 그때 느꼈던 심장이 터질 듯한 흥분감과 극강의 집중력, 이겼을 때의 안도감과 쾌감, 졌을 때의 아쉬움과 다음 경기를 기다리면서 느낀 승부욕 덕에 나는 운동이 얼마나 큰 활력을 주고 스트레스를 해소시켜주는지 알게 되었다.

건강을 해치고 인생을 망치지 않으면서도 오늘을 살아갈 힘이 되어주고 스트레스를 풀어주는 일들은 생각보다 많다. 일상 속 평범한 행복의 효과를 체감하려면 당연히 그러한 행복을 느낄 수 있는 경험을 많이 해보아야 한다. 하루의 대부분을 공부나 업무에 쏟아야 하는 사회에서는 하고 싶은 일 대신 해야 하는 일을 하느라 개인으로서 온전한 만족감을 느끼기 힘든 만큼, 더 강렬한 물질의 유혹에 취약해질 수밖에 없다.

사회 구성원들이 공부나 업무 외에도 다양한 활동을 경험할 수 있도록 사회가 여건을 조성해줄 의무도 있지만, 스스로도 다채로운 경험을 통해 더 많은 감정을 느껴보려고 노력해야 한다. 공부나 일을 통해 성취감을 느끼든 스포츠 활동을 통해 도파민이 폭발하는 기분을 체감하든, 본인이 직접 해보아야 그 쾌감을 온전히 만끽할 수 있다. 누가 시켜서 하는 일은 아무리 즐거워도 내가 원해서 했을 때만큼의 행복을 안겨주지 못한다. 그러니 우리, 가벼운 호기심으로 충분히 경험해볼 수 있는 일상 속 다양한 행복을 많이 만들어보자. 건강하면서도 짜릿한 행복과 만족감을 수시로 느낄 수 있다면 우리의 건강을 악화시키는 강렬한 자극으로부터 멀어질 수 있지 않을까.

글을 쓰지 않을
이유가 없다

　한때, 살기 위해 무작정 글을 썼다. 사실 첫 책
에 쓴 내용 대부분은 책을 출간할 목적으로 쓴 글이 아니었다.
당시에 나는 심리적으로 불안하고 우울했기에, 글을 쓰면서 내
마음을 들여다보고 내 감정을 이해하고 어떻게 멘탈을 회복할지
자주 고민했다. 글이라도 쓰지 않으면 부정적인 생각에 완전히
잠식당할 것 같았는데, 살기 위해 쓴 글이 한 편 두 편 모이면서
감사하게도 책을 내게 되었다.

　그런데 솔직히 나는 그 책을 출간하고 나서 단 한 번도 처음
부터 끝까지 다시 읽어본 적이 없다. 책을 만들면서 수차례 읽은
탓도 있지만, 무엇보다도 살기 위해 아등바등했던 시절의 나를
다시 떠올리고 싶지 않았다. 그 책이 창피하다거나 쓰지 말걸 하
고 후회한 적은 없다. 힘들었던 그때의 나도 나의 일부니까. 견뎌
내야 했던 시절이 있었기에 그보다 더한 고통을 감당할 줄 아는
지금의 내가 있다고 생각한다.

방황하고 아파하고, 이제는 포기할까 수십 번도 더 고민했지만 끝내 인내하고 도전해 살아남은, 살아야겠다는 의지를 되찾은 나의 여정이 담긴 책이 책꽂이 한쪽에 자리하고 있다는 사실만으로도 나에게 엄청난 위로와 용기를 준다. 지금도 삶이 너무 버겁다고 느낄 때면 그 책을 만져본다. 차마 책장을 펼치지는 못해도 표지를 쓰다듬으며 완전히 무너졌다가 다시 일어난 과거의 나를 떠올린다. 사회적으로는 인생의 최고점을 찍었지만 정신적으로는 더 이상 추락할 곳이 없는 바닥을 찍었던 시절, 나를 밤낮으로 괴롭혔던 수많은 고민과 끝이 보이지 않는 기나긴 시간을 견디기 위해 읽었던 무수한 책들을 기록하지 않았더라면, 나는 그 시간을 모두 잊어버렸을지도 모른다.

고통스러웠던 시간을 망각하는 것은 인간에게 주어진 축복일 수도 있으나 끝내 그 시간을 이겨낸 자기 자신까지도 잊어버린다면, 살면서 또다시 인생의 갈림길에 서거나 한 치 앞이 보이지 않는 순간을 마주할 때마다 극심한 두려움에 압도될 수 있다. 하지만 아무리 심하게 넘어졌어도 한 번이라도 스스로의 힘으로 일어난 경험이 있는 사람이 과거를 기억한다면, 어떠한 어려움이 닥쳐도 이겨낼 수 있으리라는 믿음을 갖게 된다. 나는 첫 번째 책 덕분에 오늘도 나를 믿고 용기 내어 한 걸음씩 앞으로 나아가고 있다.

그래서 나는 종종 서평을 써서 SNS에 업로드한다. 직장인이 되고 나서는 물리적 시간이 부족해져서 빈도가 줄었지만, 다른 사람들도 읽어보면 좋겠다 싶은 책을 읽거나 오래도록 해결되지 않는 고민이 생기면 짧게라도 글을 써서 공유한다.

얼마 전에는 한 독자분이 나에게 DM을 보내주셨다. 바쁜 와중에도 틈틈이 좋은 책을 추천해주고 인스타그램의 질문창에서 고민을 들어주는 모습을 보면 위안을 얻는다는 내용이었다. 그분은 내가 그 메시지를 받고 얼마나 기쁘고 감사했는지 모르실 것이다.

사실 한동안 SNS를 탈퇴해야 할지 심각하게 고민했다. SNS를 하는 가장 큰 이유가 책 추천이나 고민 상담 등을 통해 다른 사람들에게 도움을 주고 싶어서인데, 실제로 내가 업로드하는 서평이나 고민 해결법이 얼마나 도움이 되는지 알 수가 없어서 SNS를 하는 의미를 잃어가고 있었다. 이러한 고민을 SNS 마케터인 친구에게 털어놓으니, 친구는 내 글을 읽는 사람들이 몇 명이라도 있다면 그들에게는 도움을 주고 있는 셈이라며 걱정하지 말라고 했다. SNS를 할지 말지 고민할 때는 실제로 다른 사람들에게 도움을 주고 있는지보다는 SNS 활동이 내 삶에 짐이 되는지 활력이 되는지를 생각해보라고도 덧붙였다.

친구의 조언 덕분에 요즘 나는 서평을 쓰고 싶을 때만 쓴다. 일이 바쁘면 한 달 넘게 업로드를 못할 때도 있지만, 예전과 달리 자주 업로드하지 못한다고 스트레스를 받지 않는다. 누군가에게 도움을 줄 수 있다는 점이 좋아서 시작한 책 추천과 고민 상담을 더는 '해야 하는' 부담으로 느끼지 않으려 한다. 그 누구도 나에게 글을 더 자주 올려달라고 요청하지 않았고 내가 SNS에 글을 올린다고 해서 이득이 돌아오는 것도 아닌데, 혼자 부채감을 느끼고 있었다는 생각이 들었다.

이왕 하는 일이라면 제대로, 성실히, 꾸준히 해야 한다는 생각이 오히려 나를 글쓰기에서 멀어지게 만들었다. 이제는 아니다. 내가 즐거운 마음으로 글을 써야 긍정적인 기운이 읽는 사람에게도 전달된다고 생각한다. 이제는 일에 치여 독서를 멀리하고 싶으면 과감히 책을 밀쳐두고, 오랜만에 뭐라도 쓰고 싶으면 신나게 써서 업로드한다. 오래도록 글쓰기를 좋아하는 마음을 유지해서 단 한 명에게라도 도움이 되고 싶을 뿐이다.

이번 책을 쓰면서도 비슷한 고민을 했다. 초고를 쓸 때는 우선 분량부터 확보해야 한다는 생각에 떠오르는 주제가 있으면 별다른 고민 없이 일단 썼다. 그렇게 40편이 넘는 초안을 완성하자 이번에는 오히려 글 하나하나가 조심스러워졌다. 출판사와 합의한 기한 내에 책을 출간하는 것도 중요하지만 사회 초년 생들에게 도움이 될 만한 주제로 페이지를 꽉꽉 채운, 밀도 높은 책을 만들고 싶었다.

실제로 나의 중요한 인생 목표 중 하나가 다른 사람들에게 도움이 되는 삶을 사는 것이다. 틈틈이 봉사활동을 하고 지인들의 고민을 상담해주고 SNS를 통해 함께 고민 해결책을 찾는 활동도 의미 있지만 책으로 할 수 있는 일은 범위와 규모가 다르다. 내가 몇 년의 시행착오를 거쳐 터득한, 나에게 실질적으로 도움이 된 삶의 방식과 나름의 비결을 압축해 불특정 다수에게 전달할 수 있는 만큼, 훨씬 다양한 사람들에게 도움을 줄 수 있다. 무엇보다 책은 말이나 행동처럼 일회성으로 그치는 것이 아니라 영원히 남는 기록이기 때문에 시간이 지나도 누군가가 읽을 수 있다. 한 권의 책을 완성함으로써 내 인생 목표인 타인에게 도움이 되는 삶을 시간과 공간의 제약 없이 지속할 수 있다는 것은 나에겐 엄청난 장점으로 다가온다.

내 삶에 긍정적인 영향을 준 태도나 습관에 대해 쓰다 보면 내가 무엇을 잘하고 있고 어떤 점이 부족한지도 알게 된다. 나의 부족한 점을 어떻게 개선할 수 있을지 이론으로 아무리 알고 있어도 직접 내 생활에 적용해보지 않은 방법은 소개할 수 없다. 나도 해내지 못한 일을 타인에게 권유할 수는 없으니까. 그래서 초안을 쓰고 편집을 하는 약 1년의 시간 동안 나 역시 더 나은 사람이 되고자 의식적으로 노력했다.

물론 이렇게 터득한 삶의 '치트키'를 나라고 매번 실천하는 것은 아니다. 나도 종종 감정적으로 대응하거나 건강하지 못한 생활을 하지만, 그럴 때면 내가 쓴 글을 다시 읽으면서 마음을 다잡는다. 어떻게 하면 내가 나아가고자 하는 길을 잘 걸어갈 수 있을까 고민하며 쓴 글들 덕분에, 가끔 흔들리고 엇나가더라도 재빨리 원래의 자리로 돌아온다. 그래서 내 글은 그 누구도 아닌 내 인생의 길잡이가 되어준다.

나는 타인을 이해하기 위해서도 글을 쓴다. 사람은 누구나 자기 입장에서 세상을 바라보고 상황을 해석한다. 그래서 타인을 이해하려면 본능적인 관점에서 의도적으로 벗어나 타인의 입장에서 상황을 바라보아야 한다. 하지만 내가 직접 다른 사람이 되어볼 수는 없으니 상대방을 이해하려면 그 사람이 겪은 상황과 유사한 나의 경험을 떠올리고 그때 나는 어땠는지 기억하는 수밖에 없다.

다행히 우리는 비슷한 상황에서 비슷한 감정을 느끼고 삶의 대소사도 비슷하게 경험한다. 그래서 굳이 다른 사람이 되어보지 않더라도 자신의 경험을 바탕으로 상대방을 어느 정도는 이해할 수 있다. 다만, 인간은 망각의 동물이라 유사한 경험과 감정을 기억은 하더라도 그 기억이 구체적이지 않을 가능성이 크다. 누군가를 깊이 이해하고 그 사람에게 도움이 될 만한 조언을 하려면 디테일이 중요한데, 디테일을 오랫동안 기억하고 실천하는 방법이 바로 글쓰기이다. 누구든지 자신이 힘들고 고통스러운 일을 겪었을 때 어떤 심정이었고 무엇이 가장 두려웠는지, 그 상황을 어떻게 해결했는지 기록해둔다면 다른 사람이 과거의 자신처럼 힘든 상황에 놓였을 때 그에게 더 공감할 수 있을 것이다.

지난날의 자신을 잊고 현재의 자신을 기준으로 젊은 사람들을 평가하는 사람을 꼰대라고 부른다. 나 역시 나보다 어린 사람들이 하는 말과 행동에 깜짝 놀랄 때가 있는데, 그럴 때마다 내가 그 나이였을 때 썼던 글을 찾아본다. 사회에 대한 답답함과 미래에 대한 혼란스러움을 가득 담은 어린 시절의 글을 몇 편만 읽으면 자연스레 "맞아, 나도 그땐 그랬지" 하며 수긍하게 된다. 어릴 때부터 글을 쓰는 습관을 들이지 않았더라면 지금쯤 나는 젊은 꼰대가 되고도 남았을 것이다.

글쓰기는 나를 살렸고, 내가 더 나은 사람이 되게 해주었으며, 다른 사람들에 대한 이해심을 넓혀주었다. 언젠가 내가 글쓰기와 멀어지는 날이 온다면 오늘 쓴 이 글이 나를 다시 글쓰기로 인도해줄 것이다. 그러니, 글을 쓰지 않을 이유가 없다.

인생은
장기전이니까

일이든 인간관계든, 힘에 부치는 날에 스스로를 다독이면서 하는 혼잣말이다. 몇 년 전까지만 해도 내일이 없는 것처럼 살았던 나에게는 큰 변화다. 스마트폰에 비유하자면 배터리가 1퍼센트인 상태로 아슬아슬하게 버티듯 매일을 살았고 간혹 5퍼센트까지 충전되는 날이면 내 에너지가 100퍼센트 완충되기라고 한 것처럼 아낌없이 달리며 나를 재촉했다.

몇 차례 나를 상담해주었던 정신과 선생님은 당시 나에게 '지금 에너지가 5퍼센트 정도 충전되었다고 느끼면 그 에너지를 바로 쓰고 싶은 충동을 누르고 적어도 50퍼센트가 될 때까지, 그것도 힘들면 30퍼센트가 될 때까지라도 기다리며 스스로를 돌보아야 한다'라고 말씀해주셨다. 지금 당장은 그렇게 무리해도 살 수 있지만 그 여파는 반드시 내 몸과 마음에 쌓여 어느 순간 완전히 먹통이 될 수도 있다는 당부도 항상 덧붙이셨다.

일을 시작하고 한 해 한 해 나이를 먹어갈수록 그때 의사 선생님이 해주신 말씀들, 그러니까 계속 이렇게 살다가는 요절할 수도 있다는 말씀을 실감한다. 체력이 예전만 못한 것도 있겠지만 그동안 무리했던 생활이 이제야 몸 구석구석에서 신호를 보내기 시작했다. 뒤늦게 끼니를 챙겨 먹고 근력 운동을 하고 의식적으로라도 쉬는 시간을 확보하지만, 한번 망가진 몸을 이전처럼 회복하기란 좀처럼 쉽지 않다. 10년 넘게 스스로를 다그치며 살아온 내가 이제 와서 인생은 장기전이라고 주장하는 것도 우습지만, 반대로 생각해보면 항상 오늘이 마지막인 것처럼 살아왔기에 더욱 진심을 담아 이런 글을 쓸 수 있다고 생각한다.

살다 보면 때로는 무언가를 위해, 때로는 어떤 목표를 향해 죽을힘을 다해야 할 것 같은 순간들이 온다. 이제 막 사회생활을 시작한 인턴이나 신입은 짧은 시간 내에 자신의 가능성과 잠재력을 증명해야 한다는 압박에 시달린다. 회사가 대놓고 요구하지 않아도 정해진 수습 기간 안에 내 영혼을 갈아넣으며 이 회사에 자신이 이바지할 수 있는 부분이 많다는 점을 보여주려 한다. 그러지 못하면 정규직 전환에 실패하거나 퇴사를 권고받을 것 같아 불안해지기도 한다.

실제로 많은 신입들이 이만 퇴근하라는 상사의 말에 이것만 끝내고 가겠다고 대답하면서도 지하철 막차 시간이 되어서야 회사를 빠져나온다. 약속을 취소하면서까지 야근을 하거나 자기계발에 몰두하고, 업무 내용 중 잘 모르는 부분이 있어도 쉽게 질문하지 못한다. 이런 사소한 것까지 질문하면 회사에서 나를 괜히 뽑았다고 후회할까 두렵고, 나조차도 인턴으로서 또는 신입으로서 이런 부분은 이미 알고 있어야 하지 않을까 싶어 또 불안해진다.

그러니 한번 질문하면 빨리 해결할 수 있는 일도 혼자 끙끙 앓으며 고민하고 또 고민한다. 자연스레 업무 시간은 지연되고, 늘 긴장 상태에 있으니 잔실수가 이어진다. 사회 초년생으로서 실수는 당연히 할 수 있는데도 혹시 나에게 불이익이 돌아올까 봐 되도록 감추려고 한다. 이러한 행동이 오히려 상사들 눈에는 더 부정적으로 비칠 수 있겠다고 머리로는 생각하면서도, 회사에서 내 자리를 확보하기 위해서 어떻게 해야 할지 갈피를 잡을 수 없다. 나만 무능한 것 같고, 나만 바보처럼 행동하는 것 같아 더 불안해진다. 대부분의 동기들도 자신처럼 마음고생을 하고 있다는 사실을 알 리가 없으니 서로 눈치를 보며 단체로 고생한다. 상사들에게 칭찬과 인정을 받고 싶으면서도 한편으로는 눈에 띄고 싶지 않은 복잡한 마음이 쌓여 출근한 지 몇 달 만에 번아웃이 온다. 아직 제대로 시작하지도 않았는데 벌써부터 회사가 무섭고 사회가 정글처럼 느껴진다. 모두 나를 비웃는 것 같고 나도 내가 한심하게 느껴진다. 이렇게 평생 일할 수 있을까 고민하는 스스로가 나약해 보여 또 스트레스를 받는다.

아마 대다수 사람들의 사회 초년생 시절이 이와 비슷할 것이다. 헤매는 게 당연하지만 헤매는 본인을 도저히 참을 수 없었던 시간들을 이미 지나온 사람은 자신처럼 똑같이 헤매는 후배를 보면서 인생은 장기전이라고, 처음엔 힘든 게 당연하다고, 익숙해지면 괜찮다고, 태도가 경쟁력이니 지금은 너무 잘해야겠다는 부담을 갖기보다는 회사에 잘 적응하는 것만으로도 충분하다고 말해준다.

회사에 빨리 적응해 안정적으로 내 자리를 확보하고 싶은 간절함은 이해하지만 나를 포함한 상당수 선배 직장인들이 사회 초년생에게 바라는 것은 크지 않을 것이다. 입사 후 처음 보여주는 패기 넘치고 열정적인 모습을 디폴트로 여기고 시간이 지날수록 조금씩이라도 성장하길 바라는데, 처음부터 이미 능력의 전부 또는 그 이상을 무리해서 보여주면 상사 입장에서는 1~2년이 지나도록 처음 본 모습에서 더 이상 발전하지 않는 후배에게 실망할 가능성이 높다. 아마 대부분이 '저 친구가 처음부터 열심히 해보려고 너무 무리했나 봐'라고 걱정하기보다는 '처음엔 열심히 하더니 조금 적응했다고 그새 뺀질거리네?'라고 생각하지 않을까.

내가 가진 에너지를 초반에 모두 소진해서 지금은 지친 상태이고, 곧 회복할 테니 이해해달라는 사정까지 감안해주는 회사는 없다. 사실 회사가 그런 사정까지 알아줄 필요도 없다. 회사는 처음 2~3개월간 보여준 모습에 만족해 채용을 확정하고 정규직으로 전환해준 것이니 회사 입장에서는 지금까지 보여준 모습은 당연하고 나날이 더 발전하길 바란다. 결국 최선을 다했으면서도 페이스 조절을 못했다는 이유로 손해를 보는 건 우리일 수밖에 없다.

요즘처럼 불황이 깊은 시기에는 무리하지 않으면 정규직은커녕 인턴이 될 기회조차 얻지 못한다고 할지도 모른다. 나도 백퍼센트 공감한다. 나 역시 몸과 마음이 완전히 고갈될 정도로 노력하지 않았다면 지금 내 자리를 얻지 못했을 것이다. 그래도 만약 과거로 돌아간다면 나는 여전히 예전처럼 최선을 다할 것이다. 다만, 오늘이 마지막인 것처럼 나를 완전히 불태우진 않을 것이다. 당시에는 내 목숨만큼, 때로는 내 목숨보다 중요해 보였던 일이 많았지만 그 어떤 중요한 일도 내 인생의 수많은 기회나 에피소드 중 하나일 뿐이었다는 사실을 이제는 알고 있으니까.

오래 지속할 수 있을 정도로 일하자는 말은 대충 하자거나 너무 노력하지 말자는 뜻이 절대 아니다. 내 또래이거나 이제 사회생활을 막 시작하는 20대들은 앞으로 최소 40년, 어쩌면 50~60년씩 일을 해야 할 텐데 지금 힘을 너무 써버리면 충분히 오래 할 수 있는 일도 중간에 포기해야 하는 상황이 발생할 수 있다. 그러니 적어도 번아웃까지 오지는 않을 정도로, 적당히 완급

246

조절을 하며 꾸준히 하자는 뜻으로 받아들였으면 좋겠다. 신입이 영혼을 갈아넣어 상사들 눈에 예쁘게 보인다 한들, 그들은 내가 계속해서 발전하지 않는 이상 나를 대단한 후배라고 생각하지 않는다. 게다가 처음부터 빛나는 사람일수록 기대치만 높아져 그 연차에는 얼마든지 할 수 있을 법한 실수를 해도 동기들보다 더 질책을 받거나 실망했다는 말을 들을 가능성이 높아진다.

이것은 비단 직장 생활에만 해당하는 원칙이 아니다. "처음 꼬실 때만큼만 해봐." 연애를 하면서 한 번이라도 이런 말을 하지 않는 경우는 거의 없지 않을까. '썸'을 탈 때나 사귄 직후에는 알래스카에 가서 연어도 잡아 올 정도로 애정공세를 퍼붓지만, 만나는 기간이 길어질수록 상대에게 실망하는 연애는 굉장히 많다. 상대를 더 이상 사랑하지 않아서 변하는 경우도 있겠지만, 대부분은 연애 후반부에 드러나는 모습이 나와 그 사람의 진짜 모습이다.

연애 초반에 힘을 다 빼지 않더라도 충분히 아름다운 사랑을 할 수 있다. 얼마 되지 않는 월급을 탈탈 털어서 부담스러운 선물을 사지 않아도, 데이트를 할 때마다 집까지 데려다주지 않아도, 매일 만나지 않아도 된다. 연애할 때도 초반에 너무 무리해서 잘하면 상대방은 그 모습이 나의 디폴트라고 생각한다. 내 마음을 얻기 위해 지금은 이 사람이 무리하고 있지만 점차 익숙해져 곧 본래의 모습으로 돌아갈 것이라고 이해하는 연인을 만나면 다행이지만, 현실은 다툼과 결별로 이어지는 경우가 태반이다.

누구나 상대의 과장된 모습이 아닌 본연의 모습에 반했다고 믿고 싶어 하고, 시간이 지날수록 더 빛나고 다정해지는 사람을 만나고 싶어 한다. 연차가 쌓이고 세월이 흐를수록 기대할 수 있는 부분이 많아져야 일도, 사랑도 오래 지속할 수 있지 않을까.

인생은 장기전이다. 최선을 다하되, 너무 무작정 달리지는 말자. 시간이 지날수록 점점 나아지거나, 적어도 일관된 수준을 오래 유지할 수 있어야 직장 생활도 인간관계도 원만하게 할 수 있다. 무엇보다도 이것이 우리가 지치지 않고 좋아하는 일을 하며 오래 행복하게 살아갈 수 있는 방법이다.

4장

뭐든, 해봐야 알지

: 내가 선택한 대로 사는 것도

나의 첫
심리상담

몇 주 전부터 심리상담을 받기 시작했다. 정확히 말하자면 내가 다니는 곳은 정신분석원이지만, 큰 틀에서는 상담사와의 대화를 통해 내 정신을 분석하는 곳이기 때문에 이 글에서는 편의상 심리상담이라고 하겠다.

대학교에서 심리학을 전공하고 대학원을 다니면서 우울증 약과 신경증 약을 복용했지만, 정식으로 심리상담을 받은 경험은 이번이 처음이다. 유학 시절 학교 안에 있는 심리상담센터에 다닐까도 고민했지만, 아무래도 심리에 관해서는 한국어로 대화하는 것이 더 편할 것 같아서 가지 않았다. 대신 방학 때 한국에 들어오면 종종 정신과 진료를 받았는데, 약을 처방받으려는 목적이 컸기에 깊은 상담을 받진 않았다. 첫 책을 출간하고 나서 꽤 많은 분들이 상담사를 추천해달라고 부탁하셨는데 아쉽게도 제대로 상담을 받은 경험이 없다 보니 좋은 상담사를 찾는 방법, 심리상담의 실제 효과 등을 알려드릴 수 없었다.

이번 책을 쓰는 동안 개인적으로 쉽게 해결하기 어려운 문제가 있었다. 여러 방면으로 고군분투했지만, 몇 달이 지나도록 해결될 기미가 보이지 않았다. 한창 지쳤을 무렵 만난 친한 언니가 자신도 요즘 힘든 일이 있어서 상담을 받기 시작했다며, 혹시 상담사를 만나볼 의향이 있으면 말해달라고 했다. 사실 언니를 만나기 몇 주 전 집 근처에 있는 상담센터에 예약 문의를 했다가 최소 한 달은 대기해야 한다는 말을 듣고 마음을 접었던 터였다. 다른 센터에 문의할 수도 있었지만, 지금 내 문제가 상담을 받을 만한 것인지 스스로 확신하지 못했기에 역시나 하는 마음으로 포기했던 것이다.

하지만 몇 주 사이에 상황이 더 악화되면서 언니에게 연결을 부탁했고, 다행히 첫 상담을 받게 되었다. 나는 늘 주변 사람들에게 마음 건강도 몸 건강 못지않게 중요하니 마음이 아프면 상담을 받는 것이 당연하며, 심리상담을 너무 어렵게 생각하지 말라고 조언했다. 그런데 심리학을 전공했고 심지어 심리상담가를 꿈꾸는 나조차도 첫 상담을 받으러 가던 날에는 긴장이 되었다. 내가 상담을 받는다는 사실을 남들이 알게 됐을 때 혹시라도 내가 나약하다고 생각하면 어떡하지 하는 걱정보다는, 상담을 받는다고 내 문제가 해결된다는 보장이 없는데 비싼 비용을 내고 상담을 받는 것이 의미가 있을까 하는 의구심이 들었기 때문이다. 이런 상태로 상담사와 라포(rapport, 상호신뢰)를 잘 형성할 수 있을지도 걱정이었다.

다행히 몇 차례의 만남을 통해 상담사와 충분한 라포를 형성할 수 있었다. 전문가에게 정식으로 받는 첫 상담이었기 때문에, 아직 나와 잘 맞는 전문가를 찾는 방법을 알지는 못한다. 대신 내가 이 상담사와 잘 맞는지 알아보기 위해 몇 가지 확인한 사항은 있다.

첫째, 편하게 대화할 수 있는 사람인가. 상담의 핵심은 대화다. 어떠한 이유에서든 내 속마음을 상담사에게 편하게 털어놓을 수 없다면 진척을 보이기 어렵다. 편하게 대화할 수 있는 사람의 특징은 저마다 다를 텐데, 나는 내 이야기를 편견 없이 들어주고 적절한 공감과 위로를 해주며 대화가 끊기면 자연스레 다음 이야기로 넘어갈 수 있도록 질문을 던지는 사람과 대화하기가 편하다. 쓰고 보니 '편안한 사람'의 보편적인 특징 같기도 하지만, 무엇보다도 내가 하는 말을 잘 이해하는 사람이어야 한다. 내가 개떡같이 말해도 찰떡같이 알아들어야 한다는 것이 아니라 내가 명확하게 설명하지 못하는 부분이 있으면 적절한 질문을 통해 내 생각을 돌아보고 다시 정리해서 말할 수 있도록 도와주는 상담사를 만날 때 훨씬 편해진다.

내 문제를 타인에게 털어놓을 때 말이 뒤죽박죽 꼬이는 경우가 있다. 오늘 있었던 일을 이야기하다가 의식의 흐름대로 갑자기 어린 시절 일화를 꺼내기도 하고, 내가 느낀 감정이 정확히 무엇인지 알 수 없어서 처음에는 서운했다고 말했다가 이내 화가 났다고 표현을 바꾸기도 한다. 우리를 힘들게 하는 많은 문제는 감정과 직결되어 있어서 고민을 논리정연하게 설명하기 어렵다. 그럴 때 내 생각과 감정을 들여다보며 혼란스러워하는 나를 이해하려고 노력하는 상담사를 만난다면 문제 해결에 한 발 더 가까워질 수 있다.

둘째, 무조건 내 편을 들지 않고 내가 상황을 객관적으로 바라볼 수 있도록 돕는 사람인가. 엄밀히 말하면 상담사 입장에서 내담자는 수익과 직결된 고객이다. 입소문이 나서 내담자가 많은 상담사는 수익을 내야 한다는 압박에서 비교적 자유로울 수 있겠지만, 상담이 자선사업은 아니기 때문에 기본적으로 내담자들과 신뢰 관계를 구축해야 수익을 낼 수 있다.

누구나 자신에게 공감해주고 자기 선택이 옳다고 지지해주는 사람에게 더 쉽게 마음을 연다. 그래서 첫 상담에서는 내담자가 다시 상담을 받으러 오도록 자신이 내담자 편이라는 인상을 강하게 심어주려 하는 상담사도 있다. 공감과 격려를 통해 라포를 형성하는 과정은 당연히 필요하지만, 위로를 받기보단 문제를 해결하고 싶어서 상담을 받는 입장에서는 무조건 내가 옳다고 말해주는 것보다는 내 시야를 넓혀서 상황을 더 냉정하게 판단하고, 그에 맞는 해결 방법을 찾을 수 있도록 도와주는 상담사가 필요했다.

감사하게도 상담사는 첫 만남에서부터 내가 놓치고 있었던 부분을 볼 수 있게 해주었고 혼자 문제를 해결하고자 했을 때 사용했던 방법보다 더 체계적이고 이성적인 방안을 제안해주었다. 덕분에 의지와 끈기를 다질 수 있었다.

상담사마다 비용이 천차만별이겠지만, 대부분의 경우 고작 한 시간 대화하는 것으로 이렇게 큰 비용을 지불하는 게 맞는 걸까 하는 의문을 느낄 수도 있다. 나도 매번 상담료를 입금할 때면 하루빨리 문제를 해결해야겠다고 생각한다. 하지만 상담을 받기 전보다 확실히 내 마음이 건강해졌고, 해결될 기미가 전혀 보이지 않던 문제도 느리지만 차근차근 풀어가고 있다. 어차피 상담을 받기로 결정한 이상, 내가 지불할 상담료는 정해져 있다. 그러니 더 큰 효과를 보기 위해서라도 상담에 더 적극적으로 임해야 한다.

상담을 받은 날에는 따로 시간을 내어 그날의 상담 내용을 돌아보고 상담사가 제안한 방법을 실생활에 적용해보는 것이 좋다. 예를 들어, 인간관계 때문에 상담을 받고 있다면 상담사가 제안한 화를 가라앉히는 방법, 싸움으로 이어지지 않는 대화법 등을 다음 상담일까지 시도해보는 것이다. 내가 고치고 싶은 문제는 오랜 시간에 걸쳐 형성된 습관이기 때문에 당연히 한순간에 감정 조절이 되거나 평화로운 대화를 할 수는 없다. 하지만 몇 번이라도 직접 시도해봐야 다음 상담 때 이번의 시행착오를 기반으로 다음 단계를 계획할 수 있다.

심리상담을 통해 기분이 한결 나아지는 정도만으로도 큰 효과를 보는 셈이지만, 결국 내 행동을 개선해야 상황이 달라지고 원하는 결과를 얻을 수 있다. 상담의 주도권은 상담사가 아닌 나에게 있다. 혼자서 쉽게 해결할 수 있는 문제라면 애초에 심리상담을 받을 필요가 없다. 혹시 심리상담을 받을 계획이 있다면, 더 나은 사람이 되거나 더 나은 상황을 만드는 데 상담을 최대한 활용해보기를 바란다.

과거로
돌아가고 싶지 않아

"과거로 돌아갈 수 있다면 언제로 돌아가고 싶나요? 돌아간다면 무엇을 바꾸고 싶나요?"

스몰 토크를 할 때 자주 주고받는 질문이다. 누구는 실패로 끝난 투자를 하지 않도록 과거의 자신을 말리겠다 하고 어떤 사람은 사랑하는 사람과 함께하던 시절로 돌아가, 더 자주 사랑한다고 말해주고 더 많은 추억을 쌓고 싶다고 한다. 불합격한 회사에 재지원하겠다는 사람도 있고, 어린 시절부터 더 열심히 공부해서 좋은 대학에 입학하겠다는 이들도 있다.

내가 아는 대부분의 사람들은 가슴속에 돌아가고 싶은 과거의 어느 시절 하나쯤은 품고 사는 것 같다. 나는 대체로 후회를 하지 않는 편인데, 유독 다른 사람에게 상처를 준 일에 대해서는 아무리 시간이 흘러도 그 순간을 곱씹으며 스스로를 책망한다. 평범한 일상을 보내다가도 잠들기 전이나 운전 도중 내가 누군가를 아프게 했던 순간이 떠오르면 한동안 죄책감에 시달린다. 노래를 듣거나 다른 생각을 하면서 떨쳐내려 해도 한번 떠오른 기억들은 쉽게 잊히지 않는다.

실제로 어느 순간에 느낀 감정이 강렬할수록 그 기억은 더 확실하게 각인된다. 나는 타인으로부터 상처를 받았을 때 못지 않게 타인에게 상처를 주었을 때를 떠올리며 감정적으로 많이 힘들어한다. 그래서인지 내가 상처를 주었던 순간에 상대방이 지은 표정, 목소리, 몸짓을 또렷하게 기억한다. 그때의 장면이 머릿속에 재생되면 그 순간을 다시 경험하는 것처럼 가슴이 답답해지고 고통스러워 눈물을 흘린다.

누구나 인생에서 가장 중요한, 다른 건 몰라도 이것 하나만큼은 지키고 싶은 자기만의 신념이 있을 텐데 나의 최후의 신념은 '다른 사람에게 피해 주지 않기'이다.

어쩌면 그래서일지도 모른다. 아쉽게 이루지 못한 성과도, 내일 당장 죽어도 상관없다고 생각했던 시간도, 내가 원하는 삶을 살지 않았던 시간도 후회하지 않는데 누군가에게 내뱉은 가시 박힌 말 하나는 자꾸만 되새기고 곱씹으며 잠을 설치는 이유가. 아마 내가 받은 상처보다 내가 준 상처를 떠올리느라 보낸 시간이 더 많을지도 모르겠다.

영화 〈어바웃 타임〉에서 주인공 팀은 시간을 되돌리는 능력을 가지고 있다. 팀은 이 능력으로 주연 배우가 대사를 외우지 못해서 망한 극작가 친구의 연극이 성공리에 끝날 수 있도록 돕고, 좋아하는 여자에게 남자 친구가 생기기 전으로 돌아가 사랑을 쟁취한다. 사랑하는 메리와 결혼을 하고 귀여운 딸을 낳아 키우던 중 팀의 여동생 킷캣이 남자 친구와 헤어지고 교통사고를 당한다. 팀은 킷캣의 불행이 그녀의 남자 친구로부터 시작되었다고 생각해 킷캣이 애초에 그 남자 친구를 만나지 못하도록 시간을 되돌리고 현재로 돌아오는데, 딸이 태어나기 전으로 시간 여행을 하는 바람에 딸의 성별이 뒤바뀐다. 팀은 그제야 킷캣이 스스로 불행을 딛고 일어설 수 있도록 조언한다.

시간이 흘러 팀의 아버지는 폐암으로 사망한다. 팀의 아버지 또한 시간 여행을 할 수 있었지만 그는 자신에게 다가올 죽음을 겸허히 받아들이기로 한다. 담배를 피우기 전으로 돌아가려면 팀과 킷캣이 태어나기 전으로 돌아가야 하기 때문에, 사랑하는 자녀를 만날 수 없는 것이다.

이 영화는 우리에게 과거로 돌아가서 실수를 만회하는 것도 좋지만 과거의 내 선택을 받아들이고 그 결과에 책임지며 현재를 충실히 살아가자고 이야기한다. 또한, 아무 후회도 없는 삶을 살기란 불가능하며, 어떤 선택을 하든 좋은 결과도 나쁜 결과도 있을 수 있으니 과거에 너무 집착하지 말고 현재에 집중하는 것이 중요하다고 말한다.

이 영화를 보면서 나도 잠시나마 시간 여행을 할 수 있다면 누군가에게 상처를 주기 전으로 돌아가 클린 슬레이트clean slate로 다시 시작하고 싶다고 생각한 적이 있다. 특히 내가 상처를 준 사람이 여전히 내 곁에 남아 있을 경우에는 그 열망이 더 컸다. 서로에게 주고받았던 상처를 뒤로하고 지금 잘 지내고 있어도, 문득 내가 그 사람을 아프게 했던 순간이 생각나면 견딜 수 없이 힘들었다. 과거로 돌아갈 수만 있다면 다시는 그 사람을 힘들게 하지 않을 거라고 다짐했다. 하지만 며칠이 지나면 또 고의로든 실수로든 상처를 주는 나를 발견하고, 나는 완벽한 사람이 아니라는 현실을 받아들여야 했다.

어젯밤에도 나는 사랑하는 사람들에게 준 상처를 곱씹느라 제대로 잠을 자지 못했다. 예전 같았으면 다크서클이 내려온 얼굴을 비비며 나는 왜 이렇게 지난날을 후회하느라 쓸데없이 시간과 에너지를 낭비할까 자책했을 텐데, 이제는 조금 달라졌다. 평소보다 더 든든하게 아침을 먹고 평소보다 더 오래 따뜻한 물로 샤워를 한다. 내가 완벽하지 않다는 사실을 받아들였다고 해서 될 대로 되라는 심정으로, 내 알 바 아니라는 식으로 마음대로 살지 않는다.

타인에게 피해를 주지 않는 삶을 사는 것이 불가능하다고 해서 그 꿈에 조금이라도 더 다가가고자 하는 노력을 멈추지도 않는다. 과거를 후회하며 고통스러워할 시간에 오늘의 내가 내일의 후회가 되지 않도록 더 치열하게 고민하고 행동한다. 내가 오늘 어떤 선택을 하든 몇 년 후의 나는 오늘의 선택을 후회할 수 있다. 그래도 최대한 마음을 가다듬어 감정적인 행동을 최소화하고, 내 가치관에 맞는 선택을 내릴수록 미래의 내가 후회할 확률은 줄어들 것이다.

나는 타인에게 상처를 준 행동을 제외한 나머지 선택은 거의 대부분 후회하지 않는다. 좀 더 좋은 성적을 받을 수 있었어도, 좀 더 좋은 학교에 합격할 수 있었어도 과거로 돌아가고 싶지 않다. 그때 내가 노력했던 것 이상으로 열심히 할 수는 없을 것이라고 생각한다. 그만큼 최선에 최선을 다했다.

힘든 유학 생활 때문에 우울증과 신경증으로 고생했지만 유학을 간 것을 후회하지도 않는다. 덜 외롭고 스트레스도 덜했을 수는 있겠지만, 한국에서 학교를 다녔어도 다른 학생들처럼 똑같이 방황하고 힘들어했을 것이고 그때 유학을 갔어야 했다며 후회했을지도 모른다. 그러니까, 과거에 그렇게까지 고생했기 때문에 지금의 내가 있는 것이다. 소수 인종으로 살아본 덕분에 사회에서 소수 집단에 속한다는 것이 어떤 느낌인지 알게 되었고 영어를 유창하게 하는 덕분에 삶의 기회도 더 다양해졌다. 죽고 싶을 만큼 우울했던 시기가 있었기 때문에 마음이 힘든 사람들을 돕고 싶다는 꿈이 생겼고, 지금 내 인생이 새롭게 주어진 기회처럼 느껴져 하루하루를 더 소중히 여기게 되었다. 나를 떠나간 인연도 있고 내가 떠난 인연도 있지만 그때 더 잘해줬어야 했다고 후회하지도 않는다. 지금 당장 사람들이 나를 떠난다 해도 그때 더 자주 표현할걸, 더 잘해줄걸 하는 아쉬움은 남지 않을 것 같다. 그만큼 없는 시간을 쪼개어 주변 사람들과 시간을 보내고 마음을 표현하고 있으니까.

결국 내가 다른 사람에게 준 상처를 후회하는 이유는 내가 그 순간에 덜 신중했고 덜 최선을 다했기 때문이다. 조금만 더 시간을 가지고 생각했더라면, 감정적일 때는 대화를 삼갔더라면, 내가 상처받지 않기 위해 이기적으로 행동하지 않았더라면, 나에게 상처를 준다고 맞대응하지 않았더라면 분명히 나쁘게 대하지 않고도 넘어갈 수 있는 순간이 많았을 것이다.

이제는 내가 어떤 상황일 때 가장 후회할 만한 말과 행동을 하는지 인지하고 있다. 그래서 요즘은 감정적인 동요가 클 때 그 상황과 잠시 거리를 둔다. 혼자 시간을 가지면서 마음을 차분하게 가라앉힌 다음, 내가 화가 나거나 슬펐던 이유를 상대방에게 털어놓을지 말지 고민한다. 대부분은 그냥 넘어가도 될 정도로 사소한 일이거나 내가 과민 반응한 경우이기 때문에, 이렇게 한 박자 쉬면 상대방에게 상처를 줄 가능성이 현저히 낮아진다.

이렇게 시간이 지날수록 후회하는 순간들이 점차 줄어들면, 어느새 오랜 과거가 되어버린 실수들이 더 이상 나를 괴롭히지 않는 날도 오겠지. 지금 후회하고 아파하는 시간들 덕분에 내가 나이 들수록 더 좋은 사람이 될 것이라고 믿는다.

　그저 다음 날 일어나서 지난밤의 고민은 훌훌 털어내고 새로운 하루를 최선을 다하면 될 일이다. 그래서 앞으로는 지난날을 되돌아보며 아파하는 나를 한심하게 여기지 않을 것이다. 지난날의 내가 있기에 노력하는 오늘의 내가 있고, 덜 후회할 내일의 내가 존재할 테니까.

무기력에서 벗어나는 마법의 말, 하루에 한 번

얼마 전 안타까운 뉴스를 보았다. 짧게는 몇 개월에서 길게는 몇 년씩 고립, 은둔 생활을 지속하는 청년들의 수가 54만 명을 넘었다고 한다. 이들 대다수는 왕따, 성적이나 성과에 대한 부담감, 직장에서의 부적응, 대인관계 스트레스, 가족과의 갈등 등으로 번아웃이 와서 10대 후반 또는 20대 초반부터 고립된 생활을 시작했다고 한다. 인터뷰 화면 속 청년들은 낮과 밤이 바뀌어 하루 열 시간 넘게 잠을 자고 그나마 깨어 있는 시간에는 게임, OTT 시청, 인터넷 서핑을 하며 하루의 대부분을 보낸다고 했다.

당연한 말이지만, 고립 생활이 길어질수록 새로운 관계를 맺을 기회가 줄어들고 기존에 맺고 있던 인간관계도 자발적으로 단절시킬 가능성이 커진다. 언제까지고 이렇게 살 수는 없다는 생각에 용기 내어 사회로 돌아가고자 시도해보지만 몇 번 더 실패하다 보면 또다시 스스로를 고립시키는 경우도 많다.

265

이와 관련해 몇 주 전에 독자 한 분이 인스타그램 DM으로 고민 상담을 부탁하신 일이 있다. 그분은 어렵게 삼수를 해서 원하던 학교에 입학했고 지난 1년 반 동안 최선을 다해 좋은 학점을 이수했으며 동아리 활동을 하고 자격증도 땄다. 삼수를 한 탓에 남들보다 2년 뒤처진 것 같다는 생각이 자꾸 들어 조바심이 났고, 무리하고 있다는 걸 느끼면서도 자신을 몰아붙일 수밖에 없었다.

그런데 지난여름부터 갑자기 의욕이 사라지더니 급기야 집 밖을 나갈 힘조차 생기지 않아 하는 수 없이 휴학을 했다. 처음에는 참고 견디면 나아지겠지 하는 마음으로 이미 바닥난 에너지를 긁어모아 억지로 등교를 했지만, 그럴수록 상태는 급속도로 나빠졌다. 어느 날은 입맛이 없어 하루 종일 한 끼도 먹지 않고, 다른 날은 마음이 허해 폭식 후 구토를 했다. 아침에 눈을 뜨면 학교에 가야 한다는 상황이 너무 끔찍했다. 아무렇지 않다는 듯 동기들과 수다를 떨고 밥을 먹을 상상을 하면 숨이 턱 막혔다. 그렇게 하루, 이틀, 일주일…… 집에 머무는 시간이 길어지자 그를 걱정한 부모님이 본가로 들어오라고 설득했다.

그분은 자신이 혼자 살아서 더 무기력해지는 것 같으니 가족과 같이 살면 예전의 열정을 되찾을 수 있을 거라는 작은 희망을 안고 본가로 들어갔다. 처음에 부모님은 그가 좋아하는 음식을 요리해주고 함께 외식이나 쇼핑을 하러 나가자며 열심히 챙겨주셨다. 하지만 부모님의 갖은 노력에도 그는 여전히 무기력한 상태에서 벗어나지 못했고 부모님도 변할 의지가 없어 보이는 그에게 지쳐갔다. 하루 종일 잠을 자고 깨어 있는 동안에는 침대에 누워 유튜브나 넷플릭스를 보았다. 가족들과 함께 식사하는 것도 괴로워 가급적 혼자 방에서 간단하게 끼니를 때웠다.

수업을 들을 필요도, 사람들과 어울릴 필요도, 취업 준비를 할 필요도 없는 지금이 썩 나쁘지 않은 것 같다가도 영영 이렇게 살면 어쩌나 싶어 왈칵 겁이 난다. 상담을 받아볼까 하는 생각도 했지만, 상담사를 찾아보고 상담을 받으러 갈 생각을 하는 것만으로도 기가 빨리는 듯하다. 영원히 이렇게 살까 봐 두렵고, 자신만 계속해서 뒤처지는 것 같아 하루하루가 고통스럽다.

독자분의 사연을 읽으면서 자연스레 로스쿨 시절의 내가 생각났다. 이분만큼 긴 시간은 아니었으나, 나도 한동안 무기력함에 시달렸다. 아무것도 하고 싶지 않았고 그 누구도 만나고 싶지 않았다. 수업을 들으러 가는 일이 점점 힘들어졌다. 눈이 너무 많이 와서, 지금 출발해도 어차피 지각이라서, 감기 기운이 있는 것 같아서, 그냥 학교에 갈 기분이 아니어서 수업을 빠지기 시작했다.

그런 내가 걱정되어 동기들이 밥이라도 먹자고 연락하면 반가움도 잠시뿐, 이내 준비하고 나가기가 귀찮아져서 약속을 미루었다. 하루에 열다섯 시간씩 잠을 잤고 깨어 있는 동안은 냉장고 속 음식으로 대충 끼니를 해결했다. 음식이 떨어져도 배달을 시키면 되니 굳이 집 밖으로 나갈 필요가 없었고 커튼까지 치고 살아서 햇빛을 볼 일도 없었다. 영양소를 제대로 섭취하지 못하고 비타민 D가 부족한 상황에서 기본적인 활동량까지 줄어드니 매일 더 우울해지고 무기력해졌다. 내가 이렇게 시간을 낭비하는 동안 동기들은 착실히 수업을 듣고 친목을 쌓으며 매일 앞으로 나아가고 있다는 생각에 마음이 조급해졌지만, 나에겐 그 조급함을 해결할 기운조차 없었다.

어느 날, 침대에 누워서 유튜브를 둘러보던 중 우연히 어느 영상을 시청하게 되었다. 나처럼 한동안 무기력함에 시달렸던 유튜버가 그 상황을 벗어날 수 있었던 방법을 소개한 영상이었다. 그 방법이 생각보다 간단해서 놀랐던 기억이 지금도 선명하다.

'하루에 한 번 내가 하고 싶은 일을 하기'

엄청 대단한 일이 아니어도 된다. 먹고 싶은 음식을 시켜 먹기, 5분간 창문을 열고 바깥공기를 쐬기, 보고 싶은 친구랑 10분간 통화하기, 보고 싶었던 책이나 영화를 보기……

정말 무기력할 때는 큰 계획을 세워도 어차피 성공할 가능성이 적고 오히려 실패한 자신에게 더 실망하게 되어 "나는 어차피 해도 안 되는 사람이야" 하는 자기 비하적인 사고방식이 더 강화된다. 그러니 하루에 딱 한 번만 자기 마음을 들여다보고 진짜 하고 싶은 일을 하나만 해보자는 것이 유튜버의 추천 방법이었다. 그렇게 일주일, 2주일, 한 달간 매일 소소한 것이라도 하다 보면 내가 좋아하는 일, 하고 싶은 일이 무엇인지 알게 된다. 또한 내가 하고 싶은 것만 해도 결코 나쁜 일이 일어나지 않으며 오히려 더 행복해진다는 사실을 발견할 수 있다.

어떤 이들에게는 한 달씩이나 뭔가를 해야 한다는 것이 부담스러울 수 있다. 하지만 어차피 한 달 내내 무기력한 것보다, 하루에 한 번씩만 내가 좋아하는 것을 나에게 선물하다 보면 고립 생활에서 조금씩 벗어날 수 있다. 내 경험상, 너무 오랫동안 내가 하고 싶은 일보다 해야 하는 일에 집중하면서 살다 보면 내 삶에 대한 애착과 의지가 사라지고, 그 과정에서 자연스레 무기력함도 밀려오는 것 같다. 그럴 때 초점을 다시 나에게로 맞추고 내가 좋아하는 것에 집중하면 활력도 다시 생기기 마련이다.

나는 무기력함으로 한창 고생하던 당시에, 어느 날은 학교에 가서 수업을 듣는 대신 도서관에서 읽고 싶었던 책을 잔뜩 빌려와 하루 종일 책만 읽었다. 어느 날은 의식의 흐름에 따라 일기를 썼고 어느 날은 아침에 눈을 뜨자마자 좋아하는 빵을 먹었으며, 먹고 싶은 한식을 직접 요리하기도 했다. 유달리 힘이 없는 날에는 자취방 근처의 강가에 앉아 멍하니 주변 사람들을 구경했고, 에너지가 조금 있는 날에는 강가를 가볍게 달려보았다. 하루에 한 번씩 오직 내 마음이 원하는 일을 하다 보니 조금씩 활력을 되찾을 수 있었고, 어느 날부터 다시 수업을 듣고 친구들을 만나고 싶어졌다. 시간이 꽤 걸리긴 했지만 이러한 노력을 꾸준히 한 덕에 자연스레 무기력함에서 벗어날 수 있었다.

이제는 바쁘게 살다가 문득 지치는 날이면 내가 정말 하고 싶은 일이 무엇인지 내 마음을 들여다보고, 간단한 일부터 바로 행동으로 옮긴다. 내 삶의 중심에 외부의 인정과 성취감이 아닌 나를 두고 점차 소진되는 에너지를 수시로 충전하며, 또다시 무기력함에 빠지기 전에 미리 나를 보살핀다.

아직 더 숨어서 쉬고 싶다면 충분히 더 쉬어도 된다. 그만큼 열심히 살았다는 뜻이니까. 이제는 다시 세상으로 나오고 싶은데 어떻게 해야 할지 모르겠다면 이 말만 기억하면 된다.

'하루에 한 번'

이 간단한 말이 생각보다 큰 힘이 되어줄 것이다. 나에게 그랬던 것처럼.

지금,
우리가 체력을 키워야 할 때

　　2018년의 어느 무더웠던 여름날, 친구를 기다
릴 겸 약속 장소 근처에 있던 서점에 들어갔다. 비 오듯 흐르는
땀에 새 책이 망가질까 싶어 매대에서 멀찍이 떨어진 채 신간 표
지를 구경하던 중, 신간 한 권이 눈에 들어왔다.《마녀 체력: 마
흔, 여자가 체력을 키워야 할 때》였다. 표지에는 한 여성이 자칫
넘어질 것 같은 아슬아슬한 자세로 런지 동작을 하면서 한 손에
는 자전거를, 다른 손에는 책을 든 일러스트가 그려져 있었다. 그
때는 이 표지를 보고도 남의 일 보듯 '그렇지. 마흔쯤이면 체력
관리가 중요하겠지' 하고 다른 책으로 시선을 옮겼다.

　　그 후로 3년쯤 지났을까. 직장 생활을 시작하고 나니 마흔
까지 버티는 것만으로도 기적일 것이라는 생각이 들었다.

　　어려서부터 가늘고 길게 유지되는 체력에 나름 자부심이 있
었다. 자주 아팠지만 아무리 무리를 해도 완전히 방전된 적은 거

의 없었고 10년 넘게 매일 운동을 했기 때문에 체력 관리의 필요성을 느끼지 못했다.

　그런데 체력이 꺾이는 나이라는 게 정말 따로 있는 건지, 아니면 그동안 비축해둔 체력을 모두 소진한 건지, 그것도 아니면 공부하는 체력과 일하는 체력은 완전히 다른 건지 모르겠으나 사회생활을 시작하고부터는 이러다 골로 가겠다는 확신이 수시로 든다. 학창 시절 수준의 식습관과 운동법만 고수하다가는 마흔은커녕 서른도 되기 전에 이 병원 저 병원 다니느라 눈이 빠져라 일해서 번 돈을 죄다 병원비로 날릴 수도 있겠다는 불안감이 엄습했다. 실제로 고강도 업무량과 스트레스로 건강이 악화되어 한동안 회사를 쉬거나 재택근무로 전환하는 변호사들이 주변에 꽤 많다. 나도 얼마 전에 극심한 스트레스로 이석증이 생겨서 1~2주 정도 고생했다. 고개를 살짝 돌리기만 해도 세상이 빙글빙글 돌아서 집중력이 현저히 떨어졌고 평소와 비슷한 강도로 일한 날에도 체력이 훨씬 더 소진되었다. 체력 관리는 더 이상 선택의 문제가 아니었다. 다른 친구들에 비해서 나름 건강하게 살고 있다고 자부했는데, 마흔까지라도 일을 하려면 여러 생활 습관을 제대로 교정해야겠다고 다짐했다.

　사실 나는 중학생 때부터 10년가량 다이어트 강박이 있었다. 급식을 먹지 않고 칼로리바, 단백질 쉐이크, 사과 등으로 끼니를 때우기 일쑤였고 별로 먹지도 않으면서 매일 적어도 30분에서 한 시간씩 유산소 운동을 했다. 원래 마른 체질이어서 이렇게 음식 섭취량을 줄인다고 살이 더 빠진 것도 아니고 오히려 거식증과 폭식증을 오가다 위경련, 기립성 저혈압, 실신 같은 잔병치레만 잦아졌다. 당시에도 내 다이어트 방법이 건강하지 않고 비효율적이라는 사실을 알고 있었지만 건강한 식습관과 운동법을 실천하는 과정에서 갑자기 살이 찔까 봐 내 몸을 해치는 생활방식을 쉽게 버리지 못했다.

그때는 매일 아침 일어나서 가장 먼저 하는 일이 화장실을 다녀와 몸무게를 재는 것이었다. 몇 년 전부터 다이어트 강박에서 벗어나고자 체중계를 치우고, 대신 늘 입던 바지가 조금 타이트해지거나 육안으로 봤을 때 살이 찐 것 같으면 샐러드나 요구르트로 한 끼를 대체한다. 세상에 맛있는 음식이 넘쳐나는데 예전에는 어떻게 참았는지 모르겠다. 살이 쪄도 다시 뺄 수 있다는 것을 경험한 후에는 먹고 싶은 음식을 먹다가 배가 부르면 남길 수 있게 되었다. 먹지 말아야 한다는 압박이 사라지자 신기하게도 기름지거나 달달한 음식이 예전만큼 당기지 않는다. 덕분에 학창 시절 힘들게 유지했던 몸무게를 지금도 유지하고 있다. 원하는 음식을 원하는 만큼 먹으면서도 살이 찌지 않을 수 있다는 사실을 어린 내가 알았더라면 그동안 다이어트에 쏟았던 그 많은 시간과 에너지를 더 의미 있는 일에 쓸 수 있었을 텐데 하는 아쉬움이 있다.

다양한 시행착오를 거치며 식습관은 잡았지만, 최근까지만 해도 운동법을 바꾸어야 한다고 생각한 적은 없었다. 운동과 거리가 먼 내 주변의 대다수 사람들에 비해 나는 지난 10년간 매일 꾸준히 운동을 했기 때문에 딱히 문제가 있다고 생각하지 않았다. 그런데 알고 보니 나는 지난 10년간 다이어트를 목적으로 유산소 운동만 죽어라 하고 있었다. 그래서 운동한 세월이 무색하게 근육량은 현저히 부족했다. 어디선가 30대부터 근육량이 감소하기 시작한다고 들었는데, 나도 이제 서른이다. 앞으로 몇 년간 만들 근육으로 평생을 버텨야 한다는 뜻이다.

동료들은 대체로 점심이나 저녁 시간에 근처 헬스장이나 필라테스 학원에서 운동을 한다. 기본적인 업무량이 많고 언제 고객이 추가 업무를 요청할지 예상하기 어려워서 퇴근 후 여유롭게 운동할 시간을 확보하기가 힘들다. 특히 아이를 키우는 변호사들은 가급적 빨리 퇴근하려고 노력하다 보니 짬을 내어 운동을 하기에는 점심시간이 가장 적합하다.

주중에 잠깐씩 운동을 하는 것에 더해 주말에 동호회 멤버들과 함께 등산을 하거나 테니스를 치는 분들도 있다. 얼마 전 회사 테니스 동호회에서 대회도 열었는데, 정말 바쁘기로 소문난 변호사들이 수상을 했다. 열심히 일하는 분들일수록 체력과 멘탈 관리의 중요성을 알고 시간을 따로 내어 운동하는 모습을 볼 때면 나도 더 꾸준히 근육량을 늘려야겠다고 생각한다. 홈트레이닝을 오랫동안 해온 친구에게 기구를 추천받아 주 5회씩 하루 30분에서 한 시간 정도 근력 운동을 하는데, 초반에는 올바른 운동 자세를 잡는 것조차 힘들었지만 요즘은 점차 무게를 올리는 재미를 느낀다.

그동안 여러 매체를 통해 미용 목적이 아닌 제대로 된 건강 관리의 중요성을 수없이 접했지만, 역시 사람은 백날 누군가의 조언을 듣는 것보다 주변 사람으로부터 자극을 받는 편이 훨씬 효과적이다. 내 마음이 해이할 때마다 제때 식사를 하고, 컨디션이 좋지 않은 날에는 운동을 하루 쉬고, 스트레스를 받으면 일찍 잠을 청하는 주변 사람들을 떠올린다. 자신의 감정과 충동을 잘 절제하며 오래도록 건강하고 즐겁게 일할 수 있도록 노력하는 사람들을 보며 나도 건강하고 성실하고 멋있게 살겠다는 의욕을 다진다.

어제 내가 먹은 음식과 운동한 시간은 오늘의 나를 책임지고, 오늘의 나는 미래의 내가 더 멀리, 더 높게 비상할 수 있도록 날개를 달아준다. 내가 지는 책임과 내가 누리는 자유는 건강과 체력에서 비롯된다. 내일도 일터에서 저마다의 전쟁을 무사히 치르려면 기회는 지금뿐이다. 몇 년 전 서점에서 발견한《마흔, 여자가 체력을 키워야 할 때》를 떠올리며 '지금, 우리가 체력을 키워야 할 때'라고 당신에게 말해주고 싶다.

유행한다고 삶의 방식까지
바꿀 순 없어

얼마 전, 2017년부터 2023년까지 우리나라에서 유행했던 라이프 스타일을 정리한 신문 기사를 읽었다. 내가 대학교를 졸업하던 2017년에는 '욜로Yolo'가 전 세계적으로 유행했다. 욜로의 본래 의미는 '인생은 한 번뿐이니 후회 없이 즐기며 사랑하고 배우자'인데, 신기하게도 한국에서는 인생은 한 번뿐이니 내 행복을 위해 아낌없이 소비하자는 의미로 통했다.

당시 욜로와 관련해 쏟아진 뉴스 기사들은 돈을 모아 곧바로 여행을 떠나거나 명품을 사는 등 '지금', '당장' 행복해지기 위해 아낌없이 소비하는 사람들을 '욜로족'이라고 지칭했다. 여러 언론 보도와 통계자료들은 욜로족이 주로 20~30대이며, 청년들 입장에서는 지금 아끼고 노력한다고 미래에 행복해질 것이라는 보장이 없기에 원하는 것을 소비하면서 즉각적인 만족감을 채우고 싶어 한다는 전문가들의 해석을 덧붙였다.

그런데 얼마 지나지 않아 불필요한 소비를 자제하고 미래를 위해 저축하는 '노머니no money족'이 등장하기 시작했다. 완전히 상반되는 두 가지 라이프 스타일이 동시에 유행하는 것을 보니 당시에도 청년들이 불확실한 미래를 두려워했음을 알 수 있었다.

2023년 8월 11일자의 한 기사에 따르면 2019년에는 힙합에서 유래한, 자신의 부나 명품을 과시하는 '플렉스flex'가 널리 퍼졌다. 내 주변에도 평소보다 돈을 많이 쓰면 오늘 플렉스했다고 말하는 지인들이 많아졌고, 여러 언론은 평일에는 편의점에서 삼각 김밥을 사 먹으면서 주말에는 명품관 입구에서 밤을 새우며 '오픈런'하는 청년들을 비판했다. 그런데 다음 해에 터진 코로나가 예상보다 장기화되면서 권고사직, 부당해고 사례가 급증하고 취업문이 좁아지자, 신나게 플렉스를 즐기던 청년들이 얼마 지나지 않아 소비를 줄이기 시작했다.

아직 마스크 착용이 의무였던 2022년에는 타의 모범이 되는 바르고 부지런한 '갓생 살기'를 추구하는 사람들이 많아졌다. 코로나가 장기화되어도 부유층은 여전히 욜로와 플렉스를 할 수 있겠지만, 과거의 소비 구멍을 메우고 자기 인생을 스스로를 책임져야 하는 대다수 평범한 청년들은 시간을 최대한 효율적으로 활용하면서 일뿐만 아니라 자기계발을 위한 공부와 운동까지 겸비하며 하루하루를 성실하게 살기 위해 노력했다.

그 결과, 2022년 한 해 동안 가장 많은 관심을 받은 SNS 해시태그는 '오운완(오늘 운동 완료)', '미라클 모닝' 등이었다고 한다. 뒤이어 유행한 'N잡러'는 지금까지도 많은 사람들이 실천하는 삶의 방식이 되었다. 하나의 직업만으로는 먹고사는 데 충분한 돈을 벌 수 없어서, 혹은 생계형 본업 외에도 자신의 적성과 관심사를 살린 부업을 하고 싶어서, 퇴근 후 시간이 아까워서 등 다양한 이유로 자발적 N잡러가 되는 사람들이 점점 많아지고 있다. 평균 수명이 길어지면서 은퇴 후에도 최소 20년 이상 살아야 하니 이미 은퇴한 사람들도, 아직 직장을 다니고 있는 사람들도 꾸준히 자기계발을 한다.

여러 전문가들은 올해의 키워드가 '가성비'일 것이라고 추측한다. 물건을 살 때뿐만 아니라 직장을 구하거나 일을 할 때도 다양한 가성비를 따진다. 청년들은 더 이상 회사에 정규직으로 입사하는 것이 내 삶을 안정시켜준다고 생각하지 않는다. 경기가 좋지 않으면 언제 정리해고나 권고사직을 당할지 모르는 회사를 열심히 다닐 바에는 근무 시간이 상대적으로 더 유연한 아르바이트를 여러 개 하면서 남는 시간에 자기계발이나 취미 생활에 집중하는 게 낫다고 생각한다. 실제로 코로나 시기에 부당해고나 권고사직을 당한 사람들이 비일비재하기 때문에 이러한 태도를 이해하기 어려운 것도 아니다.

이렇듯 다양한 삶의 방식을 조명하는 콘텐츠에는 어떤 삶이 더 낫네 마네 평가하는 댓글들도 많이 달린다. 그런데 사실 나는 찬성, 반대로 의견이 갈리는 것보다 개인이 추구하는 삶의 방식도 유행이 될 수 있다는 사실이 더 놀라웠다.

내 주변에도 플렉스나 갓생 같은 신조어를 사용하는 사람들이 있지만 실제로 본인이 추구하는 삶의 방식을 유행에 맞춰 바꾸는 사람은 거의 보지 못했다. 물론 내가 다른 사람들은 어떻게 사는지 들여다보는 것에 관심이 없어서 더 그렇게 느낄 수도 있다.

나는 인스타그램을 책을 추천하거나 독자들과 소통하는 채널로 사용한다. 예전에는 지인들과 좋아하는 인플루언서 몇 명을 팔로우했는데, 유학 당시 한국에 있는 친구들끼리 자주 만나는 모습을 인스타그램으로 보고 나니 괜한 질투가 생겼다. 그런 나 자신이 별로 건강해 보이지 않아서 하루 날을 잡고 팔로우하던 사람들을 모두 언팔했다. 이후로는 근황이 궁금한 사람들이 있으면 가끔 인스타그램에서 검색을 해보거나 직접 연락해서 만난다.

어떤 가치관이 특별히 더 좋거나 나쁘다고 생각하지 않는다. 나에게 맞는 가치관은 사람마다 천차만별이니까. 다만, 아직 자신만의 기준이 분명하지 않은 사람들이 유행이 바뀔 때마다 이리저리 흔들리는 걸 보면 안타깝다. 자기 생각이나 취향이 뚜렷하지 않을 땐 괜히 남들이 하면 더 좋아 보이고 옳은 선택처럼 보이는 법이니까.

내 마음에 꼭 드는, 반드시 실천하고 싶은 건강한 가치관 확립이야말로 온갖 정보가 넘쳐흐르는 세상에서 흔들림 없이 살아갈 수 있는 첫걸음이다. 세상에는 선택지가 너무 많아서 중심을 잘 잡지 않으면 나도 모르는 사이에 필요하지도 않은 물건을 사거나 남들 사이에서 유행한다고 정작 좋아하지도 않는 취미 활동에 돈과 시간을 낭비했다가 뒤늦게 후회할 수도 있다.

로펌에서 일하면서 돈을 많이 버는데 정작 쓸 시간이 없어서 명품 구입으로 스트레스를 푸는 변호사들을 꽤 만났다. 2019년에 방영한 tvN 드라마 〈검색어를 입력하세요 WWW〉에서 임수정 배우가 한 신입사원에게 자신의 명품 가방을 주면서 '사회 초년생들은 직급도 경력도 아무것도 가진 게 없으니 무시당하지 않기 위해 무리해서 명품 가방을 사는 것'이라고 말하는 장면이 나온다.

그 장면을 보면서 명품 가방의 필요성을 주장하는 사람들의 논리도 이해는 했지만 나는 예나 지금이나 명품보다는 도전해보고 싶은 스타일의 저렴한 옷이나 책, 강아지 장난감을 사거나 주변 사람들에게 밥을 사주는 걸 더 좋아한다. 생일선물로 받은 명품 지갑과 핸드백이 있지만 1년에 한번 들까 말까 하고 대부분은 슬링백이나 에코백을 들고 다닌다. 명품 가방을 사는 사람들이 잘못됐다고 생각하는 것이 아니라 내가 명품에 관심이 없을 뿐이다. 이제는 주변 사람들도 나의 이런 모습에 익숙해져서 명품의 중요성을 강조하거나 명품을 사라고 설득하지 않는다.

명품이 나에게는 별 의미가 없다는 사실을 안 덕분에 돈도 많이 절약할 수 있었다. 처음 돈을 벌기 시작했을 때는 매달 월급의 80~90퍼센트 정도로 학자금 대출을 갚았고 남은 금액 중 생활비를 제외하고는 저축을 했다. 덕분에 예상보다 일찍 학자금 대출을 전액 상환할 수 있었다. 지금도 매달 월급의 80~85퍼센트 정도를 저축하고 있다.

직업 특성상 주식을 하려면 회사에 일일이 허락을 받아야 하기 때문에 주식보다는 예적금으로 돈을 관리한다. 매달 월급의 80퍼센트 이상을 저축한다고 해서 삶을 전혀 즐기지 못하는 것도 아니다. 여행도 가고 사랑하는 사람들과 맛있는 음식도 사 먹고, 사고 싶은 물건이 있으면 너무 고민하지 않고 산다.

중요한 건 어떤 선택을 하는 이유가 '남들도 해서'가 아니라 '내가 하고 싶어서' 또는 '나에게 필요해서'여야 한다. 내가 원하는 삶의 방식이 무엇인지, 어떤 가치관이 나와 잘 맞는지 알기 위해서는 다른 사람들이 전시해둔 삶을 구경할 시간에 직접 다양한 체험을 해보고 내 마음을 더 들여다보아야 한다.

적어도 내 가치관이 어느 정도 단단해지기 전까지는 SNS

를 하지 않는 것도 좋은 방법이라고 생각한다. 인스타그램만 보면 세상 사람들이 모두 오마카세를 즐기고 5성급 호텔에서 망고 빙수를 먹으며 1년에 3~4번씩 해외여행을 가는 것 같지만, 출근 세 시간 전에 일어나 아침 운동을 하고 책을 읽는 사람들도 정말 많아 보이지만, 실제로 주변을 돌아보면 하루도 빠짐없이 욜로, 플렉스, 노머니, 갓생 살기를 하는 사람들은 극히 드물다. SNS는 보여주고 싶은 모습만 편집해서 전시하는 공간이기 때문에 인스타그램 속 누군가의 일상을 부러워할 필요가 없다.

어떤 방식으로 살든 정답은 없다. '인친'들의 가공된 모습이 아닌 나와 비슷하게 고민하고 아파하고 성장하는 주변 사람들과 더 많이 어울리며 자신만의 하루를 꾸려가는 것이 진정 나에게 맞는 삶의 방식이 아닐까.

나라는 브랜드,
그 달콤하고도 무거운 말

　내가 가진 옷의 90퍼센트는 두세 개의 브랜드 제품이 차지하고 있다. 20대 초반만 해도 다양한 브랜드에 도전했는데, 어느 순간부터 내가 즐겨 입는 두세 개 브랜드 제품을 제외하고는 막상 구입해도 잘 입지 않는다는 사실을 깨달았다. 옷을 살 때는 온라인 쇼핑몰을 주로 이용하는데, 후기에서는 촉감이 부드럽다고 했던 옷이 나에게는 까슬까슬하거나, 색이 예뻐서 구매했는데 막상 받아보니 화면과 미세하게 달라서 손이 잘 가지 않는 경우가 많았다. 상세페이지에서 탄탄한 재질이라고 설명하면 실제로는 두툼한 원단이었고, 여리여리하다는 설명은 살짝만 잡아당기면 뜯어질 것 같다는 뜻이었다.

　그래도 다양한 스타일을 시도해본 덕에 20대 후반에 접어들면서는 내 체형에 잘 어울리는 옷이 어떤 스타일인지, 나는 어떤 디자인을 선호하는지 알게 되었다. 지금은 몇 년간 시도했던 다양한 경험을 기반으로 수선이 덜 필요하고 내가 자주 입는 몇 몇 브랜드 옷만 구매한다. 내 취향에 맞으면서 신뢰할 수 있는 브랜드에 정착한 후로는 쇼핑에서 실패할 확률도 현저히 줄어들어 돈도 아끼게 되었다.

몇 년에 걸쳐 나와 맞는 브랜드를 찾는 경우도 있지만, 내가 좋아하는 유명인이 홍보하는 브랜드를 믿고 선택할 때도 있다. 책발전소 김소영 대표는 일상을 제안하는 커머스 플랫폼인 브론테도 함께 운영한다. 멋있고 근사해 보이는 브랜드가 넘쳐나는 시대에 김소영 대표를 비롯한 브론테 팀이 선택하는 브랜드들은 판매가 시작되자마자 매진되는 경우가 많다.

브론테가 처음 론칭되었을 당시에는 브랜드 자체보다 김소영 대표를 믿고 상품을 구매하는 사람들이 많았을 것이다. 나도 김소영 대표가 선택한 브랜드라는 점 때문에 몇몇 생소했던 브랜드 제품을 구입했고, 다행히 모두 마음에 들어서 지금도 종종 애용한다.

'브랜드'라고 하면 특정 상품이나 서비스를 제공하는 회사를 떠올리기 쉬운데, 지금은 개개인도 하나의 브랜드가 되고 있다. 특정 인플루언서를 좋아하는 사람들이 그가 소개하는 브랜드에 호감을 가지는 것처럼, 요즘은 사업을 더 발전시키기 위해서든 자신의 몸값과 가치를 높이기 위해서든, 퍼스널 브랜딩이 점점 중요해지고 있다.

나는 크게 세 집단과 교류한다. 직장 사람들, 지인들, 그리고 독자들. 세 집단에서 윤 지라는 사람에 대해 공통적으로 가지고 있는 이미지는 열정과 다정함이다.

내 생활 방식이나 삶의 태도를 조금이라도 알고 있는 사람이라면 내가 매사에 최선을 다하고 타인을 돕는 활동을 좋아한다는 사실을 알고 있다. 물론 세 집단에서 나의 역할이 다르니 구체적인 이미지는 조금씩 다를 것이다. 회사 상사들은 나에 대해 마감 기한을 잘 지키고 다른 사람들과 소통을 잘하며 배우고자 하는 태도가 좋은 후배라는 이미지를 가지고 있다. 오랜 친구들은 내가 남들 눈치를 많이 살피고 타인에게 피해를 끼치는 것을 싫어하며, 더 좋은 사람이 되기 위해 항상 고민하는 사람이라고 말한다. SNS로 소통하는 독자들은 내가 진심으로 고민을 들어주고 책을 좋아하며 심리적으로 힘든 시기를 보냈지만 지금은 열심히 회복 중인, 솔직한 작가라고 생각한다. 이 모든 이미지가 모여서 나라는 브랜드가 완성된다.

광고회사 카피라이터로 커리어를 시작해 제일기획 부사장 자리에까지 오른 최인아 대표는 퇴사 후 자신의 이름을 딴 '최인아책방'을 8년째 운영 중이다. 최인아 대표는 자신이 쓴 《내가 가진 것을 세상이 원하게 하라》에서 브랜드란 실체R, Reality를 바탕으로 만들어진 인식P, Perception이라고 설명한다. 그는 브랜드에 따라 실체보다 인식이 좋거나$R<P$, 실체와 인식이 일치하거나$R=P$, 실체가 인식보다 좋은$R>P$ 단계로 구분할 수 있다고 설명한다.

브랜드 사업을 하는 사람들은 실체보다 인식이 더 좋은 브랜드를 선호하겠지만, 실체와 인식 사이의 간극이 커질수록 해당 브랜드가 가지고 있던 긍정적인 이미지는 쉽게 무너질 수 있다.

A 유튜버가 지인에게 빌린 명품 가방을 들고 영상을 찍어 유튜브에 올렸는데, 평소보다 조회수가 몇 십 배 높게 나왔다고 가정해보자. A는 영상에서 명품 가방이 본인 것이라고 말한 적 없으나 사람들이 가방에 대해 예쁘다, 부럽다고 남긴 댓글을 보고도 굳이 오해를 바로잡지 않는다. 그 후로도 A는 종종 지인들에게 빌린 명품을 유튜브 영상에 노출시켰고, 그때마다 올라가는 조회수와 구독자들의 부러움 가득한 시선이 좋아 점점 더 '부자 이미지'에 집착하게 된다. 하지만 A의 지인들이 A의 거짓말을 알게 되었고, 지인들 중 평소 A에게 좋지 않은 감정을 가지고 있던 사람들이 사실을 폭로하면서 A는 유튜브 계정을 닫고 잠적한다. A는 단지 자신의 이미지만 실추시킨 것이 아니라 실제로 거짓말쟁이가 되어버린다. 사람이든 브랜드든 실체와 인식의 '갭 차이'가 크면 클수록 이미지만 나빠지는 것이 아니라 실체도 함께 무너지는 것은 시간문제다.

사람들이 나를 본래 모습보다 더 좋은 사람일 것이라고 생각하면 종종 불안해진다. 나를 좋게 생각하는 것은 고맙지만, 좋은 이미지에는 그에 상응하는 기대가 따라오기 때문이다.

첫 책을 내고 글쓰기 이벤트를 진행한 적이 있다. 평소 꾸준히 글을 쓰는 습관을 만들고 싶다는 독자들을 위해 한 달간 매주 한 번씩 글을 써서 나에게 이메일로 보내면 내가 읽고 짧은 답장을 보내는 이벤트였다. 이 이벤트의 목적은 독자들의 글쓰기 습관 만들기였고 나는 글에 대해 자세한 피드백을 하는 것이 아닌, 읽는 사람이 있어야 동기부여를 얻는 사람들을 위해 독자 역할을 하는 것이라고 생각했다.

처음 이벤트를 공지할 때부터 이 부분을 명확히 했는데도 내가 답장을 더 성의 있고 길게 쓰지 않는다고 불평하는 사람들이 있었다. 독자들과 더 자주 소통하고 싶어서 만든 이벤트가 '윤지는 독자들을 위해 언제든 기꺼이 시간을 내는 사람'이라는 이미지를 만들었을지도 모르겠다. 그때 나에게 불만을 토로했던 사람들이 가지고 있던 윤 지에 대한 이미지는 나의 실체와 분명 갭차이가 있었다.

이런 일을 몇 번 경험하고 나니 사람들이 나를 긍정적으로 평가하는 것이 마냥 좋은 일만은 아니라고 생각하게 되었다. 그래서 나를 본모습보다 너무 좋게만 평가하는 사람을 만나면 감사하지만 그 정도로 좋은 사람은 아니라고 분명하게 말한다. 대신 매일 조금씩이라도 더 좋은 사람이 되기 위해 노력한다. 내 목표는 모든 사람들에게 사랑받는 것이 아니다. 그래서 내가 가지고 싶은 좋은 이미지와 내 실체 사이의 간극이 생기지 않도록, 더 좋은 실체를 만드는 데 집중한다.

종종 출판사로부터 우리 신간을 보내줄 테니 SNS에 리뷰를 올려줄 수 있냐는 제안을 받는다. 예전에는 감사히 받아 읽고 리뷰를 남겼는데, 이제는 가급적 내가 직접 사서 읽고 인스타그램에 남기고 싶은 책만 리뷰를 쓴다. 감사하게도 제법 많은 분들이 내가 추천한 책이 좋았다고, 다른 책도 추천해줄 수 있냐고 메시지를 보내주신다. 내가 김소영 대표를 믿고 특정 상품을 구입하듯, 어떤 사람들은 나를 믿고 책을 산다는 사실을 알고 나서는 더욱 신중하게 책을 고른다.

내가 좋아하는 책을 누군가가 산다고 해서 나에게 수익이 돌아오는 것은 아니다. 대신 나와 독서 취향이 비슷한 사람들이 그 책을 구매해 만족한다면, 나는 '신뢰할 수 있는 사람'이라는 이미지를 얻는다. 나에 대한 신뢰가 내가 쓴 책에 대한 믿음으로 이어진다면, 누군가는 내 책을 구입할 수도 있고 훗날 내가 심리상담가의 꿈을 이룬다면 나의 내담자가 될 수도 있다.

좋은 이미지와 내 실체의 '싱크로율'을 맞추려는 노력은 분명 고된 작업이다. 매일 나를 돌아보고 잘못된 태도를 바로잡으며 그릇된 행동을 하지 않도록 스스로를 살펴야 한다. 세상에 공짜는 없다. 사람들이 나에게 가지고 있는 긍정적인 이미지 덕분에 돈을 벌거나 사회생활이 수월해지거나 내 꿈을 펼칠 수 있다면 당연히 그에 걸맞은 노력을 해야 한다. 그러지 않으면 언젠가 한껏 비대해진 가짜 이미지가 풍선 터지듯 터져버릴 것이다.

　물론 우리가 자신의 모든 이미지를 전부 통제할 수는 없을 것이다. 의도하지 않았어도 내 본래 모습보다 훨씬 좋은 이미지가 생길 수도 있다. 모든 사람들의 기대치를 충족해야 할 필요도 없다. 다만, 나를 브랜드화해서 이익을 취하고 싶다면 그 이미지만큼이나 실체도 멋진 내가 될 수 있도록 힘써야 한다. 그래서 나를 믿고 무언가를 선택할 사람들을 위해서 매일 조금씩 더 나은 사람이 되고자 노력할 것이다.

돈과 일에 대한
소소한 생각

한국도 대학 등록금과 학비가 상당히 비싼 편이지만, 미국 대학 학비는 이 돈을 내면서 학교를 다니는 사람이 이렇게나 많다는 사실에 충격을 받을 정도로 헉 소리 나게 비싸다. 부모님이 대학교 학비까지는 지원해주겠다고 하셨지만, 내 입장에서는 단 1년치 학비라도 줄여드리고 싶어서 조기 졸업을 했다.

하버드 로스쿨 학비는 대출을 받아 해결했다. 매달 월급의 대부분을 학자금 대출을 갚는 데 할애한 덕분에 다행히 2022년 말에 대출금 전액을 상환할 수 있었다. 내가 공부하겠다고 빌린 돈을, 열심히 공부하고 변호사가 되어 갚을 수 있다는 상황에 감사했다. 그리고 내가 내 인생을 직접 계획하고 책임지고 있는 것 같아 스스로가 참 대견했다.

얼마 전에는 차를 샀다. 그동안 차가 필요한 날에는 엄마 차를 빌렸는데 차를 쓰고 싶을 때마다 엄마에게 허락을 받는 일이

번거로웠고, 엄마와 다투기라도 하면 차를 빌릴 수가 없어서 난처했다. 누군가에게 경제적으로 의지해야 하는 상황에서 상대방이 싫어하는 선택을 내리거나 원하는 대로 행동하지 않으면 경제적 지원이 끊길 수도 있다고 생각하면 자연스레 그 사람의 눈치를 보게 된다. 엄마 차를 빌려야 하는 날이 다가오면 엄마에게 밉보이거나 싸우지 않으려고 평소보다 더 신경을 쓰곤 했는데, 그러다 보니 불편할 때가 많았다.

그러고 보니 한 번도 일하지 않는 내 모습을 상상해본 적이 없다. 엄마는 내가 태어나기 전부터 일을 하셨고 지금도 마찬가지다. 어렸을 때는 엄마가 워킹맘이어서 서운했던 적도 있지만 지금은 아니다. 엄마가 아직까지 일하시는 것이 때론 안타깝지만, 그런 마음과 별개로 몇 십 년 동안 자신의 커리어를 다지신 모습은 진심으로 존경한다. 직장 생활을 해보니 두 아이를 키우면서 지금까지 일하시는 엄마가 더 대단하다고 느낀다. 자신만의 커리어를 가진 엄마가 멋있고 정신적으로도 더 건강해 보여서 나 역시 훗날 아이가 생겨도 엄마처럼 일을 계속하고 싶다.

금액이 많든 적든 자기만의 수입이 있어야 남의 눈치를 덜 살피는 것은 분명하다. 돈이 인생에서 가장 중요한 요소라고 생각하지는 않지만, 자본주의 사회에서 살아가는 이상 돈이 있어야 나의 삶을 더 잘 유지할 수 있다. 언제까지나 부모님께 의존할 수도 없고 요즘은 경기가 워낙 나빠서 오히려 부모님께 생활비를 보태드려야 하는 청년들도 정말 많다. 부모님도 당신들의 노후를 준비해야 하고 우리 부모 세대의 상당수는 조부모 부양까지 책임지는 경우가 태반이다. 그러니 우리도 스스로 돈을 벌고 자기 힘으로 자기 삶을 꾸려가는 것을 당연하게 생각해야 한다.

내 주변에는 워킹맘인 선배들이 제법 있다. 당장 오늘 저녁에 어떤 회의가 잡힐지 알 수 없는 직업을 가진 탓에 어린이집 선생님, 친정이나 시댁에 자주 미안해하면서도 직업에 대한 열정과 책임감을 가지고 어떻게든 일과 가정 사이에서 균형을 잡으려고 노력하는 자신에게 자부심을 가진 분들이다. 이분들은 아이를 키우는 것도 정말 행복하지만 세상에 자신을 필요로 하는 사람들이 있어서 다행이라고 종종 말씀하시는데, 그런 모습을 보면 꼭 직장을 다니지 않더라도 사회적 역할을 하나쯤은 갖는 것이 멘탈 관리에 도움이 되는 것 같다. 사회적 역할이라고 해서 반드시 거창할 필요는 없다. 작은 사교 모임의 주선자나 참여자가 될 수도 있고, 좋아하는 취미를 배우는 강습생일 수도 있고 한 달에 한 번씩 봉사활동을 하는 자원봉사자일 수도 있다. 나를 정의하는 역할이 다양해질수록 한 가지 역할에서 잠시 삐끗해도 쉽게 무너지지 않을 것이다.

단지 금전적인 이유 때문에 워킹맘이 되고 싶은 것은 아니다. 저마다 다를 수는 있지만, 나는 어떤 사람이든 사회에서 다양한 역할을 맡고 있어야 정신적으로 더 건강할 가능성이 높다고 생각한다. 내가 엄마로만 산다면 엄마로서의 자질이 부족하다고 느껴지는 날에는 자존감이 밑도 끝도 없이 추락할 것이다. 실제로도 우리 주변에는 하루 종일 집에서 살림과 육아만 하다가 우울증에 걸렸다는 사람들을 쉽게 볼 수 있다. 엄마이자 직장인이면서 작가로도 활동할 수 있다면 내가 육아를 제대로 못하고 있다는 생각이 드는 날에도 직장에서만큼은 내가 맡은 일을 잘 수행하는 사람으로서 자존감을 지킬 수 있고, 업무 실적이 별로여서 속상한 날에는 작가로서 누군가에게 도움이 될 만한 글을 쓰고 있으니 아주 형편없는 사람은 아니라고 스스로를 위로할 수 있을 것 같다.

부부 중 한 명의 수입만으로도 생활하기가 충분해 한 사람은 집안일을 전담하는 경우도 있다. 어디까지나 개인의 선택일 뿐, 어느 쪽이 좋고 나쁘다고 평가할 수는 없다. 다만, 나는 성격상 내가 직접 벌어야 남의 눈치를 덜 볼 것 같아서, 내 배우자가 아무리 돈을 많이 벌어도 일을 관두진 못할 것 같다. 자취를 해봐서 집안일이 얼마나 힘든지 잘 알지만 그에 못지않게 배우자가 힘들게 일해서 번 돈으로는 내가 사고 싶은 것을 마음 편히 사거나 하고 싶은 일을 하지 못할 것 같다. 나는 우리 부모님께 종종 용돈을 드리고 싶고 친구들에게 맛있는 밥을 사주고 싶고 읽고 싶은 신간이 나오면 망설임 없이 구매하고 싶은데, 배우자 돈으로는 그러기 힘들다. 눈치를 보며 남의 돈을 쓸 바에야 적은 금액이라도 내가 벌어서 쓰고 싶다. 그리고 직접 돈을 벌면 내 삶의 주도권을 갖기가 더 쉽다. 모든 문제를 돈으로 해결할 수는 없지만, 인생의 많은 문제는 돈으로 해결할 수 있으니까.

그래서 나는 앞으로도 내 생활 정도는 내 힘으로 책임지고 싶다. 인생은 예측할 수 없다. 부모님이든 배우자든 자녀든, 누군가가 항상 나를 경제적으로 지원해줄 것이라고 장담할 수 없다. 결혼을 하든 말든, 아이를 낳든 안 낳든 나를 끝까지 책임져야 할 사람은 나밖에 없다.

나중에, 다음에, 언젠가 대신
지금

　　기숙형 고등학교를 다닌 덕분에 비교적 어린 나
이에도 의식적으로 노력해야 사랑하는 사람들과 시간을 보낼 수
있다는 사실을 알게 되었다. 학교에 친한 친구들이 많았지만, 쭉
가깝게 지내던 중학교 친구들이나 가족들과 보낼 수 있는 시간
은 학기 중에는 한 달에 한두 번이 전부였고 그마저도 학원을 가
느라 시간이 부족했다.

　　보고 싶은 마음에 비해 만날 수 있는 기회는 턱없이 부족했
던 그 시기에, 나는 지키고 싶은 관계를 오랫동안 유지하기 위해
비록 물리적으로는 떨어져 있어도 상대방의 일상에 나의 존재
감을 각인시키는 법을 터득했다. 점심시간에 짬짬이 시간을 내
어 가족이나 친구들에게 전화를 걸었고, 고민이나 기쁜 일이 있
으면 카카오톡으로 메시지를 남겼다. 그들의 일상을 궁금해했고
보고 싶은 마음도 자주 표현했다. 명절에는 맛있는 음식을 많이
먹고 푹 쉬라고 인사를 남겼고 생일에는 선물을 보냈다. 방학이

되면 그동안 만나고 싶었던 사람들과 미리 약속을 잡았다. 내가 정말 싫어하는 말 중 하나가 '눈에서 멀어지면 마음에서도 멀어진다'인데, 이런 노력 때문에 강원도 횡성에서 기숙사 생활을 할 때나 미국에서 학교를 다닐 때도 여전히 사랑하는 사람들과 끈끈한 관계를 유지할 수 있었다.

나는 생각이 나면 바로 행동하는 편이다. 특히, 인간관계에는 다음이 없다고 생각한다. 그래서 "우리 언제 밥 한번 먹자"보다는 "이번 주 언제쯤 시간 돼?"라고 묻고 "시간 될 때 연락해"보다는 "나 내일은 야근 안 할 것 같은데, 너 괜찮으면 내일 저녁 같이 먹자" 하고 약속을 잡는다. 정말 바쁘거나 만나고 싶지 않은 사람이 아닌 이상, 굳이 기약 없는 내일로 약속을 미룰 필요가 없다고 생각한다. 진심으로 내 곁에 남기고 싶은 사람이라면 그 사람이 떠오른 바로 지금이 기회다. 당장 오늘 저녁에 내가 얼마나 바빠질지, 나에게 무슨 사정이 생길지 모르는 것이 인생이다. 그러니 지키고 싶은 관계가 있으면 지금 연락해야 한다.

이러한 생각에는 태어났을 때부터 같이 살았던 할머니에게 받은 영향이 크다. 건강을 많이 신경 쓰시고 죽음을 미리 완벽하게 준비하고 싶어 하는 할머니는 내가 어렸을 때부터 "할머니가 죽으면"으로 시작하는 이야기를 종종 하셨다. 예전에는 왜 할머니는 상상하기 싫은 상황을 자꾸 가정하시나 싶어 살짝 원망스러울 때도 있었지만, 이제는 이게 죽음을 받아들이는 할머니만의 방법이라고 생각한다. 일찍부터 죽음을 준비하신 할머니 덕에 나는 자연스레 사람은 언제든지 죽을 수 있으니 매 순간을 소중히 여겨야 한다는 사실을 일찍부터 깨달았다.

할머니와 따로 살게 된 후로도 할머니 댁에 자주 찾아가 할머니의 어릴 적 이야기를 듣곤 했다. 할머니 무릎을 베고 누워 그때 그 시절 이야기를 듣다 보면 할머니의 생생한 표현력에 까르르 웃기도 하고 나도 모르게 눈물을 훔치기도 했는데, 어느 날 문득 이 시간들이 사무치게 그리워질 것 같았다. 언젠가 할머니가 나에게 직접 옛날이야기를 들려주지 못하는 날이 올 텐데, 그 전에 할머니의 이야기를 엮은 책을 곁에 두고 오래도록 읽고 싶다는 생각이 들었다. 마침 아이디어가 떠오른 김에 할머니의 인생을 담은 책을 만들기로 했다. 몇 권만 인쇄해서 주변에 선물하면 좋을 것 같았다.

이렇게 2019년부터 시작된 '할머니 책 만들기 프로젝트'는 2022년 4월에야 완성되었다. 할머니가 직접 초안을 쓰고 사진을 찍어 나에게 카카오톡으로 보내주시면, 그 내용을 워드 파일로 옮기고 글을 다듬었다. 할머니가 고관절 수술을 받고 회복하는 시기였기 때문에 많이 힘드셨을 텐데, 기운이 날 때마다 꾸준히 글을 써서 보내주셨다. 워낙 꼼꼼하신 분이라 단어 하나도 허

투루 쓰지 않으시고 여러 번 읽으며 고치고 또 고치셨다.

그런데 원고 초안 작업이 예상보다 길어지는 동안 나는 로스쿨을 졸업하고, 변호사 시험을 치르고, 로펌에서 일을 하게 되었다. 변호사 시험 준비를 할 때도 일을 시작한 후에도 할머니는 틈틈이 초안을 보내주셨지만 나로서는 도무지 여유가 생기지 않았다. 이제 와서 할머니께 제가 요즘 너무 바빠서 책을 만들 수 없을 것 같다고 말씀드릴 수도 없는데, 할머니는 내 상황을 눈치 채신 듯 "너 바쁜데 그냥 책 만들지 말까?" 묻곤 하셨다. 애초에 할머니께 책을 만들자고 제안한 사람이 나였고 할머니가 고생하신 시간들을 헛되게 만들고 싶지도 않았기에 어떻게든 시간을 내어 원고를 다듬었지만, 야속하게도 내 일정은 점점 더 바빠졌고, 나는 고민 끝에 제3자에게 출간 작업을 맡기기로 결정했다.

인터넷으로 찾아보니 독립 출판이나 소규모 출판을 주로 하는 출판사들이 여러 곳 있었다. 그중 '숨고'라는 플랫폼을 통해 출판사 대표님 몇 분과 미팅을 했고, 진중하고 섬세한 대표님이 운영하시는 출판사와 계약을 했다. 처음에는 내가 할머니와 대표님 사이에서 초안이나 교정본을 전달했는데, 나중에는 두 분이 직접 연락을 주고받으셨다. 나는 대표님이 제안하신 판형, 표지 디자인, 폰트 등만 설명해드렸다. 이렇게 해서 《꿈속에선 꿈인 줄 모르고》를 출간했다. 이 책은 그야말로 온전한 할머니의 작품이다.

출간된 책들을 택배로 받던 날, 할머니는 정말 환하게 웃으셨다. 할머니가 직접 우체국까지 가실 수 없어서 나에게 책을 선물하고 싶은 지인들의 연락처를 적어주셨고 나는 토요일 오전마다 택배를 보냈다.

그 후로 몇 달간 할머니는 매일 지인들과 통화를 하셨고 카카오톡으로 장문의 서평도 받으셨다. 할머니를 칭찬하는 분들도 있었고, 할머니를 본받아 자신들도 하루하루를 더 열심히 살아야겠다고 인사를 하는 분들도 계셨다. 할머니께 출간 기념 떡 선물을 보내는 분들도 계셨다. 그러면 할머니는 나를 불러서 떡을 함께 나눠 먹으며 인상 깊은 서평들을 읽어주시곤 했다.

직접 번 돈으로 시간이 나면 세계여행을 다니고, 옷을 직접 리폼해서 입으셨던 할머니가 고관절 수술과 코로나 등으로 이전처럼 편하게 외출을 할 수 없게 되자 활력을 많이 잃으셨는데, 책 출간으로 다시 예전처럼 즐거워하시는 모습을 보니 책 만들기에 도전하길 잘했다는 생각이 들었다. 만약 지금보다 여유로웠던 로스쿨 시기에 결심하지 않았다면, 이런 일을 벌일 엄두를 못 냈을 것이다.

나에게 처음 생긴 독자분들에게도 같은 마음이었다. 생각보다 많은 분들이 귀한 시간을 내어 내 책을 읽어주셨고 몇몇 분은 정성스레 서평을 써서 인스타그램이나 이메일로 보여주셨다. 유학 생활을 하며 외로워하는 딸에게 무엇을 해줄 수 있을까 고민하다가 내 책을 읽게 되었다는 분도 있었고 제목에 '하버드'가 들어가서 호기심에 책을 샀지만, 읽으면서 심적으로 큰 위로를 받았다는 분도 있었다. 내 책에서 소개한 책들 중 자신도 읽은 책이 있으면 반가워하셨고 처음 알게 된 책이 궁금해져 찾아서 읽어보았다는 분도 있었다. 다른 일을 하거나 다른 책을 읽을 수도 있는 시간에 내 책을 읽어주셨다는 사실이 정말 감사했다.

어떻게 하면 감사한 마음을 제대로 전하고 갚을 수 있을까 고민하던 중, 이분들에게 도움을 줄 수 있는 방법이 떠오를 때마다 바로 실행하기로 결심했다. 고민하느라 시간만 허비하다간 독자들과 제대로 소통 한번 못해보고 인연이 끊어질 것 같았다.

우선, 네이버 블로그나 인스타그램에 올라온 서평들을 틈틈이 살펴보고, 읽어주셔서 감사하다는 댓글을 남겼다. 가끔 고민 상담을 요청하시는 분들의 사연을 성심성의껏 들어드리고 가능한 선에서 함께 해결책을 찾아보려고 노력했다. 좋은 책을 읽을 때마다 인스타그램과 블로그에 소개하는 일도 소홀히 하지 않았다.

나처럼 글을 쓰고 싶은 분들을 위해서는 '생활 속 글쓰기'라는 단기 프로젝트를 짧게는 2주, 길게는 한 달 동안 진행했다. 참가자들이 매주 한두 편의 글을 써서 나에게 이메일로 보내면 나는 그 글을 읽고 짧은 감상평을 보내드렸다. 감사하게도 참가하신 분들이 글쓰기가 생각만큼 거창한 일이 아니고 많은 준비가 필요한 것도 아니라는 사실을 깨달았다고 해주셨다. 또한 글쓰기에 대한 압박감이 줄어들었고 뒤엉켜 있던 감정과 생각을 정리할 수 있어 마음이 한결 가벼워졌다고 소감을 전해주셨다.

방학 때는 한국에서 테라피 모임을 진행하기도 했다. 소규모 인원을 모집해 현재의 교육제도와 인간관계, 내가 진정으로 추구하는 삶의 모습 등을 자유롭게 털어놓고 고민을 주고받았다. 학업에 지친 학생들이 잠시나마 휴식할 수 있는 시간을 마련해주고 싶어 기획한 프로젝트였다. 학창 시절을 떠올릴 만한 따뜻한 추억이 많이 없다고 느끼는 분들을 위해 '다시 그리는 학창 시절'이라는 이벤트도 열어보았다. 다 함께 교복 대여점에 가서 학생일 때는 입어보지 못했지만 한번쯤은 입어보고 싶었던 스타일의 교복을 빌려 입고 분식을 나눠 먹으며 수다를 떨고, 셀프 사진관에서 사진을 찍고 정독 도서관 주변을 산책했다. 그날 처음 만나는 분들이 많았는데도 서로가 금방 친해져 이후로도 한참 가깝게 지냈다. 이 외에도 어린이들에게 추천할 만한 동화책을 직접 골라 소개하는 온라인 모임을 진행하는 등 다양한 프로그램으로 독자분들과 함께하는 시간을 보냈다. 좋은 아이디어가 떠오르면 바로 구상하고 어느 정도 틀이 잡히면 SNS로 반응을 살피며 참가자를 모집하고 '일단 추진'한 덕분에, 정말 다양한 이벤트를 시도할 수 있었다.

무언가를 계획할 때 나보다 훨씬 꼼꼼하게 고민하는 사람들도 많을 것이다. 혹시 생길지 모르는 변수를 미리, 최대한 많이 떠올려보고 대책을 마련한 다음 실행하는 사람들도 있다. 그런 사람들에 비하면 나는 성격이 급한 편이다. 누군가에게 피해를 끼칠 만한 일이 아니고 시간적, 정신적 여유가 있으며 지금 내 마음을 열정으로 가득 채우는 일이라면 기본적인 준비만 끝내고 바로 시작한다. 변수는 늘 생기기 마련이고 세상의 모든 변수를 인간이 다 통제할 수는 없다. 일단 진행하고 그때그때 상황에 맞추어 조금씩 방향을 수정하면 된다. 세상 어떤 일이든 우여곡절은 생길 수밖에 없고 이런 시행착오들이 쌓이다 보면 다음에 비슷한 일을 할 때 훨씬 더 준비된 상태로 수월하게 할 수 있다고 믿는다.

어떤 일이든 완벽하게 준비하고 시작하려 한다면 그 무엇도 할 수 없을 것이다. 스스로 생각하기에 적당히 동기부여가 되었고 적당한 타이밍에 적당한 준비까지 마쳤다면, 눈 질끈 감고 일단 시작해보자. 세상에는 직접 해보지 않으면 느낄 수 없는 성취감과 즐거움이 너무나 많다. 시간은 누구에게나 공평하다. 지금도 충분하니 일단 해보자. 처음 해봐서, 나는 전문가가 아니어서, 사람들 반응이 어떨지 몰라서 하고 싶은 일들을 마냥 미루었다면 나는 작가가 될 수 없었을 것이고 고마운 사람들과 오래 간직할 추억을 쌓을 기회도 전부 놓쳤을 것이다.

사는 데
이유가 있어야 할까

꽤 오랜 시간 동안 내 삶의 목적은 행복이었지만, 행복이라는 것 자체가 정확하게 무엇인지 와닿지 않아 한참을 헤맸다. 행복이 추상적인 개념이다 보니 이것의 정체가 무엇인지, 그래서 결국 나는 무엇을 위해 사는 건지 확신이 없었다.

어릴 때는 부모님의 기쁨이 곧 나의 행복이라 생각했다. 친구들과 놀러 가기 전에 미리 숙제나 학습지를 끝내두었다가 퇴근하신 부모님께 보여드리며 자랑하곤 했다. 학년이 올라갈수록 좋은 성적을 받거나 대회에서 상을 타면 부모님이 기뻐하시고 나를 자랑스러워하셨는데, 그런 부모님을 보며 공부에 더 욕심이 생겼다.

처음에는 부모님을 기쁘게 해드리고 싶은 마음이 컸는데 공부를 할수록, 그리고 더 좋은 성적을 받을수록 치열한 경쟁에서 이겨 목표를 달성했을 때 느끼는 희열이 행복의 다른 이름은 아닐까 생각하게 되었다. 그래서 민사고에 대해 잘 알지도 못하면서 국내 최고의 고등학교라는 이유만으로 민사고 입학을 위해 매진했다. 이렇게 민사고를 거쳐 듀크대를 지나 하버드 로스쿨에 입학하면서, 사회적으로 인정받는 성과를 무난하게 달성하는 것이 나의 행복이고 나는 이러한 행복을 위해 사는 것이라고 생각했다.

그런데 당시의 생각과 가치관이 옳았다면, 하버드 로스쿨 재학 당시의 나는 그 어느 때보다도 행복해야 했고 삶에 대한 의욕도 넘쳤어야 한다. 하지만 역설적이게도 나는 하버드 로스쿨을 다니면서 우울증과 신경증 진단을 받았고 정신과 약을 복용하게 되었다.

목표 지향적인 삶은 100미터 달리기다. 출발 신호가 들리는 순간 힘차게 달려 나가 눈앞에 보이는 결승선만 바라보며 미친 듯 속도를 올린다. 세차게 뛰는 심장박동을 느끼며 힘들었지만 무사히 결승선을 통과한 나 자신을 뿌듯해한다. 하지만 심박수가 진정되고 흥분이 가라앉으면 다음에는 무엇을 향해 달려야 할지 고민에 빠진다.

그래서 목표 지향적인 삶을 추구하는 사람에게 목표가 없는 시간은 죽음과 같다. 목표 없이 무언가를 하는 시간은 낭비라고 생각해 다음 목표를 찾을 때까지 삶을 제대로 즐기지 못하고 안절부절못한다. 그러다 다음 목표가 생기면 또 정신없이 그 목표에만 몰두한다.

목표 지향적인 삶을 살아온 나는 하버드 로스쿨에 입학한 뒤 다음 목표가 없어 한동안 방황했다. 어쩌면 공부로 도달할 수 있는 최고점에 도달했다는 생각에 더 이상의 목표가 생기지 않았던 건지도 모르겠다. 물론 대부분의 로스쿨 재학생들처럼 높은 순위권에 있는 로펌에 입사해야겠다는 생각은 했지만, 많은 사람들이 선망하는 하버드에서 공부하면서도 행복하지 않다고 생각하는 내가 과연 명성 있는 로펌에서 일한다고 더 행복해질까 하는 의문이 자꾸 들었다.

로스쿨을 다니면서 우울증 진단을 받은 후, 사회적으로 인정받아야만 내가 행복할 것이라는 생각을 과감히 접었다. 오히려 그토록 염원했던 사랑하는 사람들 곁에서 일상을 보내는 일이야말로 나를 행복하게 만들어줄 것이라는 확신이, 유학을 하는 동안 점점 강해졌다.

로스쿨 3학년 2학기 때 코로나가 터지면서 하버드는 학기 도중에 학생들에게 집으로 돌아갈 것을 권장했다. 예상치 못하게 짐을 정리하고 한국으로 돌아온 나는 이곳에서 남은 학기 동안 원격 수업을 들었고 변호사 시험도 온라인으로 치렀다. 그렇게 우연찮게 한국에서 사랑하는 사람들과 9개월을 보내면서, 미국으로 돌아가지 않아야 내가 행복할 수 있을 것이라는 생각이 더 짙어졌다. 결국 고민 끝에 입사를 확정했던 미국 로펌에 가지 않겠다고 연락을 하고 한국에서 다시 취업 준비를 했다.

고등학생 때부터 바랐던 대로 한국에 정착하니 유학 시절에 비해 행복한 순간이 훨씬 많아졌다. 가족과 곧 헤어져야 한다는 불안감 없이 한 집에서 살 수 있어서 행복했고, 퇴근 후나 주말에 친구들을 만나 맛집 탐방을 하고 목이 아플 정도로 수다를 떨 수 있어서 감사했다. 하지만 방학 때마다 잠깐씩 한국에 들어와 추억을 몰아서 쌓던 때와 달리 이제는 한국에서 돈을 벌고 사회생활을 해야 했기 때문에 매일이 좋기만 할 수는 없었다. 직장에서 받는 스트레스도 많았고 아무리 보고 싶었던 사람들도 매일 붙어 지내다 보니 다툴 일이 잦아졌다. 사랑하는 사람들이 있는 한국에 정착하기만 하면 걱정할 일이 없겠다고 순진하게 믿었던 내가 참 미숙했다. 오히려 떨어져 지낼 때는 잘 몰랐던 서로의 모습을 자꾸 보게 되니 큰소리로 싸우며 상처를 주는 일도 많아졌다. 사랑하는 사람들과 함께하는 삶이 내가 행복해지는 길이라 믿었고 이러한 행복을 느끼기 위해 산다고 생각했는데, 가까운 사람들과 갈등이 생길 때마다 밑도 끝도 없는 불행이 또다시 밀려오는 느낌이었다. 내 맘 같지 않은 인간관계 때문에 불행한 날이면 나는 왜 사는 걸까 하는 고민이 다시 시작되었다.

내 존재의 이유와 계속 살아가야 하는 이유를 고민하던 어느 날, 문득 사는 데 반드시 이유가 있어야 할까 하는 의문이 들었다. 지금까지 행복해지기 위해 산다고 믿었고, 가능한 매 순간 행복해지려고 부단히 애를 썼지만 늘 행복할 수는 없었다. 항상 행복하기가 불가능하다는 걸 알면서도 행복하지 않은 날에는 내가 인생을 제대로 살고 있지 않다는 생각마저 들었다.

사람은 종종 행복하고 가끔 가슴이 미어질 정도로 슬프며 대부분은 무덤덤하게 산다는데, 행복을 삶의 이유로 삼으면 행복 그 자체에만 초점을 맞추게 되어 행복하지 않은 시간은 무가치하게 느껴질 수 있다. 인생의 목표가 행복이 아니어도 마찬가지였다. 돈이든 명예든 가족이든 사랑이든, 내 삶의 이유를 따로 정해둔다면 그것이 내 삶과 멀어지는 일이 생겼을 때 마치 잘못된 길을 걷고 있는 것만 같아 불안해진다. 확률만 봐도 누구나 자신의 목표를 이루는 날보다 실패하거나 목표를 향해 나아가는 날들이 더 많을 것이다. 그러니 목표를 달성하고, 원하는 것을 얻고, 좋은 사람들과 웃으며 행복한 날만 의미 있게 생각한다면 앞으로 살아가야 할 수많은 평범한 시간이 너무 고될 것이다.

이 사실을 깨닫고 나서부터는 내가 살아가는 이유를 너무 깊게 고민하지 않기로 했다. 행복하면 행복한 대로, 슬프면 슬픈 대로, 화가 나면 화가 나는 대로 이러한 순간 또한 내 삶의 일부라고 생각하며 온몸으로 그 시간을 느낀다. 나는 이미 태어났고 죽기 전까지는 살아야 한다. 그러니 나중에 후회하지 않도록 살아 있는 동안 다양한 경험을 해보고 세상과 타인을 이해하려고 노력하고 나의 내면을 수련하는 데 집중하려 한다. 그래서 이제는 행복하기 위해 살지 않고 살기 위해 행복해한다. 나를 웃게 만들었던 시간들이 주저앉아 울고 있는 나를 일으켜 다시 앞으로 나아가게 한다.

아주대학교 심리학과 김경일 교수는《마음의 지혜》에서 "행복은 목표가 아니라 도구"라고 말했다. "살기 위해, 버티기 위해 행복해야 한다"라는 저자의 말에 전적으로 동의한다. 행복의 중요성을 강조하는 미디어의 영향 탓인지, 요즘 사람들에게 삶의 이유가 무엇인지 물으면 대부분의 사람들은 과거의 나처럼 행복이라고 답한단다. 하지만 행복하기 위해 산다고 대답하는 사람들도 아마 마음속 한구석에는 지금까지 경험한 숱한 시간을 통해 '행복하기 위해 살면, 행복하지는 않아도 나름의 의미가 있었던 너무 많은 시간을 아깝게 흘려보내게 된다'라는 사실을 이미 알고 있을 것이다. 다만, 행복조차 정답이 아니라면 대체 무엇을 인생의 길잡이로 삼아야 할지 알 수 없으니, 그나마 유명 인사들이 강조하는 '행복한 삶'에 집착하는 것은 아닐까 싶다.

당연히 나도 정답을 모른다. 인생에 정답이라는 것이 있는지조차 확신할 수 없다. 하지만 내가 경험한 시간들을 토대로 깨달은 분명한 한 가지는, 행복을 삶의 목적으로 삼았던 과거에 비해 행복을 살아가기 위한 하나의 수단으로 여기는 지금이 훨씬 더 행복하다는 것이다. 삶의 목표가 행복이라 생각했을 때는 뭔가 거창한 행복만이 진짜 행복처럼 느껴졌고 작고 소소한 행복의 순간은 쉽게 간과했다.

그런데 살아야 할 이유를 찾지 않기로 하자 오히려 삶의 모든 순간을 존중하게 되었고 아무리 소소한 일이어도 나를 희미하게나마 웃게 만든다면 행복하다고 생각하기 시작했다. 물론 내 인생을 바라보는 시각이 바뀌었다고 해서 나의 하루하루가 드라마틱하게 변하진 않았다. 나는 여전히 일에 허덕이고 고민과 걱정이 많으며 사람들 틈에 껴서 상처를 주고받으며 일상을 살아갈 뿐이다. 다만, 내가 왜 사는지 고민하고 매 순간 행복하려고 애쓰는 대신 더 나은 사람이 되려면 어떻게 살아야 할지, 후회 없는 하루를 보내려면 어떤 선택을 내려야 할지 고민할 뿐이다. 나는 오늘도 이렇게 나아가는 중이다.

Epilogue

하루하루는
딩기 요트처럼

재작년 여름, 딩기 요트 강습을 받고 자격증을 땄다. 딩기 요트는 엔진과 선실을 갖추지 않은 1~3인용 소형 세일 요트로, 물살과 바람의 힘으로만 움직인다. 배 안에 세운 돛대와 배 끝에 달린 키를 조정하면서 바람을 타고 물살을 가르며 나아가야 한다.

딩기 요트의 구성과 운전법, 배가 전복되었을 때 복원하는 법 등을 익히고 나서 처음으로 딩기 요트에 앉아 홀로 김포 아라마리나를 둥둥 떠다녔을 때는 두려움이 밀려왔다. 아무도 내 옆에서 언제 키의 방향을 틀어야 하는지, 지금 속도가 적정한지를 알려주지 않았다. 내가 잘못 판단하거나 운전이 미숙해서 배가 전복되면 어떡하지 하는 공포감 때문에 비교적 바람과 물살이 잔잔한 루트로만 다녔다. 그런데도 갑자기 바람의 방향이 바뀌어 허둥대다가 배가 뒤집혔다.

310

그런데 가이드가 금방 근처까지 배를 몰고 와서 내가 괜찮은지 확인해주었지만, 내가 도움을 청하기 전까지는 배를 복원하는 것을 도와주지 않고 그저 내 곁에서 맴돌기만 했다. 덕분에 나는 온힘을 다해 버둥거리면서도 어떻게든 배를 뒤집으려 애썼고, 시간이 걸렸지만 다행히 다시 올라탈 수 있었다. 신기한 건, 한번 물에 빠졌다가 내 힘으로 직접 복원까지 시켜보니 더 이상 물에 빠지는 게 두렵지 않았다는 점이다. 이후로는 바로 앞보다는 조금 더 멀리 바라보며 다양한 경로로 항해할 수 있었고 뺨을 스치는 시원한 바람도 실컷 느낄 수 있었다.

요트를 무서워하지 않고 혼자서도 잘 타게 되면서 문득, 내 인생의 여러 터닝 포인트가 생각났다. 미국 로펌에 입사할 예정이었음에도 유학 시절 내내 바랐던 한국 정착을 위해 용기 내어 한국 로펌에 입사 지원을 했을 때, 너무 이른 것 아니냐는 주변 사람들의 걱정에도 입사 7개월 만에 이직을 했을 때, 내 연차에 비해 복잡한 업무를 여럿 소화하느라 건강이 나빠지고 림프종까지 생겼을 때, 그래도 할 수 있는 데까지는 조금이라도 더 버텨보자고 다짐했던 때, 1년간 홍콩 지사로 옮겨 일하면 어떻겠냐는 제안을 받았을 때, 고민 끝에 그 제안을 거절했을 때, 하지만 이런 생활을 반복하다가는 내 커리어에도 건강에도 무리가 올 것같아 첫 직장에 재입사했을 때, 출퇴근 시간이 늘어나 자취를 할까 생각했을 때, 고민 끝에 결국 가족과 계속 살기로 결정했을 때, 취업한 지 2년 만에 대출금을 모두 상환했을 때, 두 번째 책을 쓰기로 마음먹었을 때…….

이 모든 순간,
나는 고심 끝에 내가 원하는 선택을 내렸다.

때론 다른 선택을 내렸으면 더 좋았을걸 싶기도 했다. 이직한 지 얼마 지나지 않아 또 이직을 하면 사람들이 나를 끈기와 인내가 부족한 사람이라고 생각할 것 같았다. 당시에는 경기가 좋지 않아서 비슷한 조건으로 이직하기는 어려울 것 같아 그냥 참고 버텨야겠다고 다짐했는데, 하루라도 빨리 회사를 옮겼더라면 훨씬 더 건강하지 않았을까도 생각했다. 오랜 유학 생활 끝에 오랜만에 가족과 한 집에서 살아보니 늘 행복하기만 한 것도 아니었다. 여느 집처럼 사소한 일로 서로 상처를 주고받았고 가끔은 이렇게 다툴 바에야 자취를 할걸 그랬나 싶기도 했다. 하지만 그렇다고 내가 '잘못'되거나 '틀린' 선택을 내렸다고 생각하지 않는다. 선택을 내려야 할 때마다 나는 시간을 가지고 충분히, 깊게 고민한 후에 스스로 결정을 내렸다. 그러니 당시의 나에겐 그 선택이 최선이었을 것이다.

나는 내 인생을 내 뜻대로 살고 싶은데, 주변에서 자꾸 내

312

결정보다는 본인의 결정을 강요하거나 내가 원하지 않는 방향이 진정 나를 위한 길이라고 다그쳐서 힘든 사람들이 있을 것이다. 그런데 조언과 충고를 보태는 이들이 대체로 나를 진심으로 사랑하는 사람들이라는 사실이 우리를 더욱 고통스럽게 만든다.

한때 나는 '우리 부모님은 왜 내 결정을 믿지 못하시는 걸까' 속상해하기만 했다. 그런데 돌이켜보니 힘든 결정을 내려야 할 때마다 부모님을 찾아가 울면서 조언을 구하고 부모님 말씀대로 안전하게 행동했던 건 나였다. 그런 시간이 쌓이면서 부모님 머릿속에는 자연스럽게 내가 '성인이 되었어도 여전히 유약하고 불안정한 어린아이'라는 이미지가 자리 잡았을 것이고, 나를 사랑하는 부모님은 혹시라도 내가 '틀린' 선택을 해서 상처받을까 두려우셨던 것은 아닐까. 두 분 입장에서는 인생을 더 오래 살면서 터득한 경험과 지혜를 통해 나를 위한 최선의 결정을 내려주고 싶으셨을 것이다.

이 사실을 깨달은 후로는 내 선택에 충고와 조언을 하고 싶어 하는 부모님을 보며 마냥 답답해하는 대신, 혼자서 문제를 해결하거나 실패하더라도 결과를 책임지고 다시 일어나는 모습을 일부러 더 자주 보여드렸다. 30년 가까이 나를 키우는 동안 부모님 머릿속에서 이미 굳어버린 나에 대한 이미지를 하루아침에 바꿀 수는 없겠지만, 이제라도 부모님을 안심시킬 때가 되었다고 생각한다. 내 인생을 직접 책임지고, 내 선택에 따른 모든 시행착오와 고통조차 스스로 감당할 것임을 확실히 각인시켜드려야 부모님도 나도 덜 힘들 것이다. 일련의 시간이 가져다준 가장 중요한 변화는 이제야 내가 내 인생의 진정한 주인이 되었다는 점이다.

딩기 요트를 타면 이 작은 배가 꼭 내 인생 같다는 생각이 든다. 물은 깊고 육지는 먼데, 가야 할 방향이 딱히 정해져 있지 않아서 어디로든 가고 싶은 대로 항해하면 된다. 바람과 물살의 작은 변화만으로도 배는 심하게 흔들리지만, 흔들린다고 매번 뒤집히지는 않는다. 그리고 전복되더라도 나 혼자 다시 복원시킬 수 있다.

이 작은 배 안에서 일어나는 모든 일에는 내가 매 순간 내리는 판단이 영향을 미친다. 이 순간들이 쌓여 나와 내가 모는 배에 대한 믿음이 생기고, 그 믿음으로 나를 태운 배는 유유히 항해할 것이다.

해봐야 알지

초판 1쇄 인쇄 2024년 1월 20일
초판 1쇄 발행 2024년 1월 25일

지은이 윤지
펴낸이 오세인 | **펴낸곳** 세종서적(주)

주간 정소연 | **기획·편집** 이다희
표지 디자인 디자인규 | **본문 디자인** 김미령
마케팅 임종호 | **경영지원** 홍성우
인쇄 천광인쇄 | **종이** 화인페이퍼

출판등록　1992년 3월 4일 제4-172호
주소　　　서울시 광진구 천호대로132길 15, 세종 SMS 빌딩 3층
전화　　　경영지원 (02)778-4179, 마케팅 (02)775-7011
팩스　　　(02)776-4013
홈페이지　www.sejongbooks.co.kr
네이버 포스트　post.naver.com/sejongbooks
페이스북　www.facebook.com/sejongbooks
원고모집　sejong.edit@gmail.com

ISBN 978-89-8407-845-1　(03320)